T0126636

CLASSIQUES JAUNES

Littératures francophones

Le Roman bourgeois

Réimpression de l'édition de Paris, 1919.

Antoine Furetière

Le Roman bourgeois

Édition critique par François Tulou

PARIS
CLASSIQUES GARNIER
2021

Journaliste et écrivain, François Tulou est l'auteur d'ouvrages destinés à la jeunesse, comme la *Galerie des enfants célèbres ou panthéon de la jeunesse*, ainsi que d'écrits biographiques : il a entre autres consacré une étude au comédien Frédéric Lemaître. Il est également le préfacier et l'éditeur scientifique des grands écrivains des XVIIe et XVIIIe siècles. Nous lui devons notamment des *Œuvres choisies* de Denis Diderot.

Couverture :
« Costumes de la France en 1600 », Albert Kretschmer
et Dr. Carl Rohrbac, 1882
Source : kendallredburn.com

ISBN 978-2-8124-2419-9
ISSN 2417-6400

LE

ROMAN BOURGEOIS

LE
ROMAN BOURGEOIS

OUVRAGE COMIQUE

PAR

ANTOINE FURETIÈRE

NOTICE ET NOTES

PAR

FRANÇOIS TULOU

PARIS

LIBRAIRIE GARNIER FRÈRES

6, RUE DES SAINTS-PÈRES, 6

NOTICE

Antoine Furetière naquît à Paris en 1620. Il était fils
d'un clerc de conseiller qui — selon l'académicien Charpentier — avait d'abord été laquais. Après de bonnes
études, Furetière se fit recevoir avocat au Parlement, puis
acheta la charge de procureur fiscal de Saint-Germain-
des-Prés.

Beaucoup d'hommes de lettres entraient alors dans les
ordres afin d'obtenir des bénéfices qui leur permissent de
s'adonner à la littérature. Furetière prit ce parti. Il ne
tarda pas à être pourvu de l'abbaye de Chalivoy, dans le
diocèse de Bourges, puis du prieuré de Chuines. Mais il
n'exerça jamais le ministère sacerdotal.

Les débuts littéraires de Furetière n'eurent rien de bien
remarquable. Son premier ouvrage, publié en 1655, fut un
volume de poésies, dont la plupart avaient sans doute vu
le jour au collège.

Sa seconde publication : *Nouvelle allégorique ou théorie
des derniers troubles arrivés au royaume d'Éloquence*, lui
valut un des quarante fauteuils. C'est une fantaisie ins-
pirée par la lutte qui se déclarait dans les lettres, entre
les défenseurs du vieux romantisme et les novateurs de
l'époque. On voit dans l'allégorie de Furetière la princesse
Rhétorique enjoindre aux Allusions et aux Équivoques de
se retirer dans le pays de Pédanterie. Celles-ci se révoltent,
mettent à leur tète Galimathias, et appellent à leur secours

les Antithèses, les Hyperboles, les Allégories, les Épipho-
nèmes et d'autres guerriers de même farine. Ce que voyant,
Rhétorique organise aussi son armée. Bon Sens, son premier ministre, se multiplie; les quarante barons feuda-
taires du pays d'Académie accourent à la rescousse, et
chacun est suivi des troupes levées sur son domaine :
Chapelain, « le grand podesta des terres épiques, » conduit
les Comparaisons et les Descriptions ; Voiture et Sarrazin
amènent les Romans et les Gloses ; Saint-Amand commande
les Idylles ; Maynard, les Épigrammes ; Colletet, les Madrigaux. Conrart, l'homme au silence prudent, ne commande rien, cela va sans dire; il se contente d'agir en
diplomate dans son cabinet. Ainsi qu'on peut le supposer,
les troupes de Galimathias sont battues; la Rhétorique et
les Académiciens sont vainqueurs sur toute la ligne.

Telle est la débauche d'esprit qui ouvrit à Furetière les
portes de l'Académie. Par une singulière ironie du sort,
une œuvre colossale, qui eût suffi à le rendre célèbre, devait le faire bannir de la docte assemblée!

Nous voulons parler du dictionnaire qu'il composa au
moment même où l'Académie élaborait lentement son
premier dictionnaire de la langue française

L'Académie avait obtenu un privilège défendant à tous
de lui faire concurrence jusque par delà vingt-cinq ans
après la publication de son œuvre. Craignant avec raison
de ne point vivre assez longtemps pour atteindre cette
époque de liberté, Furetière résolut de passer outre. Cette
audace devait lui coûter cher.

Furetière rapporte dans ses Apologies que la composition
de son dictionnaire lui a demandé quarante années, et qu'il
y a employé jusqu'à seize heures par jour. De 1686 à
1689, il fit voir à plus de deux mille personnes son travail
entièrement terminé. On l'accusa, cependant, de s'être
approprié le fruit des études et des recherches de ses con-
frères, et même d'avoir dérobé un manuscrit de leur dictionnaire, qu'il avait été chargé de reprendre chez Mezeray,

après la mort de celui-ci. Ces allégations ne purent jamais
être prouvées; mais, La Fontaine l'écrivait alors :

La raison du plus fort est toujours la meilleure.

L'Académie chassa Furetière de son sein; elle lui fit
retirer l'autorisation d'imprimer son ouvrage, et de plus lui
intenta un procès.

Ce fut alors qu'il écrivit pour sa défense ces spirituels
factums recueillis par M. Ch. Asselineau (*), et qui rap-
pellent à l'esprit les célèbres mémoires que Beaumarchais
devait rédiger un siècle plus tard. Plusieurs académiciens
répondirent; la plupart le firent avec passion; quelques-
uns même ne surent pas rester dans les limites des simples
convenances.

Ceux qui s'acharnaient contre Furetière n'étaient point,
on le devine, les plus illustres membres de l'Académie. Ils
avaient nom Charpentier, Tallemant (l'abbé), Doujat,
Régnier-Desmarais, Lavau, Boyer, etc. Bossuet blâmait le
pamphlétaire, mais avait en grande estime le littérateur
et l'érudit. Boileau et Racine tentèrent une démarche de
conciliation au début de l'affaire, et ne cessèrent de donner
des preuves de sympathie à Furetière; Bussy-Rabutin lui
écrivit une lettre très cordiale alors que la scission était
déjà complète; Huet, Ménage, Patru lui restèrent dévoués;
l'archevêque de Paris lui donna même asile dans son palais.

Quelques défections se produisirent cependant parmi les
amis de Furetière. Celle de La Fontaine le toucha plus
vivement que toutes les autres; aussi ne l'épargna-t-il ni
dans ses factums, ni dans ses satires.

Furetière avait d'ailleurs bec et ongles, lorsqu'il s'agissait
de se défendre. Voici en quels termes il se plaignait des

(*) *Recueil des Factums d'Antoine Furetière de l'Académie
françoise contre quelques-uns de cette Académie,* avec une introduction et des notes historiques et critiques, par M. Charles Asselineau.
(Paris, Poulet-Malassis et de Brosse, 1859.)

calomnies que répandaient sur lui quelques-uns de ses
collègues.

> François, admirez mon malheur,
> Voyant ces deux dictionnaires;
> J'ay procès avec mes confrères
> Quand le mien efface le leur;
> J'avois un moyen infaillible
> De nourrir avec eux la paix :
> J'en devois faire un plus mauvais;
> Mais la chose étoit impossible.

Furetière avait reproché à La Fontaine de ne pas savoir
distinguer le bois en grume du bois marmenteau, lui qui
avait été officier des eaux et forêts. Pour se venger, le bonhomme lança cette épigramme à Furetière, au moment où
ses ennemis le harcelaient sans pitié :

> Toy qui de tout as connoissance entière,
> Écoute, ami Furetiere :
> Lorsque certaines gens,
> Pour se venger de tes dits outrageants,
> Frappoient sur toy comme sur une enclume,
> Avec un bois porté sous le manteau,
> Dis-moy si c'étoit bois en grume
> Ou si c'étoit bois marmenteau ?

La malice était bonne ; Furetière mordit d'autant plus
fort. Voici sa réplique :

> Çà, disons-nous tous deux nos véritez :
> Il est du bois de plus d'une maniere ;
> Je n'ay jamais senti celuy que vous citez ;
> Notre ressemblance est entière,
> Car vous ne sentez point celuy que vous portez.

Furetière n'en succomba pas moins à la peine. Il mourut
le 14 mai 1688, sans avoir vu la fin de son procès, et
— doute cruel — sans savoir si ce dictionnaire, auquel il
avait consacré les deux tiers de sa vie, verrait jamais le jour.

Sa mort même ne put calmer ses ennemis. Les libelles qui de son vivant circulaient manuscrits, furent alors imprimés. On refusa de lui rendre les honneurs réservés aux membres de l'Académie, et il fallut toute l'autorité et toute l'éloquence de Boileau pour faire annuler cette décision.

Le dictionnaire de Furetière fut cependant publié deux ans après la mort de son auteur. Il parut à Rotterdam en 1690, quatre ans avant la publication du dictionnaire de l'Académie, et fit autorité dès son apparition. Au XVIII⁰ siècle, les Pères de Trévoux s'en emparèrent, le mirent à jour et supprimèrent le nom de l'auteur. En revanche, ils reproduisirent dans la préface l'accusation de plagiat lancée contre Furetière dans les précédentes éditions du dictionnaire de l'Académie.

Outre les ouvrages que nous avons cités plus haut, Furetière publia le *Voyage de Mercure,* satire en 5 livres et en vers, contre les littérateurs; un volume de *Fables* qu'il eut le tort de comparer à celles de La Fontaine, et le tort plus grand encore de croire supérieures à celles de son ancien ami, et enfin le *Roman bourgeois*, la plus importante de ses œuvres légères.

Comme le *Roman comique* de Scarron, l'*Histoire de Francion* et le *Berger extravagant*, de Charles Sorel, le *Roman bourgeois* est une protestation contre le roman pastoral, dont les exagérations et les ridicules commençaient alors à lasser le monde littéraire.

Le *Roman bourgeois* n'a d'ailleurs du roman que le nom. Il se compose d'une série de scènes dont l'auteur rompt la chaîne quand bon lui semble, et sans aucun souci de faire avancer l'action. Il paraît au contraire prendre à tâche de s'écarter le plus possible des règles suivies jusqu'alors dans ce genre de littérature, et dont quelques-unes sont même indispensables dans toute œuvre d'imagination.

Mais, nous le répétons, Furetière n'avait point dessein d'écrire une œuvre attachante par l'intrigue et les péripéties.

Il voulait surtout railler les bergerades, auxquelles *l'Astrée*
et *le Grand Cyrus* servaient de types, et il s'en est donné à
cœur joie. Entre temps, il nous a admirablement peint la
bourgeoisie du xviie siècle : les procureurs, les avocats, les
boutiquiers, les précieuses et les demi-mondaines de
l'époque. Les descriptions de Furetière sont faites avec un
soin, une exactitude, un amour du détail qui font penser à
l'auteur de la *Comédie humaine*. Les portraits de ses
« héros » sont dessinés avec une bonhomie malicieuse qui
laisse dans l'esprit une empreinte ineffaçable : Nicodème,
Vollichon, Jean Bedout, Charroselles, Collantine sont des
types inoubliables.

Le *Roman bourgeois* fait aussi défiler devant nos yeux, particulièrement dans la nouvelle l'*Amour égaré*, les silhouettes
de plusieurs personnages contemporains de Furetière. Le
malin auteur dit au lecteur, dans la préface de son premier
livre : « Je sais bien que le premier soin que tu auras en
lisant ce roman, ce sera d'en chercher la clef; mais elle ne
te servira de rien, car la serrure est mêlée. Si tu crois voir
le portrait de l'un, tu trouveras les aventures de l'autre,
etc. » Cette recommandation ne pouvait évidemment être
prise au sérieux. Depuis 1713, tous les éditeurs du *Roman
bourgeois* ont cherché à démasquer les personnages mis en
scène par Furetière, et ils sont tombés d'accord dans la
plupart de leurs hypothèses. Nous avons cru devoir profiter
de ces indications ; le sourire incrédule d'un des derniers
éditeurs ne nous a pas arrêté.

Est-il, en effet, permis de méconnaître Charles Sorel,
« sieur de Souvigny, » dans ce Charroselles « qui vouloit
passer pour gentilhomme » et qui s'était créé tant d'ennemis par ses satires? Polymathie, cette femme de lettres dont
« la laideur étoit au plus haut degré » mais qui « avoit l'esprit incomparable, et qui parloit si bien qu'on auroit pu
être charmé par les oreilles si l'on n'avoit point esté effrayé
par les yeux » qui « sçavoit la philosophie et les sciences
les plus relevées » mais qui « les avoit assaisonnées au

goust des honnestes gens, de sorte qu'on n'y reconnoissoit
rien qui sentit la barbarie des colleges, » Polymathie,
disons-nous, peut-elle être une autre personne que
Mlle de Scudéry ? Cet affreux et spirituel magot dont Polymathie finit par s'éprendre, ne ressemble-t-il pas terrible-
ment au malheureux Pellisson, l'Acanthe de Mlle Scudéry,
celui dont Mme de Sévigné disait : « Il est bien laid, mais
qu'on le dédouble, on y trouvera une belle âme. » Que
certaines autres suppositions soient moins vraisemblables,
nous le voulons bien ; mais nous sommes convaincu que
dans la plupart des cas, on a frappé juste. Les voiles étaient
trop transparents pour n'être pas percés par des yeux
habitués à ces sortes d'énigmes.

Un point du *Roman bourgeois* que nous tenons à signaler,
c'est celui où Furetière s'attaque aux dédicaces, à la véna-
lité des auteurs et à la sottise de certains Mécènes. Il y'
avait, il faut l'avouer, un certain mérite à protester contre
cette... malheureuse coutume, à une époque où les écrivains
vivaient moins du produit de leurs œuvres que des dons des
grands seigneurs et des financiers. Corneille, Racine,
Molière, Boileau, pour ne citer que les plus illustres, n'ont
ils point dû salir leurs plumes à écrire de basses flatteries
en tête de leurs chefs-d'œuvre ?

La campagne entreprise à ce sujet par Furetière était de
nature à lui faire plus d'ennemis que son dictionnaire. Il
attaque, en effet, les faiseurs de dédicaces sans aucun mé-
nagement : « Leur inventeur, dit-il, dans l'inventaire de
Mythophilacte, n'a pu être qu'un mendiant ». Et il fait
écrire par l'auteur famélique qu'il met en scène, une dédicace au bourreau qui aurait dû faire tomber toutes les
autres, si elles n'avaient eu la vie aussi dure.

Furetière fut intimement lié avec Molière, Racine et
Boileau; il prit même souvent part à leurs travaux. L'auteur
du *Roman bourgeois* passe pour avoir inspiré à l'impitoyable
critique plusieurs de ses satires, et cette supposition n'a rien
d'invraisemblable. Boileau avoue d'ailleurs à Brossette

(lettre du 10 décembre 1701) avoir rimé de concert avec
Racine, Furetière et d'autres écrivains, la parodie : *Chapelain
décoiffé*. Mais c'est surtout le *Roman bourgeois* qui nous
donne des preuves convaincantes de la collaboration de son
auteur avec les premiers écrivains du xviie siècle. Ainsi que
nous l'avons fait remarquer dans les notes de cette édition,
plusieurs personnages du *Roman bourgeois* se rencontrent
dans les *Femmes savantes* et dans les *Plaideurs*, et maint
bon mot des comédies de Molière se retrouve, pour ainsi
dire, à l'état d'embryon, dans l'ouvrage de Furetière.

Nous terminons ici notre courte notice, mais nous
croyons en avoir dit assez pour démontrer que les lettrés
doivent une place à Furetière dans leur bibliothèque.
L'œuvre de réhabilitation a déjà commencé. On a été
agréablement surpris en relisant cet auteur, jadis si ca-
lomnié, et pas un homme de goût — fût-il académicien —
ne songe aujourd'hui à lui ravir la petite portion de gloire
à laquelle il a droit.

FRANÇOIS TULOU.

ADVERTISSEMENT DU LIBRAIRE

AU LECTEUR.

AMY *lecteur, quoy que tu n'acheptes et ne lises ce livre que pour ton plaisir, si neantmoins tu n'y trouvois autre chose, tu devrois avoir regret à ton temps et à ton argent. Aussi je te puis asseurer qu'il n'a pas esté fait seulement pour divertir, mais que son premier dessein a esté d'instruire. Comme il y a des médecins qui purgent avec des potions agréables, il y a aussi des livres plaisans qui donnent des advertissemens fort utiles. On sçait combien la morale dogmatique est infructueuse; on a beau prescher les bonnes maximes, on les suit encore avec plus de peine qu'on ne les écoute. Mais quand nous voyons le vice tourné en ridicule, nous nous en corrigeons, de peur d'estre les objets de la risée publique. Ce qu'on pourroit trouver à redire au present que je te fais, c'est qu'il n'y est parlé que de bagatelles, et qu'il n'instruit que de choses peu importantes. Mais il faut considerer qu'il n'y a que trop de predicateurs qui exhortent aux grandes vertus et qui crient contre les grands vices, et il y en a tres-*

peu qui reprennent les defauts ordinaires, qui sont d'autant plus dangereux qu'ils sont plus frequens : car on y
tombe par habitude, et personne presque ne s'en donne
de garde. Ne voit-on pas tous les jours une infinité d'esprits bourus, d'importuns, d'avares, de chicaneurs, de
fanfarons, de coquets et de coquettes ? Cependant y a-il
quelqu'un qui les oze advertir de leurs défauts et de leurs
sottises, si ce n'est la comédie ou la satyre ? Celles-cy,
laissant aux docteurs et aux magistrats le soin de combattre les crimes, s'arrestent à corriger les indecences et
les ridiculitez[1], s'il est permis d'user de ce mot. Elles ne
sont pas moins necessaires, et sont souvent plus utiles
que tous les discours sérieux. Et, comme il y a plusieurs
personnes qui se passent de professeurs de philosophie,
qui n'ont pu se passer de maistres d'escoles, de mesme on
a plus de besoin de censeurs des petites fautes, où tout le
monde est sujet, que des grandes, où ne tombent que les
scelerats. Le plaisir que nous prenons à railler les autres
est ce qui fait avaller doucement cette medecine qui nous
est si salutaire. Il faut pour cela que la nature des histoires et les caracteres des personnes soient tellement ap-
pliqués à nos mœurs, que nous croyions y reconnoistre les
gens que nous voyons tous les jours. Et comme un excellent portrait nous demande de l'admiration, quoy que
nous n'en ayons point pour la personne depeinte, de même
on peut dire que des histoires fabuleuses bien décrites[2] et

---

[1] *Ridiculité* est aujourd'hui admis par l'Académie.
[2] Bien écrites.

sous des noms empruntez font plus d'impression sur notre esprit que les vrais noms et les vrayes adventures ne
sçauroient faire. C'est ainsi que celui qui contrefait le
bossu devant un autre bossu luy fait bien mieux sentir
son fardeau que la veuë d'un autre homme qui auroit une
pareille incommodité. C'est ainsi que l'histoire fabuleuse
de Lucrece, que tu verras dans ce livre, a guery, à ce
qu'on m'a asseuré, une fille fort considerable de la ville de
l'amour qu'elle avoit pour un marquis, dont la conclusion, selon toutes les apparences, eust esté semblable.
Voilà comment, Lecteur, je te donne des drogues éprou-
vées. Toute la grace que je te demande, c'est qu'apres
t'avoir bien adverty qu'il n'y a rien que de fabuleux dans
ce livre, tu n'ailles point rechercher vainement quelle est
la personne dont tu croiras reconnoistre le portrait ou
l'histoire, pour l'appliquer à Monsieur un tel ou à Mademoiselle une telle, sous prétexte que tu y trouveras un nom
approchant ou quelque caractere semblable. Je sçais bien
que le premier soin que tu auras en lisant ce roman, ce
sera d'en chercher la clef; mais elle ne te servira de rien,
car la serrure est mêlée. Si tu crois voir le portrait de
l'un, tu trouveras les adventures de l'autre: il n'y a point
de peintre qui, en faisant un tableau avec le seul secours
de son imagination, n'y fasse des visages qui auront de
l'air de quelqu'un que nous connoissons, quoy qu'il n'ait
eu dessein que de peindre des héros fabuleux. Ainsi,
quand tu appercevrois dans ces personnages dépeints quelques caracteres de quelqu'un de ta connoissance, ne fay

point un jugement temeraire pour dire que ce soit luy;
prends plustost garde que, comme il y a ici les portraits
de plusieurs sortes de sots, tu n'y rencontres le tien : car
il n'y a presque personne qui ait le privilege d'en estre
exempt, et qui n'y puisse remarquer quelque trait de son
visage, moralement parlant. Tu diras peut-estre que je
ne parle point en libraire, mais en autheur; aussi la
verité est-elle que tout ce que je t'ay dit a esté tiré d'une
longue préface que l'autheur mesme avoit mise au devant
du livre. Mais le malheur a voulu qu'ayant esté fait il y
a longtemps par un homme qui s'est diverty à le composer en sa plus grande jeunesse, il luy est arrivé tous les
accidens à quoy les premiers fueillets d'une vieille coppie
sont sujets. Et comme maintenant ses occupations sont
plus sérieuses, cet ouvrage n'auroit jamais veu le jour si
l'infidelité de quelques-uns à qui il l'avoit confié ne l'a-
voit fait tomber entre mes mains. C'est pourquoy je ne
t'ay pû donner la preface entiere; j'en ay tiré ce que j'ay
pû, aussi bien que de plusieurs autres endroits du livre,
que j'ay fait accommoder à ma maniere. J'en ay fait oster
ce que j'y ay trouvé de trop vieux, j'y ay fait adjoûter
quelque chose de nouveau pour le mettre à la mode. Si tu
y trouves du goust, je feray r'ajuster de mesme la suite,
dont je te feray un pareil present, si tu as agréable de le
bien payer.

LE
ROMAN BOURGEOIS

OUVRAGE COMIQUE

LIVRE PREMIER

Je chante les amours et les advantures de plusieurs
bourgeois de Paris, de l'un et de l'autre sexe; et ce qui
est de plus merveilleux, c'est que je les chante, et si[1]
je ne sçay pas la musique, Mais puisqu'un roman n'est
rien qu'une poésie en prose, je croirois mal débuter si
je ne suivois l'exemple de mes maistres, et si je faisois
un autre exorde : car, depuis que feu Virgile a chanté
Ænée et ses armes, et que le Tasse, de poëtique memoire, a distingué son ouvrage par chants, leurs succes-
seurs, qui n'estoient pas meilleurs musiciens que moy,
ont tous repeté la mesme chanson, et ont commencé d'en-

---

[1] Pourtant.

tonner sur la mesme notte. Cependant je ne pousseray
pas bien loin mon imitation; car je ne feray point d'a-
bord une invocation des Muses, comme font tous les
poëtes au commencement de leurs ouvrages, ce qu'ils
tiennent si necessaire, qu'ils n'osent entreprendre le
moindre poëme sans leur faire une priere, qui n'est gueres souvent exaucée. Je ne veux point faire aussi de
fictions poëtiques, ny écorcher l'anguille par la queue,
c'est à dire commencer mon histoire par la fin, comme
font tous ces messieurs, qui croyent avoir bien r'affiné
pour trouver le merveilleux et le surprenant quand ils
font de cette sorte le recit de quelque advanture. C'est
ce qui leur fait faire le plus souvent un long galimathias, qui dure jusqu'à ce que quelque charitable escuyer ou confidente viennent éclaircir le lecteur des
choses precedentes qu'il faut qu'il sçache, ou qu'il suppose, pour l'intelligence de l'histoire.

Au lieu de vous tromper par ces vaines subtilitez, je
vous raconteray sincerement et avec fidelité plusieurs
historiettes ou galanteries arrivées entre des personnes
qui ne seront ny heros ny heroïnes, qui ne dresseront
point d'armées, ny ne renverseront point de royaumes,
mais qui seront de ces bonnes gens de mediocre condition, qui vont tout doucement leur grand chemin, dont
les uns seront beaux et les autrès laids, les uns sages
et les autres sots; et ceux-cy ont bien la mine de composer le plus grand nombre. Cela n'empeschera pas que
quelques gens de la plus haute vollée ne s'y puissent

reconnoître, et ne profitent de l'exemple de plusieurs ridicules dont ils pensent estre fort éloignez. Pour éviter encore davantage le chemin battu des autres, je veux que la scéne de mon roman soit mobile, c'est à dire tantost en un quartier et tantost en un autre dela ville ; et je commenceray par celuy qui est le plus bourgeois, qu'on appelle communément la place Maubert.

Un autre autheur moins sincere, et qui voudroit paroistre éloquent, ne manqueroit jamais de faire icy une description magnifique de cette place. Il commenceroit son éloge par l'origine de son nom ; il diroit qu'elle a esté annoblie par ce fameux docteur Albert le Grand, qui y tenoit son écolle, et qu'elle fut appelée autrefois la place de Me Albert, et, par succession de temps, la place Maubert. Que si, par occasion, il écrivoit la vie et les ouvrages de son illustre parrain, il ne seroit pas le premier qui auroit fait une digression aussi peu à propos. Apres cela il la bâtiroit superbement selon la dépense qu'y voudroit faire son imagination. Le dessein de la place Royalle ne le contenteroit pas ; il faudroit du moins qu'elle fût aussi belle que celle où se faisoient les carrousels, dans la galente et romanesque ville de Grenade. N'ayez pas peur qu'il allast vous dire (comme il est vray) que c'est une place triangulaire, entourée de maisons fort communes pour loger de la bourgeoisie ; il se pendroit plutost qu'il ne la fist quarrée, qu'il ne changeast toutes les boutiques en porches et galleries,

tous les aulvens en balcons, et toutes les chaînes de
pierres de taille en beaux pilastres. Mais quand il viendroit à décrire l'église des Carmes, ce seroit lors que
l'architecture joueroit son jeu, et auroit peut-estre
beaucoup à souffrir. Il vous feroit voir un temple aussi
beau que celuy de Diane d'Ephese ; il le feroit soûtenir
par cent colomnes corinthiennes ; il rempliroit les niches
de statues faites de la main de Phidias ou de Praxitelle ;
il raconteroit les histoires figurées dans les bas reliefs ;
il feroit l'autel de jaspe et de porphire ; et, s'il luy en
prenoit fantaisie, tout l'édifice : car, dans le pays des
romans, les pierres precieuses ne coûtent pas plus que
la brique et que le moilon. Encore il ne manqueroit pas
de barbouiller cette description de metopes, tripliphes,
volutes, stilobates, et autres termes inconnus qu'il
auroit trouvez dans les tables de Vitruve ou de Vignoles,
pour faire accroire à beaucoup de gens qu'il seroit fort
expert en architecture. C'est aussi ce qui rend les autheurs si friands de telles descriptions, qu'ils ne laissent
passer aucune occasion d'en faire ; et ils les tirent tellement par les cheveux, que, mesme pour loger un cor-
saire qui est vagabond et qui porte tout son bien avec
soy, ils luy bastissent un palais plus beau que le
Louvre ny que le Serrail[1].

Grace à ma naïveté, je suis déchargé de toutes ces
peines, et quoy que toutes ces belles choses se fassent
pour la decoration du théatre à fort peu de frais, j'aime

---

[1] Le sérail, palais du sultan.

mieux faire jouer cette piece sans pompe et sans appareil, comme ces comedies qui se jouent chez le bourgeois avec un simple paravent. De sorte que je ne veux
pas mesme vous dire comme est faite cette église, quoy
qu'assez celebre : car ceux qui ne l'ont point veue la
peuvent aller voir, si bon leur semble, ou la bâtir dans
leur imagination comme il leur plaira. Je diray seulement que c'est le centre de toute la galanterie bourgeoise
du quartier, et qu'elle est tres-frequentée, à cause que
la licence de causer y est assez grande. C'est là que, sur
le midy, arrive une caravane de demoyselles à fleur de
corde[1], dont les meres, il y a dix ans, portoient le
chapperon[2], qui estoit la vraye marque et le caractere
de bourgeoisie, mais qu'elles ont tellement rogné petit
à petit, qu'il s'est evanoüy tout à fait. Il n'est pas besoin de dire qu'il y venoit aussi des muguets et des
galans, car la consequence en est assez naturelle : chacune avoit sa suite plus ou moins nombreuse, selon que
sa beauté ou son bonheur les y attiroit.

Cette assemblée fut bien plus grande que de coustume un jour d'une grande feste qu'on y solemnisoit.

[1] *A fleur de corde.* Terme de jeu de paume. « On dit d'une balle
qu'elle a passé à fleur de corde, ou qu'elle a frisé la corde, pour dire
que peu s'en est fallu qu'elle n'ait passé dehors » *(Dict. de Furetière.)*
On sait qu'alors on désignait indifféremment sous le nom de *demoiselle*
les filles et es femmes de gent' shommes

[2] *Chaperon.* Coiffure qui avait un bourrelet sur le haut et une queue
pendante sur l'épa e, et que portaient autrefois les hommes et les
femmes. Elle fut ensuite (suivant les époques), réservée aux ecclésias-
tiques ou à cer ins dignitaires.

Outre qu'on s'y empressoit par dévotion, les amoureux
de la symphonie y estoient aussi attirez par un concert
de vingt-quatre violons de la grande bande[1], d'autres y
couroient pour entendre un predicateur poly[2]. C'estoit
un jeune abbé sans abbaye, c'est à dire un tonsuré de
bonne famille, où l'un des enfans est tousjours abbé de
son nom. Il avoit un surpelis ou rochet bordé de den-
tele, bien plicé et bien empesé; il avoit la barbe bien
retroussée, ses cheveux estoient fort frisez, afin qu'ils
parussent plus courts, et il affectoit de parler un peu
gras, pour avoir le langage plus mignard. Il vouloit
qu'on jugeast de l'excellence de son sermon par les
chaises, qui y estoient louées deux sous marqués.
Aussi avoit-il fait tout son possible pour mandier des
auditeurs, et particulierement des gens à carosse. Il
avoit envoyé chez tous ses amis les prier d'y assister,
ayant fait pour cela des billets semblables à ceux d'un
enterrement, hormis qu'ils n'estoient pas imprimez.

Une belle fille qui devoit y quêter ce jour-là y avoit
encore attiré force monde, et tous les polis[3] qui vouloient
avoir quelque part en ses bonnes grâces y estoient
accourus exprés pour luy donner quelque grosse piece
dans sa tasse : car c'estoit une pierre de touche pour
connoistre la beauté d'une fille ou l'amour d'un

Violons de la grande bande. Nom qu'on donnait aux vingt-
quatre violons du roi. Ils allaient parfois jouer dans les églises et chez
les particuliers.

[2] Distingué.

[3] Hommes élégants.

homme que cette queste. Celuy qui donnoit la plus
grosse piece estoit estimé le plus amoureux, et la demoiselle qui avoit fait la plus grosse somme estoit estimée la plus belle. De sorte que, comme autrefois, pour
soutenir la beauté d'une maîtresse, la preuve cavallière
estoit de se présenter la lance à la main en un tournoy
contre tous venans, de même la preuve bourgeoise
estoit en ces derniers temps de faire presenter sa maîtresse la tasse à la main en une queste, contre tous les
galans.

Certainement la questeuse estoit belle, et si elle eust
esté née hors la bourgeoisie, je veux dire si elle eust
esté élevée parmi le beau monde, elle pouvoit donner
beaucoup d'amour à un honneste homme. N'attendez
pas pourtant que je vous la décrive icy, comme on a
coustume de faire en ces occasions ; car, quand je vous
aurois dit qu'elle estoit de la riche taille, qu'elle avoit
les yeux bleus et bien fendus, les cheveux blonds et
bien frisez, et plusieurs autres particularitez de sa personne, vous ne la reconnoistriez pas pour cela, et ce ne
seroit pas à dire qu'elle fût entierement belle ; car elle
pourroit avoir des taches de rousseurs ou des marques
de petite verole. Témoin plusieurs heros et heroïnes,
qui sont beaux et blancs en papier et sous le masque
de roman, qui sont bien laids et bien basanez en chair
et en os et à découvert. J'aurois bien plutost fait de vous
la faire peindre au devant du livre, si le libraire en
vouloit faire la dépense. Cela seroit bien aussi nécessaire

que tant de figures, tant de combats, de temples et de navires, qui ne servent de rien qu'à faire acheter plus cher les livres. Ce n'est pas que je veuille blasmer les images, car on diroit que je voudrois reprendre les plus beaux endroits de nos ouvrages modernes.

Je reviens à ma belle questeuse, et pour l'amour d'elle je veux passer sous silence (du moins jusqu'à une autre fois) toutes les autres avantures qui arriverent cette journée-là dans cette grande assemblée de gens enroollez sous les étendars de la galanterie. Cette fille estoit pour lors dans son lustre, s'estant parée de tout son possible, et ayant esté coiffée par une demoiselle suivante du voisinage, qui avoit appris immediatement de la Prime. Elle ne s'estoit pas contentée d'emprunter des diamants, elle avoit aussi un laquais d'emprunt qui lui portoit la queue, afin de paroistre davantage. Or, quoy que cela ne fût pas de sa condition, neantmoins elle fut bien aise de ménager cette occasion de contenter sa vanité; car on ne doit point trouver à redire à tout ce qui se fait pour le service et l'avantage de l'Eglise. Quant à son meneur, c'estoit le maistre clerc du logis, qu'elle avoit pris par necessité autant que par ostentation; car le moyen sans cela de traverser l'Église sur des chaises, sur lesquelles on entendoit le sermon, à moins que d'avoir une asseurance de danceur de corde? Avec ces avantages, elle fit fort bien le profit de la sacristie; mais avant que je la quitte, je suis encore obligé de vous dire qu'elle estoit fort jeune, car cela est

nécessaire à l'histoire, comme aussi que son esprit
avoit alors beaucoup d'innocence, d'ingenuité ou de
sottise. Je n'ose dire asseurément laquelle elle avoit de
ces trois belles qualitez; vous en jugerez vous-mesme
par la suite.

A cette solemnité se trouva un homme amphibie, qui
estoit le matin advocat et le soir courtisan; il portoit le
matin la robe au Palais pour plaider ou pour écouter,
et le soir il portoit les grands canons et les galands d'or[1],
pour aller cajoler les dames. C'estoit un de ces jeünes
bourgeois qui, malgré leur naissance et leur éducation,
veulent passer pour des gens du bel air, et qui croyent,
quand ils sont vestus à la mode et qu'ils méprisent ou
raillent leur parenté, qu'ils ont acquis un grand degré
d'élevation au dessus de leurs semblables. Cettuy-cy[2]
n'estoit pas reconnoissable quand il avoit changé
d'habit. Ses cheveux, assez courts, qu'on luy voyoit le
matin au Palais, estoient couverts le soir d'une belle
perruque blonde, tres-frequemment visitée par un
peigne qu'il avoit plus souvent à la main que dans sa
poche. Son chapeau avoit pour elle un si grand respect,
qu'il n'osoit presque jamais luy toucher. Son collet de
manteau estoit bien poudré, sa garniture fort enflée,
son linge orné de dentelle; et ce qui le paroit le plus

---

[1] Les *canons* étaient des pièces de toile fort larges et généralement
ornées de dentelles, qu'on attachait au-dessus du genou. Les *galants*
étaient des nœuds de rubans.

[2] Celui-ci.

estoit que, par bon-heur, il avoit un porreau au bas de
la joue, qui luy donnoit un honneste pretexte d'y mettre
une mouche. Enfin il estoit ajusté de maniere qu'un
provincial n'aûroit jamais manqué de le prendre pour
modelle pour se bien mettre. Mais j'ay eu tort de dire
qu'il n'estoit pas reconnoissable : sa mine, son geste,
sa contenance et son entretien le faisoient assez connoistre, car il est bien plus difficile d'en changer que de
vestement, et toutes ses grimaces et affectations faisoient voir qu'il n'imitoit les gens de la cour qu'en ce
qu'ils avoient de deffectueux et de ridicule. C'est ce
qu'on peut dire, en passant, qui arrive à tous les imita-
teurs, en quelque genre que ce soit.

Cet homme donc n'eut pas si-tost jetté les yeux sur
Javotte (tel estoit le nom de la demoiselle charitable qui
questoit) qu'il en devint fort passionné, chose pour lui
fort peu extraordinaire, car c'estoit, à vray dire, un
amoureux universel. Néantmoins, pour cette fois,
l'Amour banda son arc plus fort, ou le tira de plus prés,
de sorte que la fléche enfonça plus avant dans son cœur
qu'elle n'avoit accoustumé. Je ne vous sçaurois dire
précisément quelle fut l'émotion que son cœur sentit à
l'approche de cette belle (car personne pour lors ne luy
tasta le poux), mais je sçay bien que ce fut ce jour-là
précisément qu'il fit un vœu solemnel de luy rendre
service. Bien-tost aprés, une heureuse occasion s'en
presenta tout à propos. Elle vint quester à un jeune
homme qui estoit auprés de luy. C'estoit un autre petit

clerc du logis, tres-malicieux, qui estoit en colere contre elle parce qu'elle avoit retiré les clefs de la cave des mains d'une servante qui lui donnoit du vin. Comme il vid qu'elle faisoit vanité de faire voir que sa tasse estoit pleine d'or et de grosses pieces blanches, il tira de sa poche une poignée de deniers; il en arrosa sa tasse pour luy faire dépit, et couvrit toutes les pieces qu'elle estalloit en parade. La questeuse en rougit de honte, et du doigt écarta le plus qu'elle pût cette menue monn-ncye, qui, malgré toute son adresse, ne parût encore que trop. Ce fut alors que Nicodeme (ainsi s'appeloit le nouveau blessé), lui présentant une pistolle, feignit de lui en demander la monnoye; mais il ne fit que retirer de la tasse les deniers, et il luy donna le reste en pur don.

Cette nouvelle sorte de galanterie fut remarquée par Javotte, qui en son ame en eust de la joye, et qui crût en effet luy en avoir de l'obligation. Ce qui fit qu'au sortir de l'église, elle souffrit qu'il l'abordast avec un compliment qu'il avoit medité pendant tout le temps qu'il l'avoit attendue. Cette occasion luy fut fort favo-rable, car Javotte ne sortoit jamais sans sa mere, qui la faisoit vivre avec une si grande retenue qu'elle ne la laissoit jamais parler à aucun homme, ny en public ny à la maison. Sans cela cet abord n'eût pas esté fort difficile pour luy, car, comme Javotte estoit fille d'un procureur et Nicodeme estoit advocat, ils estoient de ces conditions qui ont ensemble une grande affinité et

sympathie, de sorte qu'elles souffrent une aussi prompte
connoissance que celle d'une suivante avec un valet de
chambre.

Dés que l'office fut dit et qu'il la put joindre, il luy
dit, comme une tres-fine galanterie : « Mademoiselle, à
ce que je puis juger, vous n'avez pu manquer de faire
une heureuse queste, avec tant de merite et tant de
beauté. — Hélas, Monsieur (repartit Javotte avec une
grande ingenuité), vous m'excuserez ; je viens de la
compter avec le pere sacristain : je n'ay fait que soixante
et quatre livres cinq sous ; mademoiselle Henriette fit
bien dernierement quatre-vingts dix livres ; il est vrai
qu'elle questa tout le long des prieres de quarante
neures, et que c'estoit en un lieu où il y avoit un Para-
dis le plus beau qui se puisse jamais voir. — Quand je
parle du bon-heur de vostre queste (dit Nicodeme), je
ne parle pas seulement des charitez que vous avez
recueillies pour les pauvres ou pour l'église ; j'entens
aussi parler du profit que vous avés fait pour vous. —
Ha ! Monsieur (reprit Javotte), je vous asseure que je
n'y en ay point fait, il n'y avoit pas un denier davan-
age que ce que je vous ay dit ; et puis croyez-vous que
e voulusse ferrer la mule[1], en cette occasion ? Ce seroit
un gros peché d'y penser. — Je n'entends pas (dit
Nicodeme) parler ny d'or ny d'argent, mais je veux dire
seulement qu'il n'y a personne qui, en vous donnant

---

[1] *Ferrer la mule*, proverbe : Acheter une chose pour quelqu'un, et
a lui faire payer plus cher qu'elle n'a coûté.

l'aumosne, ne vous ait en mesme temps donné son
cœur. — Je ne scay (repartit Javotte) ce que vous
voulez dire de cœurs ; je n'en ay trouvé pas un seul
dans ma tasse. — J'entends (ajousta Nicodeme) qu'il
n'y a personne à qui vous vous soyez arrestée qui, ayant
veu tant de beauté, n'ait fait vœu de vous aimer et de
vous servir, et qui ne vous ait donné son cœur. En mon
particulier, il m'a esté impossible de vous refuser le
mien. » Javotte luy repartit naïvement ; « Eh bien,
Monsieur, si vous me l'avez donné, je vous ay en
mesme temps répondu : Dieu vous le rende. — Quoy !
(reprit Nicodeme un peu en colère) agissant si serieusement, faut-il se railler de moy, et faut-il ainsi traitter
le plus passionné de tous vos amoureux ? » A ce mot,
Javotte répondit en rougissant : « Monsieur, prenez
garde comme vous parlez ; je suis honneste fille : je n'ai
point d'amoureux ; maman m'a bien deffendu d'en
avoir. — Je n'ay rien dit qui vous puisse choquer
(repartit Nicodeme), et la passion que j'ay pour vous est
toute honneste et toute pure, n'ayant pour but qu'une
recherche legitime. — C'est donc, Monsieur (repliqua
Javotte), que vous me voulez épouser ? Il faut pour
cela vous adresser à mon papa et à maman : car aussi
bien je ne sçais pas ce qu'ils me veulent donner en
mariage. — Nous n'en sommes pas encore à ces conditions (reprit Nicodeme) ; il faut que je sois auparavant
asseuré de vostre estime et que je sçache si vous
agréerez que j'aye l'honneur de vous servir. — Monsieur

(dit Javotte), je me sers bien moy-mesme, **et je sçais** faire tout ce qu'il me faut. »

Cette réponse bourgeoise defferra fort ce galand, qui vouloit faire l'amour en stile poly. Asseurément il alloit debiter la fleurette avec profusion, s'il eust trouvé une personne qui luy eust voulu tenir teste. Il fut bien surpris de ce que, dés les premieres offres de service, on l'avoit fait expliquer en faveur d'une recherche legitime. Mais il avoit tort de s'en estonner, car c'est le deffaut ordinaire des filles de cette condition, qui veulent qu'un homme soit amoureux d'elles si-tost qu'il leur a dit une petite douceur, et que, si-tost qu'il en est amoureux, il aille chez des notaires ou devant un curé, pour rendre les témoignages de sa passion plus asseurez. Elles ne sçavent ce que c'est de lier de ces douces amitiez et intelligences qui font passer si agreablement une partie de la jeunesse, et qui peuvent subsister avec la vertu la plus severe. Elles ne se soucient point de connoistre pleinement les bonnes ou les mauvaises qualitez de ceux qui leur font des offres de service, ny de commencer par l'estime pour aller en suite à l'amitié ou à l'amour. La peur qu'elles ont de demeurer filles les fait aussi-tost aller au solide, et prendre aveuglément celuy qui a le premier conclu[1]. C'est aussi la cause de cette grande difference qui est entre les gens de la Cour et la bourgeoisie: car la

---

[1] *Conclure*. Terme de palais. Établir une demande, dire en quoi consiste sa prétention.

noblesse, faisant une profession ouverte de galanterie,
et s'accoûtumant à voir les dames dés la plus tendre
jeunesse, se forme certaine habitude de civilité et de
politesse qui dure toute la vie. Au lieu que les gens du
commun ne peuvent jamais attraper ce bel air, parce
qu'ils n'étudient point cet art de plaire qui ne s'apprend
qu'auprés des dames, et qu'apres estre touché de quelque belle passion. Ils ne font jamais l'amour qu'en
passant et dans une posture forcée, n'ayant autre but
que de se mettre vistement en ménage. Il ne faut pas
s'étonner apres cela si le reste de leur vie ils ont une
humeur rustique et bourrue qui est à charge à leur
famille et odieuse à tous ceux qui les frequentent. Notre
demy courtisan auroit bien voulu faire l'amour dans les
formes; il n'auroit pas voulu oublier une des manieres
qu'il avoit trouvées dans ses livres, car il avoit fait son
cours exprés dans Cyrus et dans Clelie[1]. Il auroit
volontiers envoyé des poulets[2], donné des cadeaux[3] et
fait des vers, qui pis est; mais le moyen de jouer une
belle partie de paume avec une personne qui met à tous
les coups sous la corde[4]?

Il n'eust pas si-tost ramené sa maistresse jusqu'à sa
porte, qu'avec une profonde reverence elle le quitta, luy

[1] Romans célèbres de Mlle de Scudéry.

[2] Billets d'amour.

[3] On désignait autrefois sous le nom de *cadeaux* les repas qu'on donnait hors de chez soi, et particulièrement à des dames.

[4] Allusion à la coutume qu'on avait de tendre au milieu du jeu **une
corde** qui servait à marquer les fautes des joueurs.

disant qu'il falloit qu'elle allast songer aux affaires du
menage, et qu'aussi bien sa maman lui crieroit[1] si
elle la voyoit causer avec des garçons. Il fut donc
obligé de prendre congé d'elle, en resolution de la venir
bien-tost revoir. Mais la difficulté estoit d'avoir entrée
dans la maison, car personne n'y estoit receu s'il n'y
avoit bien à faire, encore n'entroit-on que dans l'étude
du procureur ; car si quelqu'un fust venu pour rendre
visite à Javotte, la mere seroit venue sur la porte
luy demander : « Qu'est-ce que vous avez à dire à ma
fille ? » La necessité obligea donc Nicodeme de chercher
à faire connoissance avec Vollichon[2] (le pere de Javotte
s'appeloit ainsi), ce qui ne fut pas difficile, car il le
connoissoit desja de veue pour l'avoir rencontré au
Chastelet[3], où il estoit procureur, et où Nicodeme alloit
plaider quelquefois. Il feignit de luy consulter quelque
difficulté de pratique, puis il lui dit qu'il le vouloit
charger d'un exploit pour un de ses amis. En effet, il luy
en porta un chez luy ; mais cela ne fit que l'introduire
dans l'étude comme les autres : car l'appartement des
femmes fut pour luy fermé, comme si c'eust esté un
petit serrail. Il s'avisa d'une ruse pour les voir : il feignit qu'il avoit une excellente garenne à la campagne,
d'où on luy envoyoit souvent des lapins. Il dit à Vollichon

---

[1] La querellerait.

[2] On a cru reconnaître dans ce personnage le Rollet de Boileau :
J'appelle un chat, un chat, et Rollet un fripon.
(Sat. I.)

[3] Siège de la juridiction de la vicomté et prévôté de Paris.

qu'il lui en envoyeroit deux, et qu'il les iroit manger
avec lui, dans la pensée qu'il verroit, pour le moins
pendant le disner, sa femme et sa fille. Il en fit donc
acheter deux à la Vallée de misere[1], mais ce fut de l'argent perdu, non pas à cause que c'estoient des lapins de
clapié (car le procureur ne les trouva encore que trop
bons), mais parce que cela ne lui donna point occasion
de voir sa maistresse, qui, ce jour-là, ne disna point à
la grande table, peut-estre à cause qu'elle n'estoit pas
habillée, ou qu'elle faisoit quelque affaire du ménage.
Il poussa donc plus loin ses inventions : il fit partie
avec Vollichon pour aller jouer à la boule, qui est le
plus grand regale qu'on puisse faire à un procureur, et
le plus puissant aimant pour l'attirer hors de son étude.
Cela les rendit bientost bons amis, et ce qui y contribua
beaucoup, c'est que Nicodeme se laissa d'abord gagner
quelque argent ; mais il n'oublioit point de jouer pour
la derniere partie un chapon, qui se mangeoit aussi-tost
chez le procureur.

Ce fut au quatriéme ou cinquiéme chapon que
Nicodeme eust le plaisir de voir sa maistresse à table
avec luy ; mais ce plaisir fut de peu de durée, car elle
ne parut que long-temps apres que les autres furent
assis, et elle se leva sitost qu'on apporta le dessert,
apres avoir plié sa serviette et emporté son assiette
elle-mesme. Encore durant le repas elle ne profera pas

---

[1] C'était à cet endroit (aujourd'hui quai de la Mégisserie) que se tenait le marché à la volaille.

un mot et ne leva pas presque les yeux, monstrant avec
sa grande modestie qu'elle sçavoit bien pratiquer tout ce
qui estoit dans sa *Civilité puerile*[1]. Elle s'alla aussitost
renfermer dans sa chambre avec sa mere, pour travailler
à quelque dentelle ou tapisserie. Enfin jamais il n'y eut
demoiselle avec qui il fust plus difficile de nouer conversation : car au logis elle estoit tenue de court, et
dehors elle ne sortoit qu'avec sa mere, ainsi qu'il a esté
dit ; de sorte que sans le hazard de la queste, qui luy
donna un moment de liberté et luy permit de retourner
seule chez elle, jamais Nicodeme n'auroit trouvé occasion
de l'accoster. L'amitié de Vollichon luy estoit presque
inutile, cependant elle s'augmentoit de jour en jour, et,
pour en connoistre un peu mieux les fondements, il
est bon de dire quelque chose du caractere de ce procureur, qui estoit encore un original, mais d'une autre
espece.

C'étoit un petit homme trapu, grisonnant, et qui étoit
de mesme âge que sa calotte. Il avoit vieilli avec elle
sous un bonnet gras et enfoncé qui avoit plus couvert
de méchancetez qu'il n'en aurait pu tenir dans cent
autres testes et sous cent autres bonnets : car la chicane
s'estoit emparée du corps de ce petit homme, de la
mesme maniere que le demon se saisit du corps d'un
possedé. On avoit sans doute grand tort de l'appeler,

---

[1] *Civilité puérile (et honnête).* Livre célèbre, composé par
Mathurin Cordier et d'abord intitulé la Civile Honnesteté pour les enfants. (Paris 1560.) Ce livre était généralement imprimé en caractères
cursifs que l'on appela par la suite *caractères de civilité.*

comme on faisoit, ame damnœ, car il le falloit plûtost
appeler ame damnante, parce qu'en effect il faisoit
damner tous ceux qui avoient à faire à luy, soit comme
ses clients ou comme ses parties adverses. Il avoit la
bouche bien fendue, ce qui n'est pas un petit avantage
pour un homme qui gagne sa vie à clabauder, et dont
une des bonnes qualitez c'est d'estre fort en gueule. Ses
yeux estoient fins et éveillez, son oreille estoit excellente, car elle entendoit le son d'un quart-d'escu de cinq
cens pas, et son esprit étoit prompt, pourveu qu'il ne le
fallût pas appliquer à faire du bien. Jamais il n'y eut
ardeur pareille à la sienne, je ne dis pas tant à servir
ses parties comme à les voler. Il regardoit le bien d'autrui comme les chats regardent un oiseau dans une cage,
à qui ils tâchent, en sautant autour, de donner quelque
coup de griffe. Ce n'est pas qu'il ne fist quelquefois le
genereux, car s'il voyoit quelque pauvre personne qui
ne sçeust pas les affaires, il luy dressoit une requeste
volontiers, et luy disoit hautement qu'il n'en vouloit
rien prendre; mais il luy faisoit payer la signification
plus que ne valloit la vacation de l'huissier et la sienne
ensemble. Il avoit une antipathie naturelle contre la
verité : car jamais pas une n'eût osé approcher de luy
(quand mesme elle eût esté à son avantage) sans se
mettre en danger d'estre combattue.

On peut juger qu'avec ces belles qualitez il n'avoit pas
manqué de devenir riche, et en mesme temps d'estre
tout à fait descrié : ce qui avoit fait dire à un galand

homme fort à propos, en parlant de ce chicanneur, que
c'estoit un homme dont tout le bien estoit mal acquis,
à la reserve de sa réputation. Il en demeuroit mesme
quelquefois d'accord; mais il asseuroit qu'il estoit beaucoup changé, et il disoit un jour à Nicodeme, pour
l'exciter à suivre le chemin de la vertu, qu'il avoit plus
gagné depuis un an qu'il estoit devenu honneste homme
qu'en dix ans auparavant, qu'il avoit vécu en fripon.
Peut-être avoit-il quelque raison de parler ainsi : car il
est vray que les amandes et les interdictions dont on
avoit puny quelques unes de ses friponneries, qui
avoient esté descouvertes, luy avoient cousté fort cher.
J'en ai appris une entr'autres qu'il n'est pas hors de
propos de reciter, parce qu'elle marque assez bien son
caractere. Il avoit coustume d'occuper pour deux ou trois
parties en mesme procez, sous le nom de differens procureurs de ses amis. Un jour qu'il ne pouvoit plus differer la condamnation d'un debiteur fuyard, il suscita
un intervenant qui mit le procez hors d'état d'estre
jugé; mais comme celuy qui le poursuivoit s'en plaignit,
Vollichon, pour oster la pensée que ce fust luy, dressa
des écritures pour cet intervenant, où il declama de tout
son possible contre luy-mesme; il soustenoit que Vollichon estoit l'autheur de toute la chicane du procez; que
c'estoit un homme connu dans le presidial[1] pour ses

---

[1] *Présidial.* Tribunal qui jugeait en dernier ressort ou par provision des affaires peu importantes. Les Présidiaux avaient été établis
en 1551. Leurs attributions ont souvent varié.

friponneries; qu'il avoit esté plusieurs fois pour cela
noté et interdit; et, après s'estre dit force injures, il
laissa à un clerc le soin de les décrire[1] et de les faire
signifier. Le clerc, paresseux de les coppier et encore
plus de les lire, les donna à signifier comme elles estoient, escrites de la main de Vollichon. Elles vinrent
ainsi entre les mains de sa partie adverse, et de là en
celle des juges, qui en éclatterent de rire, mais qui ne
laisserent pas de l'en punir rigoureusement.

Tel estoit donc le genie de Vollichon, qui vint à ce
point de décry que le bourreau mesme, dont il estoit le
procureur, le revoqua, sur ce qu'il ne le trouva pas
assez honneste homme pour se servir de luy. Je laisse
maintenant à penser si Nicodeme, qui n'étoit pas fort
avare, mais qui estoit tres-amoureux, pouvoit bientost
gagner les bonnes graces d'un homme aussi affamé que
Vollichon. Il luy faisoit des escritures à dix sous par
roolle[2], il s'abonnoit avec luy pour plaider ses causes à
vil prix, moyennant certaine somme par an; il luy faisoit des presens; il luy donnoit à manger, et generalement par tous moyens il s'efforçoit de gagner son amitié.
Il y avoit encore une chose dans la conversation qui les
attachoit puissamment : c'est que Nicodeme estoit un
grand diseur de beaux mots, de pointes, de phœbus et
de galimatias[3], et Vollichon un grand diseur de proverbes

---

[1] Ecrire, copier.

[2] *Rôle*. Terme de pratique : un feuillet ou deux pages d'écriture.

[3] Le Dictionnaire de Trévoux établit ainsi la différence existant entre

et de quolibets; et comme ils s'applaudissoient souvent l'un à l'autre, leur entretien estoit fort divertissant.

Nonobstant cette grande amitié, qui donnoit desormais une libre entrée à Nicodeme dans la maison, elle ne luy servoit de rien pour entretenir Javotte; car, ou elle se retiroit dans une autre chambre en le voyant venir, ou, si elle y demeuroit, elle ne luy disoit pas un mot, tant elle avoit de retenue en presence de sa mere, qui estoit tousjours auprés d'elle. Il fallut donc qu'à la fin il devint amant declaré, pour luy pouvoir parler à son aise. Ce qui le porta encore plûtost à la demander en mariage, ce fut cette consideration, que c'est toûjours un party sortable pour un advocat que la fille d'un procureur. Car Vollichon estoit riche et avoit une fort bonne estude, qu'on devoit bien plûtost appeler boutique, parcequ'on y vendoit les parties. D'autre costé, Vollichon ne vouloit avoir pour gendre qu'un homme de sac et de corde. C'est ainsi qu'il appeloit en sa langue celuy que nous dirions en la nostre qui est fort attaché au Palais, et qui ne se plaist qu'à voir des papiers. Il ne se soucioit pas qu'il fût beau, poly ou galand, pourveu qu'il fût laborieux et bon ménager. Il ne comptoit mesme pour rien la rare beauté de Javotte, et il ne s'attendoit pas qu'elle luy fist faire fortune. Peut-estre mesme qu'en

le phœbus et le galimatias : « Le *galimatias* a une obscurité profonde et n'a de soi-même nul sens raisonnable. Le *phœbus* n'est pas si obscur, et a un brillant qui signifie ou qui semble signifier quelque chose. Mais quelquefois le phœbus, à force d'être guindé, n'est plus entendu. »

cecy il ne manquoit pas de raison; car il arrive la pluspart du temps que ceux qui comptent là dessus se trouvent attrapez, et que ces fortunes que les bourgeoises font
pour leur beauté aboutissent bien souvent à une question de rapt que font les parens du jeune homme qui les
espouse, ou à une separation de biens que demande la
nouvelle mariée à un fanfaron ruiné.

Cette disposition favorable fut cause que Nicodeme,
pressé d'ailleurs de son amour, fit une belle declaration
et une demande précise au nom de mariage au pere de
Javotte, qui, ayant receu cette proposition avec la civilité dont un homme de l'humeur de Vollichon estoit
capable, s'enquit exactement de la quantité de son bien,
s'il n'estoit point embrouillé, et s'il n'avoit point fait de
débauches ni de debtes. La seule difficulté qu'il trouvoit
estoit que ce marié estoit trop beau, c'est à dire qu'il
estoit trop bien mis et trop coquet. Car, à vrai dire, la
propreté qui plaist à tous les honnestes gens est ce qui
choque le plus ces barbons. Il disoit que le temps qu'on
employoit à s'habiller ainsi proprement estoit perdu, et
que cependant[1] on auroit fait cinq ou six roolles d'écritures. Il se plaignoit aussi que telle piece d'ajustement
coûtoit la valeur de plus de vingt plaidoyers. Neantmoins
l'estime qu'il avoit conceüe pour Nicodeme effaçoit tout
ce dégoust; et, devenant indulgent en sa faveur, il disoit
qu'il falloit que la jeunesse se passast; mais, ne croyant
pas qu'elle s'estendist au delà du temps qu'il falloit

[1] Et que pendant ce temps.

pour rechercher une fille, il esperoit dans trois mois de
le voir aussi crasseux que lui.

Enfin, apres qu'il eut examiné l'inventaire, les par-
tages et tous les titres de la famille, dressé et contesté
tous les articles du mariage, le contrat en fut passé, et
on permit alors à Nicodeme de voir sa maistresse un
peu plus librement, c'est-à-dire en un bout de la chambre, en présence de sa mere, qui estoit un peu à quartier occupée à quelque travail. Ce bonheur ne luy dura
pas long-temps, car peu de jours apres Vollichon voulut qu'on se préparât pour les fiançailles, et mesme il
fit publier les bans à l'église.

Je me doute bien qu'il n'y aura pas un lecteur (tant
soit-il benevole) qui ne dise icy en lui-même : « Voici
un méchant Romaniste[1] ! Cette histoire n'est pas fort
longue ny fort intriguée. Comment ! il conclud d'abord
un mariage, et on n'a coûtume de les faire qu'à la fin
du dixiéme tome ! » Mais il me pardonnera, s'il lui
plaist, si j'abrege et si je cours en poste à la conclusion.
Il me doit mesme avoir beaucoup d'obligation de ce que
je le gueris de cette impatience qu'ont beaucoup de lecteurs de voir durer si long-temps une histoire amoureuse, sans pouvoir deviner quelle en sera la fin. Néantmoins, s'il est d'humeur patiente, il peut sçavoir qu'il
arrive, comme on dit, beaucoup de choses entre la bouche et le verre. Ce mariage n'est pas si avancé qu'ou
liroit bien et qu'il se l'imagine.

[1] Faiseur de romans.

Il ne tiendroit qu'à moi de faire icy une heroïne qu'on enleveroit autant de fois que je voudrois faire de volumes. C'est un mal-heur assez ordinaire aux heros, quand ils pensent tenir leur maistresse, de n'embrasser qu'une nue, comme de mal-heureux Ixions, qui gobent du vent, tandis qu'un de leurs confidens la leur enleve sur la moustache. Mais comme l'on ne joue pas icy la grande piece des machines, et comme j'ai promis une histoire veritable, je vous confesseray ingenuement que ce mariäge fut seulement empéché par une opposition formée à la publication des bans, sous le nom d'une fille nommée Lucrece, qui prétendoit avoir de Nicodeme une promesse de mariage, ce qui le perdit de reputation chez les parens de Javotte, qui le tinrent pour un dé-bauché, et qui ne voulurent plus le voir ny le souffrir, Or, pour vous dire d'où venoit cette opposition (car je croy que vous en avez curiosité) il faut remonter un peu plus haut, et vous reciter une autre histoire ; mais tandis que je vous la conteray, n'oubliez pas celle que je viens de vous apprendre car vous en avrez encore tantost besoin.

Histoire de Lucrece la Bourgeoise

Cette Lucrece, que j'ai appellée la Bourgeoise, pour la distinguer de la Romaine, qui se poignarda, et qui estoit d'une humeur fort differente de celle-cy, estoit une fille grande et bien faite, qui avoit de l'esprit et du courage, mais de la vanité plus que de tout le reste. C'est dommage qu'elle n'avoit pas esté nourrie à la Cour ou chez des gens de qualité, car elle eût esté guérie de plusieurs grimasses et affectations bourgeoises qui faisoient tort à son bel esprit, et qui faisoient bien deviner le lieu où elle avoit esté élevée.

Elle estoit fille d'un referendaire en la chancellerie; et avoit esté laissée en bas âge, avec peu de bien, sous la conduite d'une tante, femme d'un advocat du tiers ordre, c'est-à-dire qui n'étoit ni fameux ni sans employ. Ce pauvre homme, qui estoit moins docte que laborieux, estoit tout le jour enfermé dans son estude, et gagnoit sa vie à faire des rooles d'écritures assez mal payez. Il ne prenoit point garde à tout ce qui se passoit dans sa maison. Sa femme estoit d'un costé une grande ména-gere, car elle eût crié deux jours si elle eût veu que quel-que bout de chandelle n'eust pas esté mis à profit, ou si on eût jetté une allumette avant que d'avoir servy

par les deux bouts; mais d'autre part c'estoit une grande
joueuse, et qui hantoit, à son dire, le grand monde, ou,
pour mieux parler, qui voyoit beaucoup de gens. De
sorte que toutes les aprésdisnées on mettoit sur le tapis
deux jeux de cartes et un tricquetrac, et aussi-tost arrivoient force jeunes gens de toutes conditions, qui y estoient plûtost attirez pour voir Lucrece que pour divertir
l'advocate. Quand elle avoit gagné au jeu, elle faisait l'honorable, et faisoit venir une tourte et un poupelin[1], avec une
tasse de confitures faites à la maison, dont elle donnoit la
collation à la compagnie, ce qui tenoit lieu de souper à elle
et à sa niepce, et parfois aussi au mary, qui n'en tastoit
pas, parce qu'elle ne songeoit pas à lui preparer à manger quand elle n'avoit pas faim. Elle passoit par ce
moyen dans le voisinage pour estre fort splendide ; sa
maison estoit appelée une maison de bouteilles[2] et de
grande chere, et il me souvient d'avoir oüy une greffiere du quartier qui disoit d'elle en enrageant : « Il
n'appartient qu'à ces advocates à faire les magnifiques. »

Lucrece fut donc élevée dans une maison conduitte
de cette sorte, qui est un poste tres-dangereux pour une
fille qui a quelques necessitez, et qui est obligée à
souffrir toutes sortes de galans. Il auroit fallu que son

---

[1] *Poupelin.* Sorte de pâtisserie qui, d'après le Dictionnaire de
Trévoux, était faite avec du beurre, du lait, des œufs frais, et pétrie
avec de la fleur de farine. On y mêlait du sucre et de l'écorce de citron.

[2] *Maison de bouteilles.* Maison où l'on vide les bouteilles, où l'on
fait des festins. On désignait généralement sous ce nom les maisons de
campagne. On dit encore maintenant un *vide-bouteilles* en ce sens.

cœur eût esté ferré à glace pour se bien tenir dans un
chemin si glissant. Toute sa fortune estoit fondée sur
les conquestes de ses yeux et de ses charmes, fondement fort fresle et fort delicat, et qui ne sert qu'à faire
vieillir les filles ou à les faire marier à l'officialité[1]. Elle
portait cependant un estat[2] de fille de condition, quoy
que, comme j'ay dit, elle eût peu de bien ou plûtost
point du tout. Elle passoit pour un party qui avoit, di-
soit-on, quinze mil écus : mais ils estoient assignez sur
les brouillarts de la rivière de Loyre, qui sont des ef-
fects à la verité fort liquides, mais qui ne sont pas bien
clairs. Sur cette fausse supposition, Lucrece ne laissoit
pas de bastir de grandes esperances, et, quand on lui
proposoit pour mary un advocat, elle disoit en secouant
la teste : «Fy, je n'ayme point cette bourgeoisie! » Elle
pretendoit au moins d'avoir un auditeur des comptes
ou un tresorier de France : car elle avoit trouvé que
cela estoit deub à ses pretendus quinze mil escus, dans
le tariffe des partis sortables.

Cette citation, Lecteur, vous surprend sans doute :
car vous n'avez peut-estre jamais entendu parler de ce
tariffe. Je veux bien vous l'expliquer, et, pour l'amour
de vous, faire une petite digression. Sçachez donc que,
la corruption du siecle ayant introduit de marier un sac
d'argent avec un autre sac d'argent, en mariant une

---

[1] *Officialité.* Tribunal ecclésiastique qui connaissait des actions en
promesse ou en dis o t' n de mariage.

[2] *État.* To'le'te, manière dont on s'habille.

fille avec un garçon, comme il s'estoit fait un tariffe lors du decry des monnoyes pour l'évaluation des espèces, aussi, lors du decry du merite et de la vertu, il fut fait un tariffe pour l'évaluation des hommes et pour l'assortiment des partis. Voicy la table qui en fut dressée, dont je veux vous faire part.

TARIFFE OU ÉVALUATION DES PARTIS SORTABLES

POUR FAIRE FACILEMENT LES MARIAGES

Pour une fille qui a deux mille livres en mariage, ou environ, jusqu'à six mille livres.	*Il luy faut un marchand du Palais, ou un petit commis, sergent ou solliciteur de procez.*
Pour celle qui a six mille livres, et au-dessus, jusqu'à douze mille livres.	*Un marchand de soye, drappier, mouleur de bois*[1] *procureur du Chastelet, maistre d'hostel et secretaire de grand seigneur.*
Pour celle qui a douze mille livres et au-dessus, jusqu'à vingt mille livres.	*Un procureur en Parlement, huissier, notaire ou greffier.*
Pour celle qui a vingt mille livres et au-dessus, jusqu'à trente mille livres.	*Un advocat, conseiller du Tresor ou des Eauës et Forests, substitut du Parquet et general des Monnoyes.*
Pour celle qui a depuis trente mille livres jusqu'à quarante-cinq mille livres.	*Un auditeur des Comptes tresorier de France ou payeur des Rentes.*

[1] *Mouleurs de bois.* Officiers de police chargés de surveiller la vente du bois et qui le *moulaient,* c'est-à-dire le mesuraient avec le *moule.*

Pour celle qui a depuis quinze mil jusqu'à vingt-cinq mil escus.	*Un conseiller de la Cour des Aydes, ou conseiller du Grand Conseil.*
Pour celle qui a depuis vingt-cinq jusqu'à cinquante mil escus.	*Un conseiller au Parlement, ou un maistre des Comptes.*
Pour celle qui a depuis cinquante jusqu'à cent mil escus.	*Un maistre des Requestes, intendant des Finances, greffier et secretaire du Conseil, president aux Enquêtes.*
Pour celle qui a depuis cent mil jusqu'à deux cent mil escus.	*Un president au Mortier, vray marquis, sur-intendant, duc et pair.*

On trouvera peut-estre que ce tariffe est trop succinct, veu le grand nombre de charges qui sont creées en ce royaume, dont il n'est fait icy aucune mention ; mais, en ce cas, il faudra seulement avoir un extraict du registre qui est aux parties casuelles[1], de l'évaluation des offices car, sur ce pied, on en peut faire aisément la réduction à quelqu'une de ces classes. La plus grande difficulté est pour les hommes qui vivent de leurs rentes, dont on ne fait icy aucun estat, comme de gens inutiles, et qui ne doivent songer qu'au celibat. Car ce n'est pas mal à propos qu'un de nos autheurs a dit qu'une charge estoit le chausse-pied du mariage, cé qui a rendu nos François (naturellement galands et amoureux) si friands de charges, qu'ils en veulent avoir à quelque

---

[1] *Parties casuelles.* Bureau où l'on percevait les droits et revenus éventuels dus à l'État.

prix que ce soit, jusqu'à achepter cherement des charges de mouleur de bois, de porteur de sel et de charbon. Toutefois, s'il arrive par mal-heur qu'une vieille fille marchande quelqu'un de ces rentiers, ils sont d'ordinaire évaluez au denier six, comme les rentes sur la ville et autres telles denrées ; c'est à dire qu'une fille qui a dix mil escus doit trouver un homme qui en ayt soixante mil, et ainsi à proportion.

Il y en aura encore qui eussent souhaitté que ce tariffe eût esté porté plus avant ; mais cela ne s'est pû faire n'y ayant au delà que confusion, parce que les filles qui ont au delà de deux cent mil escus sont d'ordinaire des filles de financiers ou de gens d'affaires qui sont venus de la lie du peuple, et de condition servile Or, elles ne sont pas vendues à l'enchere comme les autres, mais délivrées au rabais ; c'est-à-dire qu'au lieu qu'une autre fille qui aura trente mille livres de bien est vendue à un homme qui aura un office qui en vaudra deux fois autant, celles-cy, au contraire, qui auront deux cens mil escus de bien, seront livrées à un homme qui en aura la moitié moins ; et elles seront encore trop heureuses de trouver un homme de naissance et de condition qui en veuille.

La seule observation qu'il faut faire, de peur de s'y tromper, est qu'il arrive quelquefois que le merite et la beauté d'une fille la peut faire monter d'une classe, et celle de trente mille livres avoir la fortune d'une de quarante ; mais il n'en est pas de mesme d'un homme,

dont le merite et la vertu sont toujours comptez pour
rien. On ne regarde qu'à sa condition et à sa charge,
et il ne fait point de fortune en mariage, si ce n'est
en des lieux où il trouve beaucoup d'années meslées
avec de l'argent, et qu'il achepte le tout en tâche et
en bloc.

Mais c'est assez parlé de mariage ; il faut revenir a
Lucrece, que je perdois presque de veuë. Ses charmes
ne la laissoient point manquer de serviteurs. Elle n'a-
voit pas seulement des galands à la douzaine, mais encore à quarterons et à milliers ; car, dans ces maisons
où on tient un honneste berlan ou académie de jeu, il
s'en tient aussi une d'amour, qui d'abord est honneste,
mais qui ne l'est pas trop à la fin : ce qui me fait souvenir de ce qu'un galant homme disoit, que c'étoit presque mettre un bouchon[1] pour faire voir qu'il y avoit
quelque bonne piéce preste à mettre en perce.

Ils venoient, comme j'ay dit, plûtost pour voir
Lucrece que pour jouer ; cependant il falloit jouer pour
la voir. Tel, apres avoir joué quelque temps, donnoit
son jeu à tenir à quelqu'autre pour venir causer avec
elle ; et tel disoit qu'il estoit de moitié avec sa tante.
Elle faisoit de son costé la mesme chose, et estoit de
moitié avec quelqu'un qu'elle avoit embarqué au jeu ;
mais, apres avoir rangé son monde en bataille, elle alloit
par la salle entretenir la compagnie, et sçavoit si bien
contenter ses galands par l'égalité qu'elle apportoit a

[1] Rameau de verdure servant d'enseigne à certains cabarets.

leur parler, qu'on eust dit qu'elle eust eu un sable[1]
pour régler tous ses discours.

Elle tiroit un grand avantage du jeu, car elle par-
tageoit le guain qui se faisoit, et ne payoit rien de la perte
qui arrivoit. Sur tout elle trouvoit bien son compte
quand il tomboit entre ses mains certains badauts qui
faisoient consister la belle galanterie à se laisser
gagner au jeu par les filles, pour leur faire par ce
moyen accepter sans honte les presens qu'ils avoient
dessein de leur faire. Erreur grande du temps jadis, et
dont, par la grace de Dieu, les gens de cour et les
fins galans sont bien déduppez[2]. Il est vray que les
coquettes rusées sont fort aises de gagner au jeu ; mais,
comme elles appellent conqueste un effect qu'elles
attribuent à leur adresse ou à leur bonne fortune, elles
n'en ont point d'obligation au pauvre sot qui se laisse
perdre, qu'elles nomment leur duppe, et qu'elles n'aban-
donnent point qu'apres leur avoir tiré la derniere plume.
Et lors il n'est plus temps de commencer une autre
galanterie, car elles n'ont jamais d'estime pour un
homme qui a fait le fat[3], quoy qu'à leur profit. Aussi
bien, à quoy bon chercher tant de destours ? Ne fait-on
pas mieux aujourd'huy de jouer avec les femmes à la
rigueur, et de ne leur pardonner rien, et, si on leur
veut faire des presens, de leur donner sans ceremonie ?

[1] Sablier, sorte d'horloge.
[2] Désabusés.
[3] Le sot.

En voit-on quantité qui les refusent et qui les renvoyent ? Cela estoit bon au temps passé, quand on ne sçavoit pas vivre. Je croy mesme, pour peu que nous allions en avant, comme on se raffine tous les jours, qu'on pratiquera la coustume qui s'observe déjà en quelques endroits, de bien faire son marché, et de dire : Je vous envoye tel present pour telle faveur, et d'en prendre des assurances : car, en effect, les femmes sont fort trompeuses.

Mais, en parlant de jeu, j'avois presque écarté Lucrece, qui aymoit, sur tous les galands, les joueurs de discretions [1], car, dans sa perte, elle payoit d'un siflet ou d'un ruban, et, dans le guain, elle se faisoit donner de beaux bijoux et de bonnes nippes. Elle n'estoit vétuë que des bonnes fortunes du jeu ou de la sottise de ses amans. Le bas de soye qu'elle avoit aux jambes estoit une discretion ; sa cravatte de poinct de Gennes [2], autre discretion ; son collier et mesme sa juppe, encore autre discretion ; enfin depuis les pieds jusqu'à la teste, ce n'estoit que discretion. Cependant elle joua tant de fois des discretions, qu'elle perdit à la fin la sienne, comme vous entendrez cy-après. Je vous en advertis de bonne heure, car je ne vous veux pas surprendre, comme font certains autheurs malicieux qui ne visent à autre chose.

---

[1] Ce qu'on gage ou ce qu'on joue, sans marquer précisément ce que c'est. (Dict. de Trévoux.)

[2] Sorte de dentelle.

Entre tous ces amants dont la jeune ferveur adoroit
Lucrece, se trouva un jeune marquis ; mais c'est peu
de dire marquis, si on n'adjouste de quarante, de
cinquante ou de soixante mille livres de rente : car il
y en a tant d'inconnus et de la nouvelle fabrique, qu'on
n'en fera plus de cas, s'ils ne font porter à leur mar-
quisat le nom de leur revenu, comme fit autrefois
celuy qui se faisoit nommer seigneur de dix-sept cens
mille escus. On n'avoit pas compté avec celuy-cy, mais
il faisoit grande dépense et changeoit tous les jours
d'habits, de plumes et de garnitures. C'est la marque
la plus ordinaire à quoy on connoist dans Paris les
gens de qualité, bien que cette marque soit fort
trompeuse. Il avoit veu Lucrece dans cette eglise (j'ay
failly à dire : que j'ay déjà décrite), où il estoit allé le jour
de cette solemnité dont j'ay parlé, pour toute autre
affaire que pour prier Dieu. D'abord qu'il la vid il en
fut charmé, et quand elle sortit il commanda à son page
de la suivre pour sçavoir qui elle estoit ; mais, devant
que le page fût de retour, il avoit déjà tout sçeu d'un
Suisse François qui chasse les chiens et loüe les
chaises dans l'église, et qui gagne plus à sçavoir les
intrigues des femmes du quartier qu'à ses deux autres
mestiers ensemble. Une piece blanche luy avoit donc
appris le nom, la demeure, la qualité de Lucrece,
celle de sa tante, ses exercices ordinaires et les noms
de la pluspart de ceux qui la frequentoient ; enfin
mille choses qu'en une maison privée on n'auroit

découvert qu avec bien du temps ; ce qui fait juger que
celles où on se gouverne de la sorte commencent à
passer pour publiques. Il songea, comme il estoit
assez discret, à chercher quelqu'un qui le pust introduire chez elle ; en tout cas, il se resolvoit de se servir
du pretexte du jeu, qui est le grand passe-par-tout
pour avoir entrée dans de telles compagnies ; il n'eust
besoin de l'une ni de l'autre, car dés le lendemain, passant en carrosse dans la rue de Lucrece, il la vid de loin
sur le pas de sa porte. L'impatience qu'elle avoit de
voir que personne n'estoit encore venu l'y avoit portée,
et dés qu'elle entendit le bruit d'un carrosse, elle tourna
la teste de ce côté-là, pensant que c'estoit quelqu'un qui
venoit chez elle. Le marquis se mit à la portiere pour
la saluer et tascher à nouer conversation.

Voicy une mal-heureuse occasion qui lui fut favorable : un petit valet de maquignon poussoit à toute
bride un cheval qu'il piquoit avec un éperon rouillé,
attaché à son soullier gauche ; et comme la ruë estoit
estroitte et le ruisseau large, il couvrit de bouë le carrosse, le marquis et la demoiselle. Le marquis voulut
jurer, mais le respect du sexe le retint ; il voulut faire
courir apres, mais le piqueur estoit si bien monté qu'on
ne lui pouvoit faire de mal, si on ne le tiroit en volant. Il
descendit tout crotté qu'il estoit, pour consoler Lucrece,
et lui dit en l'abordant : « Mademoiselle, j'ay esté puny
de ma temerité de vous avoir voulu voir de trop prés ;
mais je ne suis pas si fâché de me voir en cet estat

que je le suis de vous voir partager avec moi ce vilain
present. » Lucrece, honteuse de se voir ainsi ajustée,
et qui n'avoit point de compliment prest pour un accident si inopiné, se contenta de lui offrir civilement la
salle pour se venir nettoyer, ou pour attendre qu'il
eust envoyé querir d'autre linge, et elle prit aussi tost
congé de luy pour en aller changer de son costé. Mais
elle revint peu apres avec d'autre linge et un autre
habit, et ce ne fut pas un sujet de petite vanité pour
une personne de sa sorte de montrer qu'elle avoit
plusieurs paires d'habits et de rapporter en si peu de
temps un poinct de Sedan[1] qui eut pû faire honte à un
poinct de Gennes[2] qu'elle venoit de quitter.

La premiere chose que fit le marquis, ce fut d'envoyer son page en diligence chez luy, pour luy apporter aussi un autre habit et d'autre linge, esperant
qu'on lui presteroit quelque garde-robe où il pourroit
changer de tout. Mais le page revint tout en sueur luy
dire que le valet de chambre avoit emporté la clef de
la garde-robe, et que, depuis le matin qu'il avoit
habillé son maistre, il ne revenoit à la maison que le
soir, suivant la coustume de tous ces fainéans, que
leurs maistres laissent jouer, yvrogner et filouter tout
le jour, faute de leur donner de l'employ, croyant
deroger à leur grandeur s'ils les employoient à plus
d'un office. Il fallut donc qu'il prist, comme on dit,
patience en enrageant, et qu'il condamnast son peu de

_____

1 2 Sortes de dentelles.

prevoyance de n'avoir pas mis dans la voiture une
carte où il eust une garniture de linge, puisque le
cocher avoit bien le soin d'y mettre un marteau et des
clous pour r'attacher les fers des chevaux quand ils
venoient à se déferrer. Tout ce qu'il put faire, ce fut
de se placer dans le coin de la salle le plus obscur et
de se mettre encore contre le jour, afin de cacher ses
playes le mieux qu'il pourroit. Il a juré depuis (et ce
n'est pas ce qui doit obliger à le croire, car il juroit
quelquefois assez legerement ; mais j'ay veu des
experts en galanterie qui disoient que cela pouvoit
estre vray) que, dans toutes ses avantures amoureuses,
il n'a jamais souffert un plus grand ennuy, ny de plus
cuisantes douleurs, qu'avoir esté obligé de paroistre
en ce mauvais estat la première fois qu'il aborda sa
maistresse ; aussi, quoy que la violence de son amour
le pressast plusieurs fois de lui declarer sa passion, et
qu'il s'en trouvast mesme des occasions favorables, il
resserra tous ses complimcnts, et, s'imaginant qu'autant
de crottes qu'il avoit sur son habit estoient autant de
taches à son honneur, il estoit merveilleusement
humilié, et il ressembloit au pan[1], qui, apres avoir
regardé ses pieds, baisse incontinent la queue.

Pour comble de mal-heurs, dés qu'il fut assis, il arriva chez Lucrece plusieurs filles du voisinage, dont
les unes estoient ses amies et les autres non : car elles
alloient en cet endroit comme en un rendez-vous

[1] Paon.

general de galans, et elles y alloient chercher un party
comme on iroit au bureau d'adresse[1] chercher un lacquais ou un valet de chambre. Les unes se mirent à
joüer avec de jeunes gens qui y estoient aussi fraiche-
ment arrivez, les autres allerent causer avec Lucrece.
Elles ne connoissoient point le marquis, et ainsi elles le
prirent pour quelque miserable provincial. Comme les
bourgeoises commencent à railler des gens de province
aussi bien que les femmes de la Cour, elles ne man-
querent pas de luy donner chacune son lardon. L'une
luy disoit : « Vrayment, Monsieur est bien galant
aujourd'hui ; il ne manque pas de mouches. » L'autre
disoit : « Mais est-ce la mode d'en mettre aussi sur le
linge ? » La troisiéme adjoustoit : « Monsieur avoit manqué ce matin de prendre de l'eau-beniste, mais quelque
persoune charitable luy a donné de l'aspergés ; » et la
derniere, franche bourgeoise, repliquoit : « Voila bien
de quoi ! ce ne sera que de la poudre à la Saint-Jean. »
    Le marquis d'abord souffroit patiemment tous ces
brocards assez communs, et, pressé du remords de sa
conscience, n'osoit se défendre d'une accusation dont il

[1] *Bureau d'adresse.* Bureau fondé en 1630, rue de la Calandre,
sous l'enseigne du *Coq d'Or*, par Théophraste Renaudot. On y trou-
vait les adresses des personnages marquants et même non marquants de la capitale. Bientôt à ce bureau vint s'ajouter un bureau de
placement où l'on pouvait se procurer des domestiques. Des conférences
sur toutes sortes de sujets étaient aussi données à jour fixe au Bureau
d'adresses (V. p. 89). Eusèbe Renaudot, fils de Théophraste, a publié
(1669), en cinq volumes in-8°, le *Recueil général des questions traitées
es conferences du Bureau d'Adresse.*

se sentoit fort bien convaincu. Enfin, on le poussa tant
là-dessus qu'il fut contraint de repartir : « Je vois bien
Mesdemoiselles, que vous me voulez obliger à défendre
les gens mal-propres; mais je ne sçay si je pourray
bien m'en acquitter, car jusqu'ici j'ay songé si peu à
m'exercer sur cette matiere, que je ne croyois pas avoir
jamais besoin d'en parler pour moy, sans le malheur
qui m'est arrivé aujourd'huy. — Vous en serez moins
suspect (reprit Lucrece); si vous n'avez pas grand in-
teret en la cause, il y a en recompense beaucoup de personnes à qui vous ferez grand plaisir de la bien plaider.
— Je ne suis point (dit le marquis) de profession à faire
des plaidoyers ny des apologies, mais je diray, puisqu'il
s'en presente occasion, que je trouve estrange qu'en la
plupart des compagnies on n'estime point un homme, et
qu'on ait mesme de la peine à le souffrir, s'il n'est dans
une excessive propreté, et souvent encore s'il n'est magnifique. On n'examine point son merite ; on en juge
seulement par l'exterieur et par des qualitez qu'il peut
aller prendre à tous moments à la rue aux Fers ou à la
Fripperie[1]. — Cela est vray (dit en l'interrompant la
franche bourgeoise dont j'ay parlé), et si[2] Paris est tellement remply de crottes, qu'on ne s'en sçauroit sauver.
     — J'éprouve bien aujourd'huy (reprit le marquis)
qu'on s'en sauve avec bien de la peine, puisque le car-

---

[1] Rue de la Grande-Friperie. Beaucoup de fripiers y étaient établis.
Il y avait aussi une rue de la Petite-Friperie.
[2] V. note de la p. 5.

rosse ne m'en a pu garentir ; et je me range à l'opinion
de ceux qui soustiennent qu'il faut aller en chaise pour
estre propre. L'ancien proverbe qui, pour expliquer un
homme propre, dit qu'il semble sortir d'une boëte, se
trouve bien vray maintenant, et c'est peut-estre luy qui
a donné lieu à l'invention de ces boëtes portatives. —
Mais (interrompit encore la bourgeoise) tout le monde
ne s'y peut pas faire porter, car les porteurs vous ran-
çonnent, et il en coûte trop d'argent. Je ne m'y suis
voulu faire porter qu'une fois à cause qu'il pleuvoit, et
ils me demandoient un escu pour aller jusqu'à Nostre-
Dame. — Il est vray (dit le marquis) que la dépense en est
grande et ne peut pas estre supportée par ceux qui sont
dans les fortunes basses ou mediocres, comme sont la
pluspart des personnes d'esprit et de sçavoir, et c'est ce
qui fait qu'ils sont reduits à ne voir que leurs voisins,
comme dans les petites villes, et ils n'ont pas l'avantage que Paris fournit d'ailleurs, car on y pourroit
choisir pour faire une petite société les personnes les
plus illustres et les plus agréables, si ce n'estoit que le
hasard et les affaires les dispersent en plusieurs quartiers fort éloignez les uns des autres.

» Il n'y a que peu de jours qu'un des plus illustres
me fit une fort agréable doléance sur un pareil accident
qui lui estoit arrivé. Il estoit (dit il) party du fauxbourg
Saint-Germain pour aller au Marais, fort propre en linge
et en habits, avec des galoches fort justes et en un temps
assez beau. Il s'estoit heureusement sauvé des boues à la

faveur des boutiques et des allées, où il s'estoit enfoncé
fort judicieusement au moindre bruit qu'il entendoit
d'un cheval ou d'un carrosse. Enfin, grace à son adresse
et au long détour qu'il avoit pris pour choisir le beau
chemin, il estoit prest d'arriver au port désiré quand un
malautru baudet, qui alloit modestement son petit pas
sans songer en apparence à la malice, mit le pied dans
un trou, qui estoit presque le seul qui fust dans la rue,
et le crotta aussi coppieusement qu'auroit pû faire le
cheval le plus fringuant d'un manege. Cela fit qu'il
n'osa continuer le dessein de sa visite, et qu'il s'en retourna honteusement chez luy le nez dans son manteau. Ainsi il fut privé des plaisirs qu'il esperoit trouver en cette visite, et celles qui la devoient recevoir
perdirent les douceurs de sa conversation. Cet accident,
au reste, l'a tellement dégoûté de faire des visites éloi-
gnées, qu'il a perdu toutes les habitudes qu'il avoit
hors de son quartier. — Vôtre amy (dit alors Lucrece)
estoit un peu scrupuleux ; s'il eut bien fait, il se seroit
contenté de faire d'abord quelque compliment en faveur
de ses canons crottez, quelque invective contre les de-
sordres de la ville et contre les directeurs du nettoye-
ment de boues, et un petit mot d'imprécation contre cet
asne hypocrite, autheur du scandalle. Cela eût esté, ce
me semble, suffisant pour le mettre à couvert de tout
reproche. — Je trouve (interrompit Hyppolite[1], qui

---

[1] Anagramme de Philippote. Ce nom est encore donné à un autre
personnage du *Roman bourgeois* (V. p. 117).

estoit une veritable coquette, et qui avoit fait la premiere
raillerie) qu'il fit prudemment de s'en retourner, car,
s'il y eust eu là quelqu'un de mon humeur, il n'eût
pas manqué d'avoir quelque attaque. — Quoy! (reprit
Lucrece) y avoit-il de sa faute? N'avez-vous pas remarqué toutes les precautions qu'il avoit prises? Quoy
tout le temps et les pas qu'il avoit perdus en s'enfon-
çant dans les boutiques et dans les allées ne luy seront-
ils contez pour rien? — Non (dit Hyppolite), tout cela
n'importe; que ne venoit-il en chaise?

— Vous ne demandez pas s'il avoit moyen de la
payer (reprit le marquis); mais vous n'éstes pas seule
de vostre humeur, et je prevoy que, si le luxe et la delicatesse du siecle continuent, il faudra enfin que quelques grands seigneurs, à l'exemple de ceux qui ont
fondé des chaises de théologie, de medecine et de
mathematique, fondent des chaises de Souscarrière[1],
pour faire porter proprement les illustres dans les
ruelles[2] et les metre en estat d'estre admis dans les

---

[1] C'est-à-dire des chaises à porteurs. On les nommait ainsi à l'origine,
parce que c'était Montbrun de Souscarrière qui les avait introduites
en France.

[2] *Ruelle*. Alcôve, chambre à coucher où les dames recevaient des
visites avant d'être levées. Les ruelles des *précieuses* étaient de
petites Académies où se fondaient les réputations; celles des femmes
du monde étaient le rendez-vous des colporteurs de nouvelles plus ou
moins fondées. On suppléait ainsi au journalisme qui n'avait pas encore fait son apparition. C'est pour la ruelle de Mlle de Longueville
que Loret rédigeait alors sa *Gazette en vers*, laquelle relate, assez
prosaïquement du reste, tous les grands et petits événements parisiens
de l'époque.

belles conversations. — Ce seroit, dit Lucrece, une
belle fondation, et qui donneroit bien du lustre aux
gens de lettres; mais elle coûteroit beaucoup, car il y a
bien des illustres pretendus. Il faudroit au moins les
restreindre à ceux de l'Academie[1], et alors on ne trouveroit point estrange qu'on en briguast les places si
fortement. — Cette fondation, dit le marquis, ne se
fera peut-estre pas si tost, et je la souhaite plus que je
ne l'espere en faveur de Mademoiselle (dit-il en montrant Hyppolite, dont il ne sçavoit pas le nom), afin
qu'elle n'ayt point le déplaisir de converser quelquefois
avec des gens crottez. » Le marquis dit ces paroles avec
assez d'aigreur, estant animé de ce qu'elle l'avoit raillé
d'abord, et, pour luy rendre le change, il ajouta un peu
librement: « Encore je souffrirois plus volontiers que
des femmes de condition, qui ont des appartements magnifiques, et qui ne voyent que des polis[2] et des par-
fumés, eussent de la peine et du dégoust à souffrir d'autres gens; mais je trouve estrange que des bourgeoises
les veuillent imiter, elles qui iront le matin au marché
avec une escharpe[3] et des souliers de vache retournée, et
qui, pour les necessitez de la maison, recevront plusieurs
pieds plats dans leur chambre, où il n'y a rien à risquer
qu'un peu d'exercice pour les bras de la servante qui

[1] Académie française.
[2] V. p. 10, note 3.
[3] Pièce de taffetas, sorte de vêtement que les femmes jetaient sur
leurs épaules lorsqu'elles sortaient en négligé.

frotte le plancher; cependant, ce sont elles qui sont les
plus délicates sur la propreté, quand elles ont mis leurs
souliers brodez et leur belle juppe.

— Certes (dit alors Lucrece) Monsieur a grande raison, et, pour estre de la Cour, il ne laisse pas de connoistre admirablement les gens de la ville. Je connois
des personnes qui ne sont gueres loin d'icy, qui sont
si difficiles à contenter sur ce poinct qu'elles en sont in-
supportables, et je crois qu'elles aimeroient mieux qu'un
homme apportast dix sottises en conversation que la
moindre irregularité en l'adjustement. Je pense mesme
qu'elles ne veulent voir des gens bien mis qu'afin de se
pouvoir vanter de voir le beau monde. — Mais (dit
Hyppolite) approuvez-vous la conduite de certains illustres, qui, sous ombre de quelque capacité qu'ils ont
au-dedans, negligent tout à fait le dehors? Par exemple, nous avons en notre voisinage un homme de robbe
fort riche et fort avare, qui a une calotte qui luy vient
jusqu'au menton, et quand il auroit des oreilles d'asne
comme Midas, elle seroit assez grande pour les cacher.
Et j'en sçais un autre dont le manteau et les éguillettes[1]
sont tellement effilées que je voudrois qu'il tombast
dans l'eau, à cause du grand besoin qu'elles ont d'estre
rafraischies. Voudriez-vous deffendre ces chichetez[2] et
ces extravagances, et faudroit-il empescher une honneste
compagnie où ils voudroient s'introduire d'en faire des

[1] Aiguillettes.
[2] Lésineries, traits d'avarice.

railleries? — Je ne crois pas (repliqua le marquis) que personne ayt jamais loüé ces vitieuses affectations; au contraire, on voit avec mépris et indignation ces barbons et ces gens de college, dont les habits sont aussi ridicules que les mœurs. Mais il faut avoir quelque indulgence pour les personnes de merite qui, estant le plus souvent occupées à des choses plus agreables, n'ont ny le loysir ny le moyen de songer à se parer. Ce n'est pas que je loüe ceux qui, par negligence ou par avarice, demeurent en un estat qui fait mal au cœur ou qui blesse la veuë. Car ce sont deux vices qu'il faut également blasmer. Mais combien y en a-t'il qui, quelque soin qu'ils prennent à s'ajuster et à cacher leur pauvreté, ne peuvent empescher qu'elle ne paroisse toujours à quelque chapeau qui baisse l'oreille, quelque manteau pelé, quelque chausse rompue, ou quelque autre playe dont il ne faut accuser que la fortune?

— Votre sentiment (dit Lucrece) est tres raisonnable, et j'ay toujours fort combattu ces delicatesses; mais encore ce seroit beaucoup s'il ne falloit qu'estre propre, qui est une qualité necessaire à un honneste homme[1]; il faut aussi avoir dans ses vestements de la diversité et de la magnificence ; car on donne aujourd'huy presque partout aux hommes le rang selon leur habit; on met celuy qui est vestu de soye au dessus de celuy qui n'est vestu que de camelot, et celuy qui est vestu de camelot au dessus de celuy qui n'est vestu que de serge.

[1] Honnête est pris ici dans le sens de bien élevé.

Comme aussi on juge du merite des hommes à proportion de la hauteur de la dentelle qui est à leur linge,
et on les éleve par degrez depuis le pontignac[1] jusqu'au
poinct de Gennes. — Il est vray qu'on en use ainsi,
dit Hyppolite, et je trouve qu'on a raison. Car comment
jugerez-vous d'un homme qui entre en une compagnie
si ce n'est par l'exterieur ? S'il est richement vestu, on
croit que c'est un homme de condition, qui a esté bien
nourry[2] et élevé, et qui, par conséquent, a de meilleures qualitez. — Vous auriez grande raison (reprit le
marquis) si vous n'en usiez ainsi qu'envers les inconnus : car j'excuserois volontiers l'honneur qu'on fait à
un faquin qui passe pour homme de condition à la faveur de son habit, puisque vous ne feriez qu'honorer
la noblesse que vous croiriez estre en luy ; mais on en
use de mesme envers ceux qui sont les mieux connus,
et j'ay veu beaucoup de femmes qui n'estimoient les
hommes que par le changement des habits, des plumes
et des garnitures[3]. J'en ay veu qui, au sortir d'un bal ou
d'une visite, ne s'entretenoient d'autre chose. L'une
disoit : Monsieur le comte avoit une garniture de huit
cens livres, je n'en ay point veu de plus riche ; l'autre
Monsieur le baron estoit vestu d'une estoffe que je

---

[1] Sorte de dentelle. Pontignac, d'après le dictionnaire de Ménage, est
une corruption de l'italien *puntinara*, formé lui-même de *punto in
aria*, espèce de point coupé.

[2] Instruit, formé.

[3] *Garnitures.* Accessoires du costume, composés de plumes, rubans, etc.

n'avois point encore veuë, et qui est tout à fait jolie; une troisieme disoit : Ce gros pifre de chevalier est toujours vestu comme un gouverneur de Lyons[1], il n'oseroit changer d'habits, il a peur qu'on le méconnoisse. Cependant, il est souvent arrivé que le gros pifre a battu la belle garniture portée par un poltron, et que celuy qui avoit l'étoffe fort jolie n'aura dit que des fadaises[2]. J'en ay veu mesme une assez sotte pour louer l'extravagance d'un certain galand de ma connoissance, qui, pour porter le deüil de sa maistresse, avoit fait faire exprés une garniture de rubans noirs et blancs, avec des figures de testes de morts et de larmes, comme celles qui sont aux parements d'église le jour d'un enterrement. — Je crois (interrompit Lucrece) qu'on doit plutost dire qu'il portoit le deüil de sa raison, qui estoit morte. — Vous dites vray (repliqua le marquis), mais il n'en devoit porter que le petit deüil, car il y avoit longtemps qu'elle estoit deffunte. — Vous attaquez de fort bonne grace, dit Lucrece, des personnes qui m'ont toujours fort depleu; à dire vray, je n'attendois pas de tels sentiments d'un homme de la Cour, et qui a la mine de se piquer d'estre propre et magnifique.

— Je vous avoue (dit le marquis) que ma condition

---

[1] « Je crois, dit M. Pierre Jannet, qu'il s'agit ici de Lions-en-Forêt, bourg ou petite ville de Normandie, dont il est souvent question dans la *Nouvelle fabrique des excellents traités de vérité*. Il y avait probablement là un gouverneur qui n'était pas un personnage de grande importance. »

[2] Sottises.

m'oblige à faire dépense en habits, parce que le goust
du siecle le veut ainsi ; et pour ne pas avoir la tache d'a-
varice ou de rusticité, je suy les modes et j'en invente
quelquefois ; mais c'est contre mon inclination, et je
voudrois qu'il me fust permis de convertir ces folles
dépenses en de pures liberalitez envers d'honnestes
gens qui en ont besoin. Sur tout j'ay toûjours blâmé
l'exces où l'on porte toutes ces choses, car c'est un
grand malheur lorsqu'on tombe entre les mains de ces
coquettes fieffées qui sont de loisir, et qui ne sçavent
s'entretenir d'autres choses. Elles examineront un
homme comme un criminel sur la sellette, depuis les
pieds jusqu'à la teste, et quelque soin qu'il ait pris à
se bien mettre, elles ne laisseront pas de lui faire son
proces. Je me suis trouvé souvent engagé en ces conferences de bagatelles, où j'ay veu agiter fort serieusement
plusieurs questions tres-ridicules. J'y vis une fois un sot
de qualité qu'on avoit pris au collet ; une femme luy dit
que son rabat n'estoit pas bien mis, l'autre dit qu'il
n'estoit pas bien empesé, et la troisiéme soûtint que son
defaut venoit de l'échancrure ; mais il se deffendit bra-
vement en disant qu'il venoit de la bonne faiseuse, qui
prend un escu de façon de la piece. Le rabat fut declaré
bien fait au seul nom de cette illustre ; je dis illustre, et
ne vous estonnez pas, car le siecle est si fertile en illustres qu'il y en a qui ont acquis ce titre à faire des mouches. — Cette authorité (dit Lucrece) estoit décisive, et
la question apres cela n'estoit plus problematique ; aussi

il faut demeurer d'accord que le rabat est la plus difficile
et la plus importante des pieces de l'ajustement ; que
c'est la premiere marque à laquelle on connoist si un
homme est bien mis, et qu'on n'y peut employer trop
de temps et trop de soins, comme j'ay ouy dire d'une
presidente qu'elle est une heure entiere à mettre ses
manchettes, et elle soûtient publiquement qu'on ne les
peut bien mettre en moins de temps[1]. — Apres que ce
rabat fut bien examiné (adjoûta le marquis), on descendit sur les chausses à la Candalle[2]: on regarda si elles
estoient trop plicées en avant ou en arriere, et ce fut
encore un sujet sur lequel les opinions furent partagées.
En suite on vint à parler du bas de soye, et alors on
traitta une question fort grande et fort nouvelle, n'estant
encore decidée par aucun autheur : Si le bas de soye est
mieux mis quand on le tire tout droit que quand il est
plicé sur le gras de la jambe. Et apres avoir employé
deux heures à ce ridicule entretien, comme je vis
qu'elles alloient examiner tout le reste article par article,
comme si c'eust esté un compte, je rompis la conversation en me retirant, et je vis qu'elles remirent à une
autre fois à parler du reste ; car, pour juger un proces
si important, elles y employerent plusieurs vaccations.
— Vous raillez si agreablement (dit Lucrece) ces

---

[1] Il s'agit ici de la présidente Tambonneau qui — dit Tallemant des
Réaux, — se piquait de mettre ses manchettes fort promptement, quoique
madame Anne, sa *duena*, fût une heure et demie à les ajuster.

[2] Le duc de Candale était alors le roi de la mode.

personnes qui vous ont dépleû, qu'il faut bien prendre
garde à l'entretien qu'on a avec vous, et je ne sçay si
vous n'en direz point autant de celuy que nous avons
aujourd'huy ensemble. — Je respecte trop (dit le marquis) tout ce qui vient d'une si belle bouche, et je vous
ay veu des sentiments si justes et si eloignez de ceux
que nous venons de railler, que vous n'avez rien à
craindre de ce costé-là. — En effet (reprit Lucrece) je
n'approuve point qu'on s'entretienne de ces bagatelles,
ny qu'on aille pointiller sur le moindre defaut qu'on
trouve en une personne ; il suffit qu'elle n'ait rien qui
choque la veuë. Aussi bien je sçais que quelque soin
qu'on prenne à s'adjuster, particulierement pour les
gens de la ville, on y trouvera toujours à redire : car
comme la mode change tous les jours, et que ces jours
ne sont pas des festes marquées dans le calendrier, il
faudroit avoir des avis et des espions à la Cour, qui
vous advertissent à tous momens des changemens qui
s'y font ; autrement on est en danger de passer pour
bourgeois ou pour provincial.

— Vous avez grande raison (adjousta le marquis) ;
cette difficulté que vous proposez est presque invincible,
à moins qu'il y eust un bureau d'adresse estably ou un
gazetier de modes qui tint un journal de tout ce qui s'y
passeroit de nouveau. — Ce dessein (dit Hyppolite
seroit fort joly, et je croy qu'on vendroit bien autant de
ces gazettes que des autres[1].

[1] Ce pronostic s'est amplement réalisé de nos jours.

— Puisque vous vous plaisez à ces desseins (dit le marquis), je veux vous en reciter un bien plus beau, que j'ouys dire ces jours passez à un advocat, qui cherchoit un partisan[1] pour traitter avec luy de cet advis ; et ne vous estonnez pas si j'ai commerce avec les gens du palais, et si je me sers par fois de leurs termes, car deux mal-heureux procés qui m'ont obligé de les frequenter m'en ont fait apprendre à mes dépens plus que je n'en voulois savoir. Il disoit qu'il seroit tres important de créer en ce royaume un grand conseil de modes, et qu'il seroit aisé de trouver des officiers pour le remplir : car, premierement, des six corps des marchands on tireroit des procureurs de modes, qui en inventent tous les jours de nouvelles pour avoir du débit ; du corps des tailleurs on tireroit des auditeurs de mode, qui, sur leurs bureaux ou etablis, les mettroient en estat d'estre jugées, et en feroient le rapport ; pour juges on prendroit les plus legers et les plus extravaguants de la Cour, de l'un et de l'autre sexe, qui auroient pouvoir de les arrêter et verifier, et de leur donner authorité et credit. Il y auroit aussi des huissiers porteurs de modes, exploitant par tout le royaume de France. Il y auroit enfin des correcteurs de modes, qui seroient de bons prud'hommes qui mettroient des bornes à leur extravangance, et qui empescheroient, par exemple, que les formes des chapeaux ne devinssent hautes comme des pots à beure, ou plattes comme des

[1] Fermier.

calles[1], chose qui est fort à craindre lors que chacun les
veut hausser ou applattir à l'envy de son compagnon,
durant le flux et reflux de la mode des chapeaux ; ils
auroient soin aussi de procurer la reformation des habits,
et les décris necessaires ; comme celuy des rubans, lors
que les garnitures croissent tellement qu'il semble
qu'elles soient montées en graine, et viennent jusqu'aux
pochettes[2]. Enfin, il y auroit un greffe ou un bureau
estably, avec un estalon et toutes sortes de mesures,
pour regler les differens qui se formeroient dans la
juridiction, avec une figure vestuё selon la derniere
mode, comme ces poupées qu'on envoie pour ce sujet
dans les provinces[3]. Tous les tailleurs seroient obligez

[1] *Calle* ou *cale*. Bonnet d'homme, rond ou plat, qui couvrait seulement le haut de la tête. Tous les clercs portaient autrefois la cale. Les
bedeaux, les pâtissiers, les petits laquais, quelques garçons de métiers portent la cale. (Dict. de Trévoux.)

[2] Petites poches où l'on mettait son argent.

[3] « Ces poupées de modes, qui donnaient le ton pour les toilettes, dit
M. Ed. Fournier, avaient d'abord été attifées chez Mlle de Scudéry,
d'où elles partaient pour la province ou l'étranger. L'une était pour le
négligé, l'autre pour les grandes toilettes. On les appelait la *grande* et
la *petite Pandore*, et c'est aux petites assemblées du samedi qu'on
procédait à leur ajustement dans le cercle des précieuses. Un siècle
plus tard, nous trouvons encore une de ces poupées courant le monde
pour y propager les modes parisiennes. « On assure, lisons-nous dans
un livre très rare, que pendant la guerre la plus sanglante entre la
France et l'Angleterre, du temps d'Addison, qui en fait la remarque,
ainsi que M. l'abbé Prévost, par une galanterie qui n'est pas indigne
de tenir une place dans l'histoire, les ministres des deux Cours de
Versailles et de Saint-James accordoient, en faveur des dames, un
passeport inviolable à la grande poupée, qui étoit une figure d'albâtre
de trois ou quatre pieds de hauteur, vêtue et coiffée suivant les modes

de se servir de ces modelles, comme les appareilleurs
vont prendre les mesures sur les plans des édifices qu'on
leur donne à faire. Il y auroit pareillement en ce greffe
une pancarte ou tableau où seroient specifiez par le
menu les manieres et les regles pour s'habiller, avec les
longueurs des chausses, des manches et des manteaux,
les qualitez des estoffes, garnitures, dentelles, et autres
ornements des habits, le tout de la mesme forme que
les devis de maçonnerie et de charpenterie. Et voicy le
grand avantage que le public en retireroit : c'est qu'il
arrive souvent qu'un riche bourgeois, et surtout un
provincial, ou un Alleman, aura prodigué beaucoup
d'argent pour se vestir le mieux qu'il luy aura esté
possible, et il n'y aura pas réussi, quelque consultation
qu'il ait faite de toute sorte d'officiers qu'il aura pû
assembler pour resoudre toutes ses difficultez. Car il se
trouvera souvent que, si l'habit est bien fait, il n'en
sera pas de mesme des bas ou du chapeau ; enfin il
vivra toujours dans l'ignorance et dans l'incertitude.
Au lieu que, s'il est en doute, par exemple, si la forme
de son chapeau est bien faite, il n'aura qu'à la porter au
bureau des modes, pour la faire jauger et mesurer,
comme on fait les litrons et les boisseaux qu'on marque
à l'Hostel-de-Ville. Ainsi, se faisant estalonner et exa-

les plus récentes, pour servir de modèle aux dames du pays. Ainsi,
au milieu des hostilités furieuses qui s'exerçoient de part et d'autre,
cette poupée étoit la seule chose qui fût respectée par les armées. »
(*Souvenirs d'un Homme du Monde*. Paris, 1789. in-12, tome **2**,
page 170, n° 395.)

miner depuis les pieds jusqu'à la teste, et en ayant tiré
bon certificat, il auroit sa conscience en repos de ce
costé-là, et son honneur seroit à couvert de tous les
reproches que luy pourroit faire la coquette la plus
critique.

— C'est dommage (dit Lucrece) que vous n'estes associé
avec cet homme qui a inventé ce party : vous le feriez
bien valoir. Je crois qu'il y a beaucoup d'officiers en
France moins utiles que ceux-là, et beaucoup de regle-
ments moins necessaires que ceux qu'ils feroient. J'ai
mesme ouy dire à des sçavans qu'il y avoit de certains
pays où estoient establis de certains officiers expressément pour faire regler les habits; mais comme je ne
suis pas sçavante, je ne vous puis dire quels ils sont. »

Lucrece n'avoit pas encore achevé quand sa tante
rompit le jeu, et mesme un cornet qu'elle tenoit à la
main, à cause d'un ambezas[1] qui luy estoit venu le plus
mal à propos du monde. Cela rompit aussi cette conversation, car elle s'en vint avec un grand cry annoncer le
coup de malheur qui luy estoit arrivé, qu'elle plaignit
avec des termes aussi pathetiques que s'il y fust allé
de la ruine de l'estat. Cela troubla tout ce petit peloton;
quelques-uns, par complaisance, luy aiderent à pester
contre ce malheureux ambezas qui estoit venu sans
qu'on l'eust mandé; d'autres la consolerent sur l'incons-
tance de la fortune et lui promirent de sa part un

[1] *Ambezas* ou *ambesas*. Terme du jeu de trictrac. Il signifie : déux
as amenés d'un coup de dés.

sonnez[1] pour une autre fois. Et cependant le marquis,
qui ne cherchoit qu'une occasion de se retirer, prit congé
de Lucrece, non sans luy dire en particulier qu'il espé-
roit de venir chez elle le lendemain en meilleur ordre,
lui demandant la permission de continuer ses visites.
Mais en sortant il pensa luy arriver encore le mesme
accident, car les maquignons sont tres-frequens en ce
quartier-là. Il ne put battre celuy-cy non plus que
l'autre, à cause de sa fuite; mais son page l'en vengea,
et, n'estant pas dans sa colere si raisonnable que son
maistre, il la déchargea sur un autre maquignon qui
estoit à pied sur le pas de sa porte. Et comme ce pauvre
homme lui disoit : « Ha, Monsieur, je ne crotte personne! — Hé bien, c'est pour ceux que tu as crottez et
que tu crotteras. » Action de justice et chastiment
remarquable, qui devroit faire honte à nos officiers de
police.

A peine le marquis estoit-il remonté dans son carrosse que ses laquais, à l'exemple du maistre et du page
animez contre les crotteurs de gens, virent passer des
meuniers sur la crouppe de leurs mulets accouplez trois
à trois, qui faisoient aussi belle diligence que des cour-
riers extraordinaires. Le grand laquais jetta un gros
pavé qu'il trouva dans sa main à l'un de ces meuniers
avec une telle force que cela eust été capable de rompre
les reins de tout autre; mais ce rustre, hochant la teste

---

[1] *Sonnez.* Autre terme du jeu de trictrac. On désigne sous ce
nom un coup de dés qui amène les deux six.

et le regardant par dessus l'épaule, lui dit avec un ris
badin[1] : « Ha ouy! je t'engeolle[2]! » Et, piquant la
crouppe de sa monture avec le bout de la poignée de son
fouet, il se vit bien-tost hors de la portée des pavez.
Dés le lendemain, le marquis vint voir Lucrece en un
équipage qui fit bien connoistre que ce n'estoit pas pour
luy qu'il avoit fait l'apologie du jour precedent.

Je croy que ce fut en cette visite qu'il luy découvrit
sa passion; on n'en sçait pourtant rien au vray. Il se
pourroit faire qu'il n'en auroit parlé que les jours suivans, car tous ces deux amans estoient fort discrets, et
ils ne parloient de leur amour qu'en particulier. Par
mal-heur pour cette histoire, Lucrece n'avoit point de
confidente, ni le marquis d'escuyer, à qui ils repetassent
en propres termes leurs plus secrettes conversations.
C'est une chose qui n'a jamais manqué aux heros et aux
heroïnes. Le moyen, sans cela, d'écrire leurs aventures?
Le moyen qu'on pust savoir tous leurs entretiens, leurs
plus secrettes pensées? qu'on pust avoir coppie de tous
leurs vers et des billets doux qui se sont envoyez, et
toutes les autres choses necessaires pour bastir une
intrigue? Nos amants n'estoient point de condition à
avoir de tels officiers, de sorte que je n'en ay rien pu
apprendre que ce qui en a paru en public; encore ne
l'ay-je pas tout sçeu d'une mesme personne, parce
qu'elle n'auroit pas eu assez bonne memoire pour me

[1] Niais.
[2] Je te nargue.

repeter mot à mot tous leurs entretiens; mais j'en ay
appris un peu de l'un et un peu de l'autre, et, à n'en
point mentir, j'y ay mis aussi un peu du mien. Que si
vous estes si desireux de voir comme on découvre sa
passion, je vous en indiqueray plusieurs moyens qui
sont dans l'Amadis[1], dans l'Astrée[2], dans Cirus[3] et dans
tous les autres romans, que je n'ay pas le loisir ni le
dessein de coppier ny de derober, comme ont fait la
plupart des auteurs, qui se sont servis des inventions
de ceux qui avoient écrit auparavant eux. Je ne veux
pas mesme prendre la peine de vous en citer les endroits
et les pages; mais vous ne pouvez manquer d'en trouver à l'ouverture de ces livres. Vous verrez seulement
que c'est toujours la mesme chose, et comme on sçait
assez le refrain d'une chanson quand on en écrit le premier mot avec un etc., c'est assez de vous dire maintenant que nostre marquis fut amoureux de Lucrece, etc.
Vous devinerez ou suppléerez aisément ce qu'il luy dit
ou ce qu'il luy pouvoit dire pour la toucher.

Il est seulement besoin que je vous declare quel fut
le succes de son amour; car vous serez sans doute

---

[1] *Amadis de Gaule.* Roman célèbre, réimprimé plusieurs fois dans
le cours du XVIᵉ siècle. Le texte original de cet ouvrage est en prose
espagnole et renferme treize livres. Les quatre premiers sont généralement attribués au portugais Vasco de Lobeira qui vivait au commencement du XIVᵉ siècle; les autres furent successivement ajoutés par des
écrivains espagnols et français.

[2] *L'Astrée.* Célèbre roman de d'Urfé.

[3] *Cyrus.* Roman de Mlle Scudéry.

curieux de sçavoir si Lucrece fut douce ou cruelle, parce
que l'un pouvoit arriver aussi-tost que l'autre. Sçachez
donc qu'en peu de temps le marquis fit de grands progrés; mais ce ne fut point son esprit et sa bonne mine
qui luy acquirent le cœur de Lucrece. Quoy que ce fust
un gentil-homme des mieux faits de France et un des
plus spirituels, qu'il eût l'air galand et l'ame passionnée, cela n'estoit pas ce qui faisoit le plus d'impression
sur son esprit : elle faisoit grand cas de toutes ces
belles qualités; mais elle ne vouloit point engager son
cœur qu'en establissant sa fortune. Le marquis fut donc
obligé de luy faire plus de promesses qu'il ne luy en
vouloit tenir, quelque honneste homme qu'il fust, car
qu'est ce que ne promet point un amant quand il est
bien touché? Et qu'y a-t'il dont ne se dispense un
gentil-homme quand il est question de se deshonorer
par une indigne alliance? Il avoit commencé d'acquerir
l'estime de Lucrece en faisant grande dépense pour
elle; il luy laissa mesme gagner quelque argent, en faisant voir néantmoins qu'il ne perdoit pas par sottise, ni
faute de sçavoir le jeu. Apres, il s'accoustuma à luy
faire des presens en forme, qu'elle reçut volontiers,
quoy qu'elle eust assez de cœur; mais elle estoit obligée d'en user ainsi, car elle avoit moins de bien que de
vanité. Elle vouloit paroistre, et ne le vouloit faire
qu'aux dépens de ses amis. Les cadeaux[1] n'estoient pas

V. la note de la p. 19.

non plus épargnez; les promenades à Saint-Clou[1] à
Meudon et à Vaugirard, estoient fort frequentes, qui
sont les grands chemins par où l'honneur bourgeois va
droit à Versailles[2], comme parlent les bonnes gens.
Toutes ces choses néantmoins ne concluoient rien; Lucrece ne donnoit encore que de petites douceurs qu'il
falloit que le marquis prist pour argent comptant. Il fut
donc enfin contraint, vaincu de sa passion, de luy faire
une promesse de l'épouser, signée de sa main, et écrite
de son sang, pour la rendre plus authentique. C'est là
une puissante mine pour renverser l'honneur d'une
pauvre fille, et il n'y a guere de place qui ne se rende
si-tost qu'on la fait jouer. Lucrece ne s'en deffendit pas
mieux qu'une autre; elle ne feignit point[3] de donner
son cœur au marquis et de lui voüer une amour et une
foy réciproque. Ils vécurent depuis en parfaite intelligence, sans avoir pourtant le dernier engagement. Ils
se flatterent tous deux de la plus douce esperance du
monde : le marquis de l'esperance de posseder sa maîtresse, et Lucrece de l'esperance d'estre marquise. Mais
ce n'estoit pas le compte de cet amant impatient; sa
passion estoit trop forte pour attendre plus longtemps
les dernieres faveurs.

D'ailleurs il y avoit un obstacle invincible à l'execu-

---

[1] Saint-Cloud.

[2] *Aller à Versailles.* Se disait plaisamment pour être ronversé,
tomber à la renverse.

[3] Elle n'hésita point.

tion de sa promesse de mariage, supposé qu'il eust eu
dessein de l'executer. Il estoit encore mineur, et il avoit
une mère et un oncle qui possedoient de grands biens,
sur lesquels toute la grandeur de sa maison estoit fondée.
L'un et l'autre n'y auroient jamais donné leur consente-
ment ; au contraire, il estoit en danger d'estre désherité
ou mesme de voir casser son mariage s'il eust esté fait.
Il redoubla donc son empressement auprés de Lucrece,
et il trouva enfin une occasion favorable dans une de
ces mal-heureuses promenades qu'ils faisoient souvent
ensemble.

Ce n'est pas que Lucrece n'y allast toujours avec sa
tante et quelques autres filles du voisinage accompagnées de leurs meres ; mais ces bonnes dames
croyoient que leurs filles estoient en seureté pourveu
qu'elles fussent sorties du logis avec elles, et qu'elles y
revinssent en même temps. Il y en a plusieurs attrapées
à ce piege ; car, comme la campagne donne quelque
espece de liberté, à cause que les témoins et les espions
y sont moins frequens et qu'il y a plus d'espace pour
s'écarter, il s'y rencontre souvent une occasion de faire
succomber une maîtresse, et c'est proprement l'heure
du berger. D'ailleurs, les gens de Cour ne meurent pas
de faim faute de demander leurs necessitez ; ils prennent
des avantages sur une bourgeoise coquette qu'ils n'ose-
roient pas prendre sur une personne de condition, dont
ils respecteroient la qualité. Enfin, notre assiegeant
somma tant de fois la place de se rendre, et il la serra de

si pres qu'il la prit un jour au dépourveu et éloignée de
tout secours, car la tante estoit alors en affaire, et
occuppée à une partie de triquetrac qu'elle faillit gagner
à bredouille.

Lucrece se rendit donc ; je suis fâché de le dire, mais
il est vray. Je voudrois seulement pour son honneur
sçavoir les parolles pathetiques que luy dit son amant
passionné pour la toucher. Elles furent plus heureuses
que toutes les autres qu'il luy avoit dites jusque-là. Je
croy qu'il luy fit bien valoir le saffran qu'il avoit sur le
visage ; car, en effet, il estoit devenu tout jaune de
soucy. Je croy aussi qu'il tira un poignard de sa poche
pour se percer le cœur en sa presence, puisque son
amour ne l'avoit pû encore faire mourir. Il ne manqua
pas non plus de la faire ressouvenir de la promesse de
mariage qu'il luy avoit donnée, et de luy faire là dessus
plusieurs sermens pour la confirmer. Mais, par malheur, on ne sçait rien de tout cela, parce que la chose
se passa en secret ; ce qui serviroit pourtant beaucoup
pour la décharge de cette demoiselle. Seulement il faut
croire qu'il y fit de grands efforts ; car, en effet, Lucrece
estoit une fille d'honneur et de vertu, et elle le monstra
bien, ayant esté fort longtemps à tenir bon, bien que,
de la maniere dont elle avoit esté élevée, ce dust estre
une bicoque à estre emportée facilement. Quoy qu'il en
soit, elle songea plustost à establir sa fortune qu'à contenter son amour. Elle ne crut pas pouvoir mener d'abord
le marquis chez un notaire ou devant un curé, qui

auroient esté peut-estre des causeurs capables de divul-
guer l'affaire et de donner occasion aux parens de son
amant de la rompre. Elle crut qu'il falloit qu'il y eust
quelque engagement precedent, et elle ayma mieux
hasarder quelque chose du sien que de manquer une
occasion d'estre grande dame. Ce n'est point la faute de
Lucrece si le marquis n'a point tenu sa parolle, qu'elle
avoit ouy dire inviolable chez les gentils-hommes. Et
certes, il y en a beaucoup qui ne se mocqueront pas
d'elle, parce qu'elles y ont esté aussi attrapées. Leur
amour dura encore longtemps avec plus de familiarité
qu'auparavant, sans qu'il y arrivast rien de memorable ;
car il n'y eust point de rival qui contestast au marquis
la place qu'il avoit gagnée, ou qui envoyast à sa maistresse de fausses lettres. Il n'y eut point de portrait, ny
de monstre[1], ny de bracelet de cheveux qui fust pris ou
égaré, ou qui eust passé en d'autres mains, point d'absence ny de fausse nouvelle de mort ou de changement
d'amour, point de rivale jalouse qui fist faire quelque
fausse vision ou équivoque, qui sont toutes les choses
necessaires et les materiaux les plus communs pour
bastir des intrigues de romans, inventions qu'on a
mises en tant de formes et qu'on a repetassées[2] si souvent qu'elles sont toutes usées.

Je ne puis donc raconter autre chose de cette histoire ;
car toutes les particularitez que j'en pourrois sçavoir, si

[1] Montre.
[2] Rapetassées.

j'en estois curieux, ce seroit d'apprendre combien un
tel jour on a mangé de dindons à Saint-Cloud chez la
Durier[1], combien de plats de petits pois ou de fraises
on a consommés au logis de *petit Maure*[2] à Vaugirard,
parce qu'on pourroit encore trouver les parties[3] de ces
collations chez les hostes où elles ont esté faites, quoy
qu'elles ayent esté acquitées peu de tems apres par le
marquis, qui payoit si bien que cela faisoit tort à la noblesse. Ils furent mesme si discrets qu'on ne s'avisa
point qu'il y eust plusieurs personnes du second ordre
qui entretinssent Lucrece et qui en fissent les amoureux
et les passionnez. Mais c'estoit toûjours avec quelque
espece de respect pour le marquis, et sous son bon
plaisir. Ils prenoient leur avantage quand il n'y estoit
pas, et ils luy cedoient la place quand il arrivoit; car
chacun sait que ces nobles sont un peu redoutables aux
bourgeois, et par consequent nuisent beaucoup aux
filles à cause qu'ils écartent les bons partis.

Lucrece avoit accoustumé son amant à souffrir qu'elle
entretinst, comme elle avoit toujours fait, tous ceux qui
viendroient chez elle. Particulierement depuis sa faute,
que le remords de sa conscience luy faisoit encore plus
publique qu'elle n'estoit, elle les traita encore plus favo-

---

[1] Une des historiettes de Tallemant des Réaux est consacrée
à la *Durier* ou *Du Ryer*. Elle tenait à Saint-Cloud un cabaret magnifique et qui fut en grande vogue. Ses mœurs étaient peu sévères, mais
elle était d'une grande générosité.

[2] Cabaret aussi très fréquenté à cette époque.

[3] Notes, factures.

rablement. Peut-estre aussi que par adresse, elle en
usoit de la sorte; car quoiqu'elle se flattast toujours de
l'esperance d'estre Madame la marquise, neantmoins,
comme la chose n'estoit pas faite et qu'il n'y a rien de
si asseuré qui ne puisse manquer, elle estoit bien aise
d'avoir encore quelques autres personnes en main pour
s'en servir en cas de necessité. Outre qu'il est fort naturel aux coquettes d'aymer à se faire dire des douceurs
par toutes sortes de gens, quoiqu'elles n'ayent pour eux
ny amour ny estime.

Parmy ce corps de reserve de galans assez nombreux
se trouva Nicodeme, qui estoit un grand diseur de fleurettes, et, comme j'ay dit, un amoureux universel. Il
s'engagea si avant dans cette amour, qu'un jour, après
avoir prosné sa passion avec les plus belles Marguerites françoises[1] qu'il pust trouver, Lucrece, pour s'en
défaire, dit qu'elle n'adjoustoit point de foy à ses.pa-
rolles, et qu'elle en voudroit voir de plus puissans
témoignages. Il luy respondit serieusement qu'il luy en
donneroit de telle nature qu'elle voudroit; elle luy
repliqua qu'elle se raportoit à luy de les choisir. Aussi-
tost Nicodeme, pour luy montrer qu'il la vouloit aymer
toute sa vie, lui dit qu'il luy en donneroit tout à
l'heure une promesse par écrit. Tout en riant elle l'en

---

[1] Allusion au livre de François Desrues (écrivain français, né à Cou-
tances, et mort vers 1620) : *Les Marguerites françoises ou Trésor
des fleurs de bien dire, recueillies des plus beaux et rares discours de ce temps* (Rouen 1602, in-12). Cet ouvrage eut de nombreuses
éditions.

deffia, et un peu de temps apres, Nicodeme, s'estant
retiré expressément[1] dans une antichambre, luy apporta
en effet une promesse de mariage qu'il luy mit en main.
Elle la prit en continuant sa raillerie, et lui demanda
seulement : « La quantiéme est-ce d'aujourd'hui? »
(Car c'estoit un homme sujet à de telles foiblesses.) En
mesme temps, pour monstrer qu'elle n'en faisoit pas
grand estat, elle s'en servit à envelopper une orange de
Portugal qu'elle tenoit en sa main. Neantmoins elle ne
laissa pas de la serrer proprement pour les besoins
qu'elle en pourroit avoir, quand ce n'eust esté que pour
faire voir un jour qu'elle avoit eu des amans.

Cela s'estoit passé auparavant que Nicodeme fust
engagé avec Javotte. Quelque temps apres, il arriva
qu'un procureur de l'officialité, nommé Villeflatin, qui
estoit amy et voisin de l'oncle de Lucrece, le vint voir
et le trouva dans sa chambre au coin du feu. Par hasard,
Lucrece estoit à fouiller dans un buffet qu'elle avoit
dans la mesme chambre. Comme c'est la premiere cajo-
lerie des vieillards de demander aux jeunes filles quand
elles seront mariées, ce fut aussi le premier compliment
de ce procureur. — « Hé bien! lui dit-il, Mademoiselle,
quand est-ce que nous danserons à vostre nopce? — Je
ne sçay pas quand ce sera, répondit Lucrece en riant;
au moins ce ne sera pas faute de serviteurs : voilà une
promesse; si j'en veux, il ne tient qu'à moy de l'accepter. » Elle dit cela en monstrant un papier plié, qui

[1] Tout exprès.

estoit cette promesse qu'elle avoit trouvée fortuitement
sous sa main, sur quoy neantmoins elle ne faisoit pas
grand fondement, car elle mettoit toutes ses esperances
en celle du marquis, dont elle n'avoit garde de faire
alors mention. Le procureur, par curiosité, jetta la
main dessus sans qu'elle y prist garde, et, faisant semblant de la vouloir arracher, elle fut obligée de la lascher
de peur de la rompre. Il la lut exactement, et il luy dit
qu'il connoissoit celuy qui l'avoit souscrite, qu'il avoit
du bien; il n'en fit point d'autre éloge, car il croyoit
bien par ce mot avoir dit tout ce qui s'en pouvoit dire
Il luy demanda si la promesse estoit reciproque, et si
elle en avoit donné une autre; mais Lucrece, sans dire
ny ouy ny non, lui répondit tousjours en bouffonnant.
Il luy recommanda serieusement de la bien garder, luy
offrant de la servir en cette occasion et de faire une
exacte enqueste du bien que Nicodeme pouvoit avoir.

A quelques jours de là, il advint que Villeflatin
estant allé au Châtelet pour quelques affaires, y trouva
Vollichon, pere de Javotte; et comme il le connoissoit
de longue main, Vollichon lui fit part de la nouvelle
joyeuse du mariage prochain de sa fille. Villeflatin s'en
rejouyt d'abord avec luy, disant qu'il faisoit fort bien
de la marier ainsi jeune; qu'une fille est de grande[1]
garde; qu'un pere en est déchargé et n'est plus respon-
sable de ses fredaines quand elle est entre les mains
d'un mary, qui est obligé d'en avoir le soin. Qu'à la

[1] Difficile.

vérité sa petite Javotte estait bien sage ; **mais que le
siecle** estoit si corrompu et la jeunesse si dépravée,
qu'on ne faisoit non plus de scrupule de surprendre une
pauvre innocente que de boire un verre d'eau. Et apres
d'autres discours de cette nature que j'obmets à dessein,
non pas faute de les sçavoir (car je les ay ouy dire mille
fois), il luy demanda qui estoit celuy qu'il avoit choisi
pour faire entrer en son alliance, et quand se feroit la
solemnité du mariage. Vollichon luy répondit que les
bans estaient desja jettez[1] à Saint-Nicolas et à Saint-
Severin, les parroisses des futurs espoux ; que les fiançailles se devoient faire dans deux jours, et que c'estoit
Nicodeme qui devoit estre son gendre. « Comment !
(s'écria Villeflatin) et on disoit qu'il devoit épouser mademoiselle Lucrece, nostre voisine ! J'ay veu, leu et
tenu une promesse de mariage à son profit, et qui est
bien signée de lui. — Vous me surprenez (dit Vollichon);
je vous prie de m'en faire sçavoir des nouvelles certaines, et de me dire s'il..... » Et, sans achever, il le
quitta avec furie[2], en criant : « Qui appelle Vollichon. »
C'estoit le guichetier de la porte du presidial, qui appelait Vollichon pour venir parler sur la montée à une partie
qu'on ne vouloit pas laisser entrer. Son avidité, qui ne
vouloit rien laisser perdre, ne luy permit pas de faire
reflexion qu'il quittoit une affaire tres-importante pour
une autre qui estoit peut-estre de néant, **comme elle**

---

[1] *Jeter les bancs* se disait pour publier les bans.
[2] Vivement.

estoit en effet. Si-tost qu'il eut expedié cette partie, il
retourna au lieu où il avoit laissé Villeflatin, pour luy
demander s'il se souvenoit des termes ausquels la promesse de mariage estoit conçue, puisqu'il l'avoit eue
entre ses mains ; mais il ne le trouva plus : car, comme
celuy-cy estoit fort zelé pour le service de Lucrece et
de toute sa famille, voyant le brusque départ de Vollichon, il s'imagina qu'il estoit allé promptement faire
avertir sa femme et sa fille qu'on vouloit aller sur son
marché et qu'une autre personne avoit surpris une promesse de mariage de Nicodeme. Enfin il crut qu'il estoit
allé donner ordre d'achever le mariage, avant qu'on y
pust former opposition, de peur de laisser échapper
ce party, qui en effet lui estoit avantageux. Il eut peur
que ce qu'il avoit découvert à Vollichon ne le poussast
encore plustost à precipiter l'affaire. C'est ce qui l'obligea d'aller tout de ce pas et de son propre mouvement
(sans parler de rien à Lucrece, ny à son oncle, ny à sa
tante), afin de ne perdre point de temps, former une
opposition au mariage entre les mains des curez de
Saint-Nicolas et de Saint-Severin. Et non content de
cela, il obtint du lieutenant civil et de l'official des deffenses de passer outre, qu'il fit signifier au mesmes
curez et à Vollichon, car, quant à Nicodeme, il ne sçavoit où il demeuroit. Puis il vint tout en sueur, sur les
trois heures apres midy, dire à Lucrece qu'il y avoit
bien des nouvelles, qu'elle luy avoit bien de l'obligation, qu'il n'avoit ny bu ny mangé de tout le jour, qu'il

avoit toujours couru pour son service. Et apres plusieurs
autres prologues, il lui raconta la rencontre qu'il avoit
faite de Vollichon et tous les exploits qu'il avoit fait
depuis.

Lucrece fut fort surprise de ce recit, et il lui
monta au visage une rougeur plus forte qu'aucune
qu'elle eust jamais eue. Pour tout remerciment de la
bonne volonté de ce procureur, elle luy dit qu'il la servoit vraiment avec beaucoup de chaleur, puisqu'il n'a-
voit pas mesme pris le temps d'en parler à son oncle
ny à sa tante ; qu'en son particulier, elle n'avoit point
dessein d'épouser Nicodeme, et encore moins par l'ordre de la justice. « Ha, ha (dit alors le procureur), il
faut apprendre à cette jeunesse éventée à ne se moquer
pas des filles d'honneur : nous avons sa signature, il
faudra au moins qu'il paye des dommages et interests;
laissez-moi seulement faire. » Et avec un « Nous nous
verrons tantost plus amplement ; je n'ay ny bu ny
mangé d'aujourd'huy », il enfila l'escalier, et tira la
porte de la chambre apres lui ; il la ferma même à double tour pour empescher qu'on ne courust apres luy
pour le reconduire.

Lucrece, que par bon-heur il avoit trouvée seule,
demeura en grande perplexité. Son marquis s'en estoit
allé il y avoit quelque temps et luy avoit laissé des marques de son amour. Peu avant son départ, elle s'estoit
apperceue d'un certain mal qui avoit la mine de luy
gaster bien-tost la taille. Cela mesme l'avoit obligée de

le presser de l'épouser ; mais lorsqu'elle le conjuroit si vivement qu'il ne s'en pouvoit presque plus deffendre, il luy vint un ordre de la cour d'aller joindre son regiment, à quoi il obeyt en apparence avec regret, et en lui faisant de grandes protestations de revenir au plustost satisfaire à sa promesse. Il partit bien, mais je ne sçay quel terme il prit pour son retour ; tant y a qu'il n'est point encore revenu. Lucrece luy écrivit force lettres, mais elle n'en receut point de réponse. Elle vit bien alors, mais trop tard, qu'elle estoit abusée, et ce qui la confirma dans cette pensée, c'est que, depuis le départ du marquis, elle n'avoit plus trouvé la promesse de mariage qu'il luy avoit donnée. Elle ne pouvoit pas mesme s'ymaginer comme elle l'avoit perdue, veu le grand soin qu'elle avoit eu de la serrer dans son cabinet. Or, voicy comme la chose estoit arrivée :

La passion du marquis estant un peu refroidie par la jouyssance, il fit reflexion sur la sottise qu'il alloit faire s'il executoit la parolle qu'il avoit donnée à Lucrece. Outre le tort qu'il faisoit à sa maison en se mésalliant, il voyoit tous ses parens animez contre luy, qui luy feroient perdre les grands biens sans lesquels il ne pouvoit soustenir l'éclat de sa naissance. Il voyoit, d'un autre costé, que, si Lucrece playdoit contre luy en vertu de sa promesse de mariage, cela lui feroit une tres-fâcheuse affaire : car, outre que ces sortes de procés laissent toujours quelque tache à l'honneur d'un honneste homme, à cause qu'il est accusé en public de trahison

et de manquement de parolle, les evenemens en sont
quelquefois douteux, et avec quelque avantage qu'on
en sorte, ils coustent toujours tres-cher. Il se resolut
donc d'user de stratagéme pour se tirer de ce mauvais
pas où son amour trop violent l'avoit engagé. Pour cet
effet il mena sa maistresse à la foire Saint-Germain, et,
luy disant qu'il luy vouloit donner le plus beau cabinet[1] d'ébeine qui s'y trouveroit, il la pria de le choisir
et d'en faire le prix. Elle fit l'un et l'autre, et de plus
elle le remercia de sa liberalité. Le marquis prit le soin
de le luy faire porter chez elle ; mais auparavant il commanda secrettement au marchand d'y faire des clefs
doubles, dont il garda les unes par devers lui et il fit
livrer les autres à Lucrece avec le cabinet. Soudain
qu'elle eut ce present, elle y serra avec joie ses plus
precieux bijoux, et ne manqua pas surtout d'y mettre
sa promesse de mariage qu'elle avoit du marquis.

Quand il fut sur son départ, ayant dessein de retirer
sa promesse, il alla chez Lucrece à une heure où il sçavoit qu'elle n'estoit pas au logis ; il y entra familiere-
ment comme il avoit accoustumé, et, feignant d'avoir
quelque chose d'importance à lui dire, il demanda permission de l'attendre dans sa chambre. Estant là, il se
trouva bien-tost seul, et alors, avec la clef qu'il avoit
par devers luy, il ouvrit le cabinet, et, trouvant la promesse, s'en saisit, sans que Lucrece, quand elle fut

1 Bahut à tiroirs qui servait à serrer des bijoux et autres menus
objets.

arrivée, s'apperçeût d'aucune chose. Elle n'avoit mesme
reconnu ce vol que peu de jours avant ce procés que
venoit de former Villeflatin contre Nicodeme, et n'en
avoit pas encore soubçonné le marquis; mais quand
elle vid que son absence duroit, qu'il ne luy écrivoit
point et que sa promesse estoit perdue, elle ne douta
plus de sa perfidie. Dans son déplaisir elle ne trouva
point de meilleur remede à son affliction que d'entretenir avec plus de soin ses autres conquestes. Or comme
il falloit qu'elle se mariast avant qu'on s'apperçeust de
ce qu'elle avoit tant de sujet de cacher, elle commença
à s'affliger moins du zele indiscret de son voisin, qui
luy cherchoit un mary malgré elle par les voyes de la
justice.

Elle attendit donc avec patience le succés de cette
affaire, raisonnant ainsi en elle–mesme, que si elle
gagnoit sa cause, elle gagnoit un mary dont elle avoit
grand besoin, et si elle la perdoit, elle pourroit dire
(comme il estoit vray) qu'elle n'avoit point approuvé
cette procedure, et qu'on l'avoit commencée à son insceu, ce qu'elle croyoit estre suffisant pour mettre son
honneur à couvert. Aussi bien il n'estoit plus temps de
deliberer : la promptitude du procureur avoit fait tout
le mal qui en pouvoit arriver; la matiere estoit desja
donnée aux caquets et aux railleries; il falloit voir seulement où cela aboutiroit. Villeflatin, la revenant voir le
soir, luy dit qu'elle luy donnast sa promesse. La honte
ne l'ayant pas encore fait resoudre, elle fit semblant de

l'avoir égarée et luy dit mesme qu'elle craignoit qu'elle
ne fust perdue. « Vous auriez fait là (reprit-il) une belle
affaire ! Or sus, trouvez la au plutost, cependant que ce
mariage est arresté ; il ne peut passer outre au prejudice
de nos deffenses ; mais il la faudra bien avoir pour la
faire reconnoistre. Dites-moi cependant : n'a-t-il point
eu d'autres privautez avec vous ? N'y a-t-il point eu de
copule ? Dites hardiment : cela peut servir à vostre cause
Dame, en ces occasions il faut tout dire ; on n'y seroit
pas receu par apres. »

Lucrece rougit alors avec une confusion qui n'est pas
imaginable et qui l'empescha de faire aucune réponse.
Elle fut tellement surprise de cette grosse parole, qu'elle
fut toute preste à luy advouer son malheur, dont elle
croyoit qu'il se fust desja apperceu, de la sorte qu'il la
traitoit. Elle l'alloit prier en mesme temps de s'entre-
mettre aupres de son oncle et de sa tante pour obtenir
le pardon de sa faute. Villeflattin crut que sa rougeur
venoit de ce qu'il luy avoit demandé assez cruement
une chose dont un homme plus civil que luy se seroit
informé avec plus d'honnesteté ; de sorte que, sans la
presser davantage, il la loua de sa pudeur, luy disant :
« Soyez aussi sage à l'advenir comme vous avez esté
jusqu'icy, et vous reposez sur moi de cette affaire. »

Cependant Nicodeme, qui ne sçavoit rien de ces nouveaux incidens, alla le soir mesme voir Javotte, sa vraye
maîtresse, et ayant mis des canons blancs, s'estant bien
frisé et bien poudré, il y arriva en chaise, fort gay,

retroussant sa moustache et gringottant un air nouveau.
Il rencontra dans la salle la mere et la fille, toutes deux
bourgeoisement occupées à ourler quelque linge pour
achever le trousseau de l'accordée. Le froid accueil
qu'elles luy firent le surprit un peu, et, commençant la
conversation par l'ouvrage qu'elles tenoient : « Certes,
ma bonne maman (luy dit-il), vostre fille vous aura bien
de l'obligation, car je me doute bien que ce linge à quoy
vous travaillez est pour elle. » La pretenduë belle-mere
luy répondit assez brusquement : « Oui, monsieur, c'est
pour elle ; mais il vous passera bien loin du nez. Je vous
trouve bien hardy de venir encore ceans, apres nous
avoir voulu affronter[1]. Là, là, ma fille est jeune et ne
manquera pas de partis ; nous ne sommes pas des personnes à aller playder à l'officialité pour avoir un gendre.
Allez trouver vostre maistresse à qui vous avez promis
mariage ; nous ne voulons pas estre cause qu'elle soit
dés-honorée. » Nicodeme, encore plus estonné, jura
qu'il n'avoit aucun engagement qu'avec sa fille. « Vrayment (reprit aussi-tost la procureuse), il nous en feroit
bien accroire si nous n'avions de quoy le convaincre ; »
et, appelant la servante, elle luy dit : « Julienne, allez
querir un papier là haut sur le manteau de la cheminée,
que je lui fasse voir son bec-jaune[2]. » Quand il fut
apporté : « Tenez (dit-elle), voyez si je parle par cœur ! »
Nicodeme pensa tomber de son haut en le lisant, car il

---

[1] Tromper.
[2] Son béjaune, c'est-à-dire sa sottise.

connoissoit le cœur de Lucrece, et il ne pouvoit concevoir qu'une si fiere personne voulust playder à l'officialité pour avoir un mary. Il sçavoit qu'elle n'avoit receu
la promesse qu'en riant et sans fonder sur cela aucune
esperance ny dessein de mariage ; aussi n'en avoit-elle
point parlé depuis, de sorte qu'il s'imagina que cela
n'estoit point fait par son ordre ; il dit donc à sa belle-
mere : « Voilà une piece que quelque ennemy me joue ;
s'il ne tient qu'à cela, je vous apporte dés demain une
main-levée de cette opposition pardevant notaires.

— Je n'ay que faire (répondit-elle) de notaires ni
d'advocats ; je ne veux point donner ma fille à ces dé-
bauchez et à ces amoureux des onze mille vierges. Je
veux un homme qui soit bon mary et qui gagne bien
sa vie. »

Nicodeme, qui ne trouvoit pas là grande satisfaction,
d'ailleurs impatient de sçavoir la cause de cette brouil-
lerie, prit congé d'elle peu de temps apres. Il ne fut pas
assez hardy pour saluer, en sortant, sa maistresse de la
maniere qu'il est permis aux amans déclarez. Pour Javotte, elle se contenta de luy faire une reverence muette ;
mais en se levant elle laissa tomber un peloton de fil et
ses ciseaux, qui estoient sur sa juppe. Nicodeme se jette
aussitost avec précipitation à ses pieds pour les relever ;
Javotte se baisse, de son costé, pour le prevenir ; et, se
relevant tous deux en mesme temps, leurs deux fronts
se heurterent avec telle violence, qu'ils se firent chacun
une bosse. Nicodeme, au desespoir de ce malheur, vou-

lut se retirer promptement; mais il ne prit pas garde à
un buffet boiteux qui estoit derriere luy, qu'il choqua
si rudement qu'il en fit tomber une belle porcelaine,
qui estoit une fille unique fort estimée dans la maison.
Là-dessus, la mere éclatte en injures contre luy. Il fait
mille excuses, et en veut ramasser les morceaux pour
en renvoyer une pareille; mais en marchant brusquement avec des souliers neufs sur un plancher bien frotté
et tel qu'il devoit estre pour des fiançailles, le pied luy
glissa, et comme, en ces occasions, on tâche à se retenir
à ce qu'on trouve, il se prit aux houppes des cordons
qui tenoient le miroir attaché; or, le poids de son corps
les ayant rompus, Nicodeme et le miroir tomberent en
même temps. Le plus blessé des deux, neantmoins, ce
fut le miroir, car il se cassa en mille pieces. Nicodeme
en fut quitte pour deux contusions assez legeres.
La procureuse, s'écriant plus fort qu'auparavant, luy
dit : « Qui m'a amené ici ce ruine-maisons, ce brise-
tout? » et se met en estat de le chasser avec le manche
du ballay. Nicodeme, tout honteux, gagne la porte de
la salle; mais, estant en colere, il l'ouvrit avec tant de
violence, qu'elle alla donner contre un theorbe qu'un
voisin avoit laissé contre la muraille, qui fut entierement brisé. Bien luy en prit qu'il estoit tard, car, en
plein jour, au bruit que faisoit la procureuse, la huée
auroit fait courir les petits enfants apres luy. Il s'en
alla donc également rouge de honte et de colere; et,
à cause de l'heure, ne pouvant rien faire ce soir-là, il

se resolut d'attendre au jour d'apres à voir Lucrece.

Le lendemain donc, voulant y aller en bon ordre, il demanda sa belle garniture de dentelle, qui luy fut apportée, à la réserve du rabat, qui se trouva manquer. Il envoya son laquais pour le chercher chés sa blanchisseuse, qui répondit par ce trucheman qu'elle ne l'avoit point. Comme Nicodeme estoit bon bourgeois et bon ménager, il alla le chercher luy-mesme; il fouilla et renversa tout son linge sale, et il trouva à la fin ce qu'il cherchoit et même ce qu'il ne cherchoit pas. Car il faut sçavoir que cette blanchisseuse, nommée dame Roberte, blanchissoit aussi la maison de Lucrece et y estoit fort familiere. Or, comme il remuoit ce linge sale, voyant une chemise de femme assez haute en couleur, il luy demanda en riant si c'estoit une chemise de mademoiselle Lucrece. Dame Roberte luy répondit avec une grande naïveté : « Vrayement nenny, ce n'en est pas ; mademoiselle Lucrece est maintenant la plus propre fille qu'il y ait à Paris: depuis plus de trois mois je ne vois pas la moindre tache à son linge; il est presque aussi blanc quand je le prends que quand je le reporte. — Et comment se porte-t-elle? » luy dit Nicodeme. Dame Roberte luy repondit avec la mesme ingenuité : « La pauvre fille est toute mal bastie; quand je vais chés elle le matin, je la trouve qui a des vomissemens et de si grands maux de cœur et d'estomac, qu'elle ne peut durer lassée dans son corps de juppe; elle est tousjours avec ses brassieres de satin blanc. Toutefois

cette pauvre fille ne se plaint pas, et cache si bien son
mal qu'on ne sçait pas mesme au logis qu'elle soit malade; l'apres-disnée elle reçoit son monde comme si de rien
n'estoit : c'est la meilleure ame et la plus patiente créa-
ture qui se puisse voir. » Nicodeme remarqua ces paroles ingenues, et, changeant de dessein, au lieu d'aller
voir Lucrece il alla consulter un medecin et un de ses
amis du barreau; enfin il se douta de la vérité, et son
imagination alla encore au delà; car il s'imagina que,
pour remedier au mal de Lucrece, ses parens avoient
formé cette action afin de la luy faire épouser. Il crut
aussi que, pour couvrir sa faute, elle leur avoit fait entendre qu'il avoit abusé d'elle sous la promesse de mariage qu'il luy avoit sottement donnée. Il avoit appris
de ses amis qu'il avoit consulté, et il le pouvoit sçavoir
luy-mesme, puisque c'estoit son mestier, que son affaire
estoit mauvaise, qu'une fille enceinte fondée en promesse de mariage seroit plustost crue en justice que luy,
et que, quelques sermens qu'il fist du contraire, il ne
détruiroit point la presomption qu'on auroit que ce ne
fust de ses œuvres. D'ailleurs Lucrece estoit belle et
avoit beaucoup d'amis de gens de robbe, qui luy pouvoient faire gagner sa cause, quelque mauvaise qu'elle
fust, outre qu'elle estoit si discrette en apparence qu'il
ne la pouvoit pas convaincre d'aucune débauche, quoy
que sa coquetterie fust publique. Il resolut donc de
sortir de cette affaire à quelque prix que ce fust avant
qu'elle éclatast tout à fait; car il s'imaginoit que sitost

qu'il auroit conjuré cet orage et levé cette opposition, il renoueroit aisément avec les parens de Javotte, de laquelle il estoit amoureux au dernier point, et certainement, si on eust connu son foible, il luy en eust coûté bon. Il employa quelque temps à chercher des connaissances pour faire parler sous main à l'oncle de Lucrece, n'osant pas y aller en personne, de peur d'un *amené sans scandale*[1]. Il y trouva quelque accés par le moyen d'un amy qui connoissoit Villeflattin, le plenipotentiaire et le grand directeur de cette affaire, qui écouta volontiers ses propositions.

Cependant Lucrece estoit demeurée dans un grand embarras, elle craignoit tous les jours de plus en plus que son mal secret ne devint public, et, voyant bien qu'il ne falloit plus avoir d'espérance au marquis, elle se résolut tout de bon de ménager l'affaire que le hasard et la promptitude de ce procureur luy avoit preparée. Ce qui la fit encore plustost resoudre, c'est qu'elle avoit presté l'oreille à une consultation qui s'estoit faite chez son oncle sur une pareille espece, où l'affaire avoit esté decidée en faveur d'une fille qui estoit en une semblable

---

[1] Dans l'ancienne jurisprudence, un *amené sans scandale* était un ordre de faire comparaître un prévenu devant un juge, en évitant d'attirer l'attention publique.

        Tout doux ! un amené sans scandale suffit.

                  RACINE. (*Les Plaideurs.*)

Furetière donne ici un autre sens à cette locution. Il semble vouloir dire qu'en se rendant librement chez une personne à laquelle on a fait une promesse de mariage, on donne de graves présomptions contre soi.

agonie. Elle prit donc en main sa promesse pour la
porter à son oncle, et le prier, en luy demandant pardon
de sa faute, de luy faire reparer son honneur. Mais,
hélas! en ce moment, elle avoit deux estranges repu-
gnances : l'une de decouvrir sa faute, et l'autre d'en
charger un innocent, ce qui estoit pourtant necessaire
en cette occasion.

Trois fois elle monta en la chambre de son oncle, et
trois fois elle en descendit sans rien faire. Enfin, y étant
retournée avec une bonne résolution, elle commença à
luy dire : « Mon oncle... » et, se repentant d'avoir
commencé, elle s'arresta aussi-tost. Son oncle luy
ayant demandé ce qu'elle desiroit, elle luy demanda
s'il n'avoit point veu ses ciseaux, qu'elle avoit laissez
sur la table. A la fin pourtant, apres avoir longuement
tournoyé, elle luy dit tout de bon : « Mon oncle, je
voudrois bien vous entretenir d'une affaire en laquelle
je vous prie de m'estre favorable. » Mais comme elle
commençoit à s'expliquer, et en mesme temps à rougir,
on vint dire à son oncle qu'on le demandoit en bas
pour une affaire fort pressée. Il descendit promptement,
ment, et un peu apres envoya querir ses gants et son
manteau. Lucrece alors tint à bonheur de n'avoir pas
commencé le récit de son adventure, car elle auroit
esté faschée de s'y voir interrompue. Or cette affaire
estoit que Villeflattin avoit envoyé querir cet oncle,
pour luy parler de l'affaire qu'il avoit poursuivie à son
insceu et de son propre mouvement, dans la confiance

qu'il avoit qu'il ne seroit point desavoué, à cause du
grand soin qu'il prenoit des interests de toute la famille.
Ce bon homme fut fort surpris de cette nouvelle, et
dit qu'il s'estonnoit fort de ce que sa niece ne luy en
avoit rien dit. Mais il fut encore plus surpris quand
Villeflattin, luy ayant fait le récit de tout ce qui s'y
estoit passé dans le peu de jours que l'affaire avoit duré
luy dit que le procés estoit terminé s'il vouloit ; qu'on
luy offroit de gros dommages et intérêts, et qu'en effet, l'entremetteur de Nicodeme estoit chés luy, qui
faisoit une proposition de donner deux mille écus
d'argent comptant à Lucrece, à la charge de terminer
l'affaire sur le champ. Il leur faisoit entendre que
Nicodeme ne craignoit pas l'évenement de cette opposition en justice, et qu'il monstreroit bien qu'elle
étoit sans fondement, mais qu'il vouloit seulement
lever l'ombrage qu'elle donnoit aux parens de Javotte,
qu'il estoit prest d'épouser, et particulierement à cause
que l'Advent qui approchoit ne luy permettoit pas de
laisser tirer l'affaire en longueur ; qu'enfin il sacrifioit
cette somme d'argent à son plaisir, afin de ne point
perdre de temps, ce qu'il n'eust pas fait en autre saison.
Villeflattin, à qui on avait promis en particulier une bonne
paraguante[1], sçeut si bien cajoller le bonhomme qu'il
le fit resoudre d'accepter cette proposition, dans la
menace qui leur estoit faite de revoquer le lendemain
ces offres pour en playder tout de bon. Et ce qui l'y

---

[1] Présent.

porta encore plustot fut que Villeflattin luy dit
que Lucrece avoit égaré la promesse qu'il falloit produire, ce qui la mettoit en danger d'estre deboutée au
premier jour de sa demande. Il luy fit considerer aussi
que, n'y ayant qu'une simple promesse de mariage,
sans autre suitte ny engagement avec Lucrece, et y
ayant d'ailleurs un contract solemnel fait avec Javotte,
cette action ne pourroit se resoudre qu'en quelques
dommages et interests, qu'on n'arbitre pas toujours
fort grands, et qui dépendent purement du caprice
des juges.

Il passa donc aussi-tost une transaction, en laquelle
il ne fut pas besoin de faire parler Lucrece, qui estoit
mineure, et dont l'oncle, qui estoit son tuteur, crut
bien procurer l'avantage. Il receut donc les deux mille
écus, qui luy servirent bien depuis. Aussi-tost on vint
apprendre cette bonne nouvelle à Lucrece, et Villeflattin luy cria dés la porte : « Ne vous avois-je pas bien
dit que je vous ferois avoir des dommages et interests ?
Tenez, voilà deux mille écus que j'en ay tiré, et si[1]
je n'avois pas la promesse en main ; regardez ce que
c'eust esté si vous ne l'eussiez point perdue. Hé bien !
si on vous eust creuë, vous alliez laisser tout perdre.
Vous m'en remercierez si vous voulez, mais c'est comme
si je vous les donnois en pur don. »

Lucrece, surprise de ce compliment, et encore plus
de cet accord qu'elle n'avoit esté du commence-

[1] V. note p. 5.

ment du procés, ne répoudit qu'avec une action qui
témoignait un geuereux mépris des richesses. Elle
feignit qu'elle n'attendoit pas à vivre apres cela, et
qu'elle n'avoit jamais approuvé tout ce procedé. Elle
le remercia pourtant de la bonne volonté qu'il avoit
témoignée pour elle. Dés le soir elle luy envoya une
somme d'argent pour le remercier de ses peines, qu'il
refusa genereusement, et le lendemain elle luy envoya
le triple en presens qu'il receut fort bien.

Lucrece n'eut plus besoin alors de découvrir son
mal secret, mais de chercher de nouvelles adresses
pour le cacher et pour le couvrir, et elle en vint à bout
à la fin, comme vous verrez dans la suite, car il ne faut
pas tant travailler une personne enceinte.

Nicodeme, sorty de cette fascheuse affaire, et joyeux
d'avoir la main levée de cette opposition, alla aussi-tost
trouver le pere de Javotte apres avoir neantmoins apaisé
la mere, en luy renvoyant un autre miroir, un autre
theorbe et une autre porcelaine. Vollichon lui fit un
accueil plus froid qu'il ne le croyoit, car il ne fit pas
grand cas de la main levée de cette opposition,
et, sous pretexte que, s'il avoit fait cette sottise-là, il
en pourroit bien avoir fait d'autres, dont il desiroit
s'informer, il luy demanda du temps pour ne rien
precipiter, et il remit le mariage au lendemain des Roys
à cause que l'Advent estoit fort proche. Ce que Nicodeme
fut obligé de souffrir, en regrettant néantmoins l'argent
qu'il avoit donné dans l'esperance de se marier deux

jours apres. Or ce n'estoit pas ce qui arrestoit Vollichon, mais c'est que, deux jours auparavant, on luy
avoit parlé d'un autre party pour sa fille, qui estoit
plus avantageux, et voulant avoir (comme il disoit)
deux cordes à son arc, il ne vouloit differer qu'afin de
voir s'il pourroit s'engager avec le plus riche, pour
rompre aussi-tost avec celuy qui l'estoit le moins.

Ce beau galand qu'on luy avoit proposé pour Javotte
estoit encore un advocat, ou, pour le moins, un homme
qui portoit au Palais la robbe et le bonnet. La seule
fois qu'il parut au barreau, ce fut lors qu'il presta
serment de garder les ordonnances. Et vrayment il
les garda bien, car il ne trouva jamais occasion de les
transgresser. Depuis vingt ans il n'avoit pas manqué
un matin de se trouver au Palais, et cependant il
n'avoit jamais fait consultation, escritures ny play-
doyer. En recompense il estoit fort occupé à discourir
sur plusieurs fausses nouvelles qui se débitoient à son
pillier, et il avoit fait plusieurs consultations sur les
affaires publiques et sur le gouvernement, car il se méloit
parmy de gros pelotons de gens inutiles, qui tous
les matins vont au Palais, et y parlent de toutes sortes
de nouvelles, comme s'ils estoient controlleurs d'estat
(offices fort courus et fort en vogue) ; je m'étonne de
ce qu'on ne les fait pas financer. L'apresdisnée il alloit
aux conferences du Bureau d'adresse[1], aux harangues
qui se faisoient par les professeurs dans les colleges,

1 V. note p. 43.

aux sermons, aux musiques des églises, à l'Orvietan
et à tous les autres jeux et divertissements publics qui
ne coustoient rien, car c'estoit un homme que l'avarice
dominoit entierement, qualité qu'il avoit trouvée dans
la succession de son pere. Il estoit fils d'un marchand
bonnetier qui estoit devenu fort riche à force d'épargner
ses écus, et fort barbu à force d'épargner sa barbe. Il
se nommoit Jean Bedout, gros et trapu, un peu camus,
et fort large des épaules.

Sa chambre estoit une vraye salle des antiques ; ce
n'est pas qu'il y eust force belles curiositez, mais à cause
des meubles dont elle estoit garnie. Son buffet et sa
table estoient pleines de vieilles sculptures, et si
delicates (j'entends la table et le buffet) qu'elles n'eussent pu souffrir les travaux du demenagement, car il
les auroit fallu embourer ou garnir de paille pour les
transporter comme si c'eust été de la poterie. Sa
tapisserie et ses sieges estoient de pieces rapportées,
et de tel prix que pas un n'avoit son pareil. Sa cheminée estoit garnie d'un ratelier chargé d'armes qui
estoient rouillées dés le temps des guerres de la Ligue, et
à sa poultre estoient attachées plusieurs cages pleines
d'oyseaux qui avoient appris à siffler sous luy. La seule
chose où il s'efforçoit de faire dépense estoit en biblio-
theque. Il avoit tous livres d'élite ; je veux dire qu'il
choisissoit ceux qui estoient à meilleur marché. Un

---

[1] Charlatan célèbre qui se tenait sur le Pont-Neuf. Il devait à sa ville
natale (Orvieto), le nom qui lui était donné et qu'a conservé sa drogue.

mesme auteur estoit composé de plusieurs tomes d'iné-
gale grandeur, d'impression, de volume et de relieure
differente ; encore estoit-il toujours imparfait. Entre
les caracteres, ceux qu'il estimoit le plus c'étoient les
gothiques, et entre les relieures celles de bois. Il fuyoit
la conversation des honnestes gens, à cause qu'il
pourroit arriver par mal-heur qu'on y seroit engagé à
faire quelque dépense. Il se trouva mesme une fois
mélé dans une conference de gens d'esprit, où, comme
on discutoit de plusieurs matieres, il y avoit à faire
un grand fruit ; mais il rompit avec eux, à cause
qu'à la fin de l'année il falloit payer un quart d'écu
pour quelques menues necessitez, et pour donner à un
pauvre homme qui avoit soin de nettoyer la salle. Il
trouva ce present trop excessif, et n'ayant voulu donner
pour sa part que cinq sous, il les tira avec grand peine
de son gousset ; mais pour les en faire sortir il fallut
qu'il retournast tout à fait sa pochette, tant il avoit
dedans d'autres brimborions. Il s'y trouva mesme une
grosse poignée de miettes de pain, ce qui donna sujet
à quelques railleurs de dire qu'il avoit mis exprés ces
miettes avec son argent, de peur qu'ils ne se rouillast,
de mesme qu'on met des cousteaux dans du son
quand on est longtemps sans les faire servir. Cette
rupture leur fit grand plaisir, parce qu'ils virent bien
que son esprit estoit une pierre-ponce, qu'il estoit tout
à fait impossible de polir.

Il avoit pourtant quelques bonnes qualitez : car la

chasteté et la sobrieté estoient en luy en un souverain
degré, et generalement toutes les vertus épargnantes.
Il avoit une pudeur ingenuë, qui luy eust été bien-
seante s'il eut esté jeune. Il seroit devenu plus rouge
qu'un cherubin s'il eust levé les yeux sur une femme.
Il estoit mesme si honteux en tout temps qu'en parlant
à l'un il regardoit l'autre ; il tournoit ses glans ou
ses boutons, mordoit ses gants et se grattoit où il ne
luy demangeoit pas ; en un mot il n'avoit pas de contenance asseurée. Ses habits estoient aussi ridicules
que sa mine ; c'estoient des memorians[1] ou repertoires
des anciennes modes qui avoient regné en France. Son
chapeau estoit plat, quoy que sa teste fust pointue ;
ses souliers estoient de niveau avec le plancher, et il ne
se trouva jamais bien mis que quand on porta de petits
rabats, de petites basques et des chausses estroites :
car, comme il y trouva quelque épargne d'étoffe, il
retint opiniastrement ces modes. Il avoit la teste grasse,
quoique son visage fut maigre, et ses sourcils et sa
barbe estoient assez bien nourris, veu la petite chere
qu'il faisoit.

C'eust esté dommage qu'une si belle plante, et
unique en son espece, n'eust point eu de rejetons ; il
parla donc de se marier, ou plutost quelqu'autre en
parla pour luy ; car c'estoit un homme à marier par
ambassadeur, comme les princes ; mais ce que ceux-là
font par grandeur, cettuy-cy le faisoit par timidité.

---

[1] Mémoriaux.

Cela l'excita à faire l'honorable et à visiter un peu les
bourgeois de son quartier, jusqu'à telle familiarité
qu'ils soupoient ensemble les festes et les dimanches,
à condition que chacun feroit apporter son souper de
son logis. Il arriva un jour fort plaisamment qu'il s'y
trouva huit éclanches[1], venant de huit menages qui composoient l'assemblée. Mais sa plus grande dépense fut
au temps du carnaval, où il donnoit à manger à son
tour tout aussi bien que les autres, et là furent man-
gez quelques coqs-d'Inde et quelques cochons de lait
qui n'avoient point passé par les mains du rotisseur, car
le maistre du festin avoit coustume de dire qu'ils
estoient plus propres quand on les accommodoit à la
maison.

Je ne saurois me tenir que je ne raconte une adventure qui arriva à l'une de ces réjouyssances du quartier.
Une greffiere avoit coustume d'emporter la clef de l'armoire au pain, apres en avoir taillé quelques morceaux
qu'elle laissoit à la servante et aux clercs pour leur
souper. Un jour qu'elle alloit manger chez un de ses
voisins, elle avoit oublié de leur laisser leurs bribes, de
sorte qu'un des clercs fut deputé, qui luy alla demander
la clef de l'armoire au pain, au milieu de la compagnie.
Elle en rougit, et n'osa pas la luy refuser; mais quand

[1] D'après le dictionnaire de Furetière, l'*éclanche* serait la cuisse du
mouton, autrement le gigot. Jusqu'en 1835, l'Académie a admis cette
définition. Mais depuis, elle a, comme tous les autres dictionnaires, dé-
signé sous le nom d'éclanche l'épaule de mouton séparée du corps de
l'animal.

elle fut au logis, elle luy fit de grandes reprimandes sur
son indiscretion, et luy deffendit bien expressément de
luy venir jamais demander la clef du pain quand elle
seroit en quelque assemblée. Il retint bien cette leçon,
et une autre fois qu'il arriva à la greffiere un pareil
defaut de memoire, le mesme clerc luy vint dire devant
tout le monde : « Madame, puisque vous ne voulez pas
qu'on vous demande la clef du pain, je vous prie au
moins de nous ouvrir ici l'armoire; » et en mesme
temps il fit entrer un crocheteur qui avoit l'armoire
chargée sur son dos, ce qui fit éclatter de rire toute la
compagnie. Peu apres, il arriva un petit incident de
cuisine qui fit continuer la risée : car un barbier estu-
viste[1] qui estoit de la feste, se piquant de faire des
sauces, se mit en devoir de faire un salmigondis; mais
ayant mis chauffer le plat sur les cendres auprés du feu
qui estoit trop ardent, un des bords du plat se fondit,
et il s'y fit une échancrure pareille à celle des bassins à
faire la barbe. Comme il le servit chaudement sur la
table, un galand homme qui se trouva par hasard dans
la trouppe dit assez plaisamment : « Je sçavois bien que
ce barbier maladroit nous donneroit icy un plat de son
mestier. » Ces rencontres, qui arriverent, par bonheur
pour Bedout, lorsqu'il rendit le bouquet[2], furent bien-

---

[1] Barbier qui tenait un établissement de bains.

[2] *Rendre le bouquet.* Rendre une invitation à dîner. On disait de
même *donner le bouquet*, parce que ces invitations étaient autrefois
accompagnées d'un bouquet.

ost connues par la ville, de sorte qu'on ne parloit en
tous lieux que de son souper, qui, par ce moyen, fut
mis en réputation.

Or, comme il ne vouloit pas perdre cette dépense,
cela fit qu'il résolut, pendant ce temps de bonne chere,
de se marier tout de bon. Il se mit donc sur sa bonne
mine; il fit lustrer son chapeau et le remettre en forme;
il mit un peu de poudre sur ses cheveux. Il augmenta
sa manchette de deux doigts; il mit mesme des canons,
mais si petits, qu'il sembloit plûtost avoir des bandeaux
sur les jambes que des canons. Il fit abattre la haute
fustaye de sa barbe et le taillis de ses sourcils. Enfin, à
force de soins, il devint un peu moins effroyable qu'auparavant. Une de ses cousines parla aux parents de
Javotte, qui estoit du voisinage, de la marier avec cet
Adonis, qui avoit tous ses charmes enfermez sous la
clef de son coffre. Elle fit bien-tost agréer cette proposition au pere et à la mere, parce qu'elle asseura qu'il
avoit beaucoup de bien, et surtout que ce seroit un bon
homme de mary, qui ne mangeroit pas son fait ny la
dot de sa femme. Mais comme Vollichon estoit plus
formaliste, il dit qu'il vouloit voir plus precisément en
quoy consistoient ses effets, et il luy en fit demander le
memoire pour s'en informer. Bedout le refusa absolument, et dit pour toutes raisons qu'il avoit esté taxé
aux aisez[1] et contraint de se cacher pour cela six mois

---

[1] La taxe des *Aisés* était une sorte d'impôt sur le revenu.

dans le Temple[1]; que les partisans[2], qui avoient des
espions partout, pourroient voir le memoire de son bien,
s'il l'avoit donné une fois à quelqu'un, et qu'ils recom-
menceroient leurs poursuites. Il se contenta de dire
qu'il monstreroit toujours autant de bien qu'on en donneroit à la fille qu'on lui proposoit. Or, comme sa
richesse estoit assez évidente, et qu'elle consistoit en
maisons dans la ville et dans les faux-bourgs, Laurence,
tel estoit le nom de sa cousine, fit qu'on n'insista pas
davantage sur cette formalité. Mais elle se trouva bien
embarrassée pour faire l'entrevue de luy et de la maistresse qu'elle luy destinoit, afin de voir s'ils seroient
agreables l'un à l'autre.

Bedout esquiva la partie qu'elle vouloit faire pour
cela, et il luy dit que rien ne pressoit, qu'il ne prenoit
pas une femme pour sa beauté, qu'il seroit assez temps
de la voir quand l'affaire seroit conclue; qu'enfin telle
qu'on la luy voudroit donner elle luy plairoit assez.
« Mais si vous ne luy plaisez pas (luy dit Laurence)? »
Bedout répondit qu'une honneste femme ne devoit point
avoir d'yeux pour les défauts de son mary. Nonobstant
ces brutalitez, l'affaire s'avançoit toujours, et vint au
point que Laurence voulut, à quelque prix que ce fut,
les faire rencontrer ensemble. Elle invita donc son cousin de venir chés elle un jour qu'elle sçavoit que ma-

[1] Le Temple était un lieu d'asile.
[2] Financiers qui prenaient les impôts *à partis*, c'est-à-dire d'après
certaines conventions. Le mot de *partisan* date dans ce sens du
règne de Henri III.

dame Vollichon luy devoit venir rendre visite avec sa fille. Il y vint sans se douter de l'embuscade qui luy estoit preparée, et apres quelque temps, quand il vit entrer ces deux dames qu'il ne connoissoit point encore, il rougit, perdit contenance et à toute force voulut s'en aller. Mais Laurence le retint par le bras et luy dit : « Demeurez, mon cousin : la fortune vous favorise beaucoup aujourd'huy ; voilà celle que vous devez peut-estre avoir pour femme, et celle que vous aurez ainsi pour belle-mere. » Cela l'embarrassa encore davantage ; il fut pourtant obligé de demeurer. Aussi-tost il fit deux reverences, l'une du pied droit et l'autre du pied gauche, à chacune la sienne, et laissa parler pour luy sa cousine, qui fit les honneurs de la maison.

Or, comme il se trouva plus prés de Javotte quand ils eurent pris des sieges, ayant mis son chapeau sous son coude, et frottant ses mains l'une dans l'autre, apres un assez long silence, peut-estre afin de méditer ce qu'il devoit dire, il ouvrit ainsi la conversation : « Hé bien (Mademoiselle), c'est donc vous dont on m'a parlé ? » Javotte répondit avec son innocence accoustumée : « Je ne sçay pas (Monsieur) si on vous a parlé de moy ; mais je sçais bien qu'on ne m'a point parlé de vous. — Comment (reprit-il), est-ce qu'on pretend vous marier sans vous en rien dire ? — Je ne sçais (dit-elle). — Mais que diriez-vous (repartit-il) si on vous proposoit un mariage ? — Je ne dirois rien (répondit Javotte). — Cela me seroit bien avantageux (reprit Bedout assez haut, croyant

dire un bon mot), car nos loix portent en termes formels
que qui ne dit mot semble consentir. — Je ne sçais
quelles sont vos loix (luy dit-elle); mais pour moy je ne
connois que les loix de mon papa et de maman. — Mais
(reprit—il) s'ils vous commandoient d'aymer un garçon
comme moi, le feriez-vous? — Non (dit Javotte) : car
ne sait-on pas bien que les filles ne doivent jamais
aymer les garçons? — J'entends (repliqua Bedout) s'il
estoit devenu mary. — Ho, ho! (dit-elle), il ne l'est
pas encore; il passera bien de l'eau sous les ponts
entre—cy et là. » La bonne mere, qui vouloit ce parti,
qu'elle regardoit comme tres-advantageux, se mit de la
partie, et luy dit : « Il ne faut pas (Monsieur) prendre
garde à ce qu'elle dit; c'est une fille fort jeune, et si innocente qu'elle en est toute sotte. — Ha! Madame (reprit
Bedout), ne dites pas cela; c'est vôtre fille, et il ne se
peut qu'elle ne vous ressemble. Quant à moy, je trouve
qu'il n'y a rien de tel que de prendre pour femme une
fille fort jeune, car on la forme comme l'on veut avant
qu'elle ait pris son ply. » La mere reprend aussitost :
« Ma fille a toujours esté bien élevée, et je la livreray
à un mary bonne ménagere; depuis le matin jusques
au soir elle ne leve pas les yeux de dessus sa besogne.
— Quoy! (interrompit Javotte), faudra-t-il encore travailler quand je seray mariée? Je croyois que quand on
estoit maistresse on n'avoit autre chose à faire qu'à
jouer, se promener et faire des visites? Si je sçavois
cela, j'aymerois autant demeurer comme je suis. A quoy

sert donc le mariage? » Laurence, qui estoit adroite et
malicieuse, se mit là dessus à luy dire : « Non, non,
Mademoiselle, n'ayez point de peur; mon cousin est
plus galand homme qu'il ne semble; il a du bien assez
pour vivre honorablement, sans que vous songiez tant
à le menager. Vous vivrez à vostre aise et fort en repos;
vous dormirez toute la matinée, vous irez jouer et vous
promener tout le reste du jour; pourveu que vous soyez
avec luy à disner et à souper, cela suffira. — Vous
parlez sans procuration speciale (luy dit Bedout presque
en colere); un mary ne prend une femme que pour
avoir de la compagnie et pour regler sa maison. Cependant, au lieu de ménager son bien, elle iroit le dissiper!
Le bien de Cresus n'y fourniroit pas. Pour moy, je
voudrois qu'une femme vescut à ma mode, et qu'elle ne
prist plaisir qu'à voir son mary. — Vous donneriez (dit
Laurence) des bornes bien estroites à ses plaisirs. —
Pour moy (reprit Bedout), je vous vais prouver par cent
authoritez que cela doit aller ainsi »; et il alloit enfiler
cent sottises et pedanteries quand, par bon-heur, une
collation entra dans la salle, qui rompit ce ridicule entretien.

La seule galanterie qu'il fit ce jour là, fut qu'il voulut peler une poire pour sa maistresse; mais comme c'estoit presque fait, elle luy échappa des doigts, et se su-
cra d'elle-mesme sur le plancher de la chambre. Il la
ramassa avec une fourchette, souffla dessus, la ratissa
un peu, puis la luy offrit et luy dit encore, comme

font plusieurs personnes maintenant, qu'il lui demandoit un million d'excuses[1]. A quoi Javotte répondit ingenuement : « Monsieur, je ne vous en sçaurois donner, car je n'en ai pas une seule. » Apres quelques discours et aventures semblables, la visite se termina. Bedout se hazarda jusqu'à reconduire sa maistresse chés elle ; mais il prit toujours le haut du pavé, ce qu'il ne faisoit pas pourtant par incivilité ny par ambition, mais par ignorance, qui estoit bien pardonnable à un homme qui faisoit son apprentissage d'escuyer, et à qui semblable faute n'estoit jamais arrivée. A peine l'eut-il quittée, que Javotte dit à sa mere : « Mon Dieu, maman, que voilà un homme qui me déplaist ; » qui luy répondit seulement : « Taisez-vous, petite Babouine ; vous ne sçavez pas ce qui vous est propre[2]. »

Bedout en s'en retournant rentra chez sa cousine pour prendre congé d'elle, qui luy demanda aussi-tost ce qu'il disoit d'une si jolie personne. Il répondit qu'il n'y trouvoit rien à redire, sinon que la mariée estoit trop belle. Et comme les timides sont tousjours défians et jaloux, il luy advoua que, si elle devenoit sa femme, il auroit bien de la peine à la garder. Neantmoins, la beauté ayant des forces si puissantes qu'elle fait de vives impressions sur les cœurs les plus bourus et les plus farouches, il s'en trouva dés lors amoureux, et pria sa cousine de continuer ses soins pour avancer au

---

[1] Cette locution vicieuse est encore fréquemment usitée aujourd'hui.
[2] Convenable.

plustost ce mariage. Cependant il crut faire mieux sa
cour dans son cabinet , en écrivant à sa maistresse
quelque chose qu'il auroit eu le loisir de méditer, qu'en
lui parlant de vive voix, à cause que sa timidité lui ostoit quelquefois la facilité de s'exprimer sur le champ.
Il se mit donc à travailler serieusement, et apres avoir
bien griffonné des sottises pour faire une lettre galante,
il la mit au net dans du papier doré, et la cacheta bien
proprement avec de la soie : c'estoit un soin qu'il n'a-
voit jamais pris pour personne. Il la donna à porter à
un laquais nouvellement venu de Picardie, et partant
bien digne d'un tel maistre. Le laquais avoit charge de
donner la lettre à mademoiselle Javotte en main propre,
ce qu'il fit ; mais aussi ce fut tout. Car il ne luy dit aucune chose, ny à qui elle s'addressoit, ny d'où elle venoit. Elle luy demanda seulement si le port estoit payé,
et elle la porta soudain à son pere, à qui elle crut qu'elle
s'addressoit. Car elle avoit accoustumé d'en recevoir
souvent pour luy, et n'en avoit jamais receu pour elle ;
de sorte qu'elle ne songea pas seulement à lire l'adresse,
quoy que je ne sçache pas precisement s'il y en avoit.
Vollichon l'ouvrit et la leût, et en mesme temps sous-
rit de la naïfveté de sa fille, et admira le bel esprit de
celuy qu'il destinoit pour son gendre, qui écrivoit en
un style si magnifique et si peu commun. Le laquais
s'en retourna donc sans réponse. Bedout luy demanda
où il s'estoit amusé si long-temps, et le cria fort de ce
qu'il avoit tant tardé à revenir. « Je me suis arresté à

voir de petites demoiselles pas plus hautes que cela (dit
le laquais en monstrant la hauteur de son coude), que
tout le monde regardoit au bout du Pont-Neuf, qui se
battoient. » Or ce beau spectacle estoit qu'il avoit veu
la monstre[1] des marionetes, qu'il croyoit ingenument
estre de chair et d'os, et animées. Bedout ne pouvant
donc pas apprendre d'un laquais si spirituel comme sa
maistresse avoit receu son ambassade, resolut de l'aller
voir sur le soir en personne. S'il y eust esté seul, il auroit peut-estre eu la mesme peine à y estre receu que
Nicodeme; mais c'est ce qu'il n'avoit garde de faire. Il
falloit mesme que son amour fust desja bien violente
pour luy faire entreprendre d'y aller avec une bonne et
seure introduction. Il pria donc sa cousine Laurence
d'aller rendre à madame Vollichon sa visite, et de trouver bon qu'il luy servît d'escuyer. Laurence fut ravie
de luy rendre ce service, et mesme rendit grace à Dieu
de ce qu'elle voyoit son cousin si changé, n'ayant pas
creû qu'il peust jamais avoir la hardiesse d'aller voir sa
maistresse. Elle fut fort bien receuë de la mere et de la
fille, et à sa faveur Bedout le fut aussi. Et comme il
n'estoit pas si bien mis que Nicodeme, et qu'il n'avoit
pas la mine d'un cajolleur dangereux, madame Vollichon ne craignit point de le laisser seul avec sa fille,
tandis qu'elle entretenoit Laurence, qui l'avoit adroitement tirée un peu à l'écart pour favoriser ce nouvel
amant. Bedout, impatient de sçavoir le succés du grand

---

[1] La montre, l'exhibition.

effort de son esprit, dés les premiers compliments qu'il
fit à Javotte, il luy demanda ce qu'elle disoit de la lettre qu'elle avoit receuë, et pourquoi elle n'y avoit pas
fait réponse. Elle luy répondit froidement qu'elle n'avoit
point veu de lettre, sinon une pour son papa, qu'elle luy
avoit portée, et qui y feroit réponse par la poste. « Je ne
vous parle pas de celle-là (repliqua-t'il); je vous parle
d'une que vous a donnée aujourd'hui mon lacquais, et
qui estoit pour vous-mesme. — Pour moy (reprit Javotte en s'estonnant) Hé ! les filles reçoivent-elles des
lettres ? N'est-ce pas pour des affaires qu'on les écrit !
Et puis, qui est-ce qui me l'auroit envoyée? » Bedout
luy dit que c'estoit luy qui avoit pris cette hardiesse.
« Vous (dit-elle)! Et vous n'estes pas aux champs ?
Vous me prenez bien pour une ignorante, comme si je
ne sçavois pas que toutes les lettres viennent de bien
loin par des messagers? Nous en recevons tous les jours
céans, et mon papa ne fait que se plaindre de l'argent
qu'il couste à en payer le port. Aussi bien à quoy bon
m'écrire? Ne me direz-vous pas bien vous-mesme ce
que vous voudrez, sans me le mander, puisque vous
venez ici ? Aviez-vous quelque chose de si pressé à me
dire? » Bedout, qui croyoit avoir fait une merveilleuse
lettre, et qui en attendoit de grandes louanges, la prit
au mot, en disant : « Puisque vous voulez donc bien
sçavoir ce qui est dans ma lettre, je vous en veux faire
la lecture; car j'en ai gardé une coppie, qu'il tira en
mesme temps de sa poche, et qu'il leût en ces termes :

Epistre amoureuse à Mademoiselle Javotte.

MADEMOISELLE, *comme j'agis sous l'aveu et l'authorité*
de messieurs vos parens, qui m'ont permis d'esperer d'en-
trer en leur alliance, je ne crois pas qu'il soit hors des
limites de la bien-seance de vous tracer ces lignes, et vous
faire là-dessus ma declaration, qui est que je vous offre
un cœur tout neuf, tout pur et tout net, et qui est comme
un parchemin vierge où votre image se pourra peindre à
son aise, n'ayant jamais esté brouillé par aucun autre
crayon[1] *ou portrait qu'il ait receu. Mais que dis-je?*
C'est plûtost une planche d'airain sur laquelle, par le
burin et les pointes de vos regards, votre belle figure a
esté desseignée[2]*, et puis, y ayant versé l'eau forte de vos*
rigueurs, elle y a esté gravée si profondément, que vous
pouvés desormais en tirer tant d'espreuves qu'il vous
plaira. Je voudrois, en revanche, que je me pusse voir
sur le vostre gravé en taille-douce; et, pour ne pas pous-
ser plus loin mon allégorie, je voudrois que nos deux cœurs,
passans sous la presse du mariage, receussent de si belles
impressions, qu'ils pussent estre apres reliés ensemble
avec des nerfs indissolubles, pour venir tous deux habi-

---

[1] Dessin.
[2] Dessinée.

ter dans une estude où nous apprendrions à jouir des
bon-heurs d'une vie privée et tranquille ; bon-heurs que
vous souhaitte dés aujourd'huy et pour toûjours vôtre
tres-humble et tres-affectionné futur époux,

JEAN BEDOUT.

Apres que Javotte eut bien escouté cette lettre, et
qu'elle n'y eut rien entendu, elle crut que c'estoit faute
d'y avoir esté assés attentive. Elle pria donc Bedout de
la relire, ce qu'il fit tres-volontiers, croyant que c'estoit
une marque de la bonté de la piece. Mais sur ce mot
d'allegorie, elle l'interrompit avec un grand cri (disant) :
« Ha, mon Dieu, quel grand vilain mot ! N'y a-t'il rien
de mauvais de caché par là dessous ? » Et comme il se
mit en devoir de le luy expliquer, elle luy dit en l'interrompant derechef : « Non, non, je ne le veux pas
sçavoir ; il suffit que maman m'a tousjours deffendu
d'entendre dire de gros mots. » Et sans vouloir entendre lire davantage, elle alla joindre sa mere. De sorte
que Bedout fut reduit, faute de meilleur entretien,
d'ayder à Javotte à devider quelques pelotons de
laine.

Cependant madame Vollichon, avec son entretien
bourgeois, faisoit beaucoup souffrir la pauvre Laurence,
qui estoit une femme d'esprit et accoustumée à voir le
beau monde. Elle luy avoit déja fait des plaintes de
l'embarras et des soins que donnent les enfans ; de la dif-

ficulté d'avoir de bonnes servantes ; et elle luy avoit
demandé si elle n'en sçavoit point quelqu'une, parce
qu'elle vouloit chasser la sienne, non sans luy raconter
tous les défauts de celle-cy, et sans regretter les bonnes
qualités de celles qu'elle avoit euës auparavant. Elle
luy avoit aussi fait plainte de la despence de la maison
et de la cherté des vivres, disant tousjours pour refrain
qu'un ménage avoit la gueule bien grande, et une autre
fois, que c'étoit un gouffre et un abisme.

Quand Laurence, pour destourner cette basse conversation, luy parla de quelques femmes du quartier, et
entr'autres d'une tresoriere de France logée vis à vis
d'elle qui faisoit assez de bruit dans le voisinage : « Ha !
ne me parlez point de celle-là (reprit madame Vollichon)! C'est une glorieuse que je ne sçaurois souffrir.
J'ay deux sujets de me plaindre d'elle, que je ne luy
pardonneray jamais. » Laurence s'étant enquise de la
qualité de ces deux injures, elle aprit que c'étoit parce
que la tresoriere n'étoit pas venuë voir madame Vollichon à sa derniere couche, et ne luy avoit pas envoyé du
cousin [1], quand elle avoit fait le pain bénit. Laurence
rioit encore de ce plaisant ressentiment, quand Vollichon
entra dans la chambre. Il avoit tout le jour fait la
débauche, ayant esté à la comedie, et de là au cabaret,
où une de ses parties l'avoit traitté. L'espargne d'un

---

[1] *Cousin.* Chanteau long qu'on faisait lorsqu'on rendait le pain bénit
pour en envoyer aux parents et aux amis, parce que le chanteau de
l'Église ne suffisait pas. (Dict. de Trévoux.)

repas et les fumées du vin l'avoient rendu plus gay que
de coustume, ce qui l'avoit empesché de s'aller r'enfermer dans son estude pour y travailler jusqu'à minuit,
comme il avoit accoustumé. A peine fut-il entré, qu'il
dit tout en haletant, et avec un transport merveilleux,
qu'il avoit esté à la plus belle comedie qui se pust
jamais voir ; et qu'il y avoit tant de monde, qu'on ne
pouvoit entrer à la porte. Il dit mesme qu'il avoit
trouvé là des imprimeurs et des gens qui travailloient à
la presse. On n'entendoit pas d'abord ce quolibet ; mais
il l'expliqua, en disant que c'estoient des coupeurs de
bourse, qui avoient pris une monstre à un homme dans
cette grande foule. Laurence luy demanda quelle piece
on avoit jouée. Il luy respondit : « Attendez, je vais
vous le dire, voici le fait : Un particulier nommé Cinna[1]
s'advise de vouloir tuer un empereur ; il fait ligue
offensive et deffensive avec un autre appelé Maxime.
Mais il arrive qu'un certain quidam va descouvrir le pot
aux roses. Il y a là une demoiselle qui est cause de toute
cette manigance, et qui dit les plus belles pointes du
monde. On y voit l'empereur assis dans un fauteuil,
devant qui ces deux messieurs font de beaux plaidoyers,
où il y a de bons argumens. Et la piece est toute pleine
d'accidens qui vous ravissent. Pour conclusion, l'empereur leur donne des lettres de remission, et ils se
trouvent à la fin camarades comme cochons. Tout ce
que j'y trouve à redire, c'est qu'il y devroit avoir cinq

[1] Comme on va le voir, il s'agit ici de *Cinna*, tragédie de Corneille.

ou six couplets de vers, comme j'en ay veu dans le
Cid, car c'est le plus beau des pieces. — C'est dommage
(dit Laurence) qu'on ne vous donne la commission de
faire des prologues, car vous reüssissés merveilleusement à expliquer le sujet d'une tragédie. »

Nicodeme les interrompit par son arrivée. La bonne
humeur où estoit Vollichon fut cause qu'il le receut
mieux qu'à l'ordinaire, bien qu'en son ame il eust
dessein de rompre avec luy, attendant seulement que
quelqu'une de ses legeretés luy en fournist l'occasion.
Aussi ne luy pouvoit-on pas refuser un libre accés
aupres de sa maistresse tant que l'engagement qu'il
avoit avec elle, c'est à dire son contrat, subsisteroit.

Dés que cet amant eut fait ses reverences, il dit à
Madame Vollichon : « Hé bien, ma bonne maman, ne
m'avés-vous pas donné une generalle amnistie de tout
le passé ? — Qu'est-ce que vous me venés conter
(répondit-elle brusquement) avec votre amnistie ? — Je
veux dire (reprit Nicodeme) que je crois que vous avés
noyé toutes mes fautes dans le fleuve d'oubly. — Voilà
bien debutté (dit Vollichon) ! Les oublies sont chez le
patissier ; » et il se mit à rire à gorge desployée, comme
il faisoit à tous ses méchans quolibets. « Si j'ai fait icy
quelque bicestre [1] (continua Nicodeme), j'en ai payé les
dommages et interests, et je suis prest de parfournir [2]
ce qui y manquera. — Ce n'est pas de cela que je suis en

---

[1] Malheur, dégât.
[2] Fournir le surplus; compléter.

colere (dit Madame Vollichon), mais de ce que vous
estes un perdu, un vilain et un desbauché. » Aussi-
tost son mari adjousta, en adressant la parole à
Nicodeme : « Je veux envoyer un commissaire chez
vous, car·on dit que vous vivez mal. » Nicodeme se
voulut justifier et jurer qu'il n'avoit jamais fait aucun
scandale, quand Laurence (voyant un souris goguenard
de Vollichon) interpreta ainsi ce brocard. « Je vois
bien (dit-elle), à la mine de Monsieur, qu'il vous veut
reprocher que vous ne faites pas bonne chere. — Il ne
tiendra qu'à luy (repartit Nicodeme) de faire l'experience
du contraire, car je le traiteray quand il voudra de
maniere qu'il en sera content. — Hé bien (dit Vollichon), je vous prends au mot : j'iray demain diner
chez vous et je porteray de quoy manger. — Il ne sera
pas necessaire que vous apportiez de quoy manger
(reprit Nicodeme) ; la ville est bonne, je ne vous
laisseray pas mourir de faim. » Laurence fut encore
l'interprete d'un pareil souris de Vollichon, en disant :
« Je vois bien que Monsieur n'a pas dessein de rien porter chez vous pour augmenter la bonne chere ; mais
qu'il veut dire qu'il y portera ses dents, qui sont des
instruments pour manger. — A la bonne heure (dit
Nicodeme) ! Je vous attendray demain, et vostre compagnie. » (Il dit cela en monstrant Bedout, qu'il
connoissoit pour l'avoir veu au Palais, et qu'il croyoit
estre venu avec Vollichon, sans sçavoir que ce fust son
rival). Bedout repartit aussi-tost qu'il l'en remercioit,

et qu'il n'estoit pas un homme à estre à charge à ses
amis. pour aller ainsi disner chez eux sans necessité.
« Et bien (dit Vollichon), je porteray les deux, je
mangeray pour luy et pour moy. — Gardez-bien (dit
Nicodeme) de faire vanité d'estre grand mangeur, de
peur d'attirer le reproche qu'on fait souvent aux procureurs du Chastelet, de faire mille mangeries. — Il n'y
a rien qui ait moins de fondement que cela (repliqua
Vollichon), car notre mestier maintenant est celuy d'un
gagne-petit. — Il est vray (dit alors Bedout) que la
journée d'un procureur du Chastelet n'est taxée que six
deniers ; mais cette taxe est tant de fois reitérée, et il
se passe si grand nombre d'actes en un jour, que cela
monte à des sommes immenses. Je ne sçais pourquoy
on a souffert jusqu'ici un si grand abus ; et je ne m'estonne point qu'il y ait beaucoup de ces Messieurs qui
aient fait de grandes fortunes en fort peu de temps. »
Bedout alloit faire de grandes moralitez sur la Justice,
car sur ces matieres il estoit grand discoureur, au lieu
que sur celle de la galanterie il estoit toujours muet,
quand Nicodeme luy rompit les chiens pour mettre
Javotte de la conversation, et la voyant qui devidoit un
peloton de laine, il luy dit assez poëtiquement :
« Quand je vous vois occupée à ce travail, il me semble
que je vois une de ces Parques qui devident le fil de la
vie des hommes ; et comme ma destinée est en vos
mains, il me semble aussi que c'est la mienne que vous
devidez, de sorte que je crains à toute heure que vos

rigueurs n'en couppent le fil. — Je n'entends point tout
ce que vous dites (répondit Javotte) ; je n'ai point de
destinée entre les mains ; je n'ai qu'un peloton de
laine, pour faire ma tapisserie. — Mais quoy (reprit Nicodeme) ! n'avez-vous pas dessein de me faire mourir
mille fois par les cruelles longueurs que vous apportez
à me rendre heureux? Car quand je vois votre tapisserie en vos mains, je crois voir encore la toile de Penelope. — Je ne sçais comment sont faites vos toiles de
Penelope (repliqua Javotte) ; je n'en ay point veu chez
pas une lingere de Paris ; et pour le reste, ce n'est
point de moi que cela dépend. S'il en dépendoit, je
vous asseure que ce ne seroit encore de longtemps. »
Madame Vollichon, qui prestoit l'oreille à cet entretien,
dit là dessus, prenant la parole : « Vrayman, vrayman,
vous avez tout le loisir de mascher à vuide. Je me
garderai bien de passer outre jusqu'à ce que j'aye fait
d'autres enquestes. — Vous voyez (adjousta son mari),
elle n'est encore qu'à la Première des Enquestes[1], mais
je ne me soucie pas qu'elle passe par toutes les Chambres, pourvu qu'elle n'aille point à la Cour des Aydes[2].
— Ha ! Monsieur (interrompit Laurence), vous avez

[1] Première Chambre des enquêtes.

[2] La *Cour des aides* était une cour souveraine, chargée de surveiller l'emploi des impôts nommés *aides*. Elle prononçait en dernier
ressort sur toutes les questions se rattachant tant aux aides qu'aux
tailles, gabelles, etc. *Aller à la Cour des aides* se disait par plaisanterie d'une personne qui se faisait aider dans quelque travail, d'un
individu qui allait aux emprunts chez ses amis, et particulièrement d'une
femme galante à qui son mari ne suffisait pas.

une trop honneste femme pour avoir rien à craindre de
ce costé-là. — Je le crois (dit Vollichon); mais ces
bonnes ménageres sont fort à craindre, qui font que
lours maris ont leur provision de bois [1] sans aller la
chercher sur le port.

— Vous auriez esté bon du temps du vieux Testament (dit Nicodeme); vous ne parlez que par figures.
— Il faudra donc (interrompit Bedout) ne prendre ses
parolles que dans le sens tropologique. — Est-ce là du
latin (dit alors Vollichon)? Je ne l'entends point; mais
du grais, je vous en casse [2]. — Il y a longtemps (dit
alors Laurence) que j'admire vostre maniere de parler;
il faut que vous ayez un dictionnaire de quolibets que
vous avez appris par cœur, pour les prodiguer comme
vous faites. — Vrayement (dit Vollichon) j'en sçais
bien d'autres dont je ne prends point d'argent; » et
en effet il en alloit enfiler un grand nombre, si ce n'eust
esté qu'un petit garçon vint à sa sœur Javotte demander
tout haut en sa langue de petit enfant quelques pres-
santes nécessitez. Cette conversation fut ainsi interrompue; et quand elle auroit esté mille fois plus serieuse,
elle ne l'auroit pas esté moins, car c'est la coustume de
ces bons bourgeois d'avoir toujours leurs enfans devant
leurs yeux, d'en faire le principal sujet de leur entretiens, d'en admirer les sottises et d'en boire toutes les

---

[1] Allusion aux cornes du cerf.

[2] *Grais* est ici pour *grec*. C'est, comme on le voit, un calembour un
peu forcé.

ordures. Le petit Toinon fut aussi-tost loué de sa propreté ; on luy promit à cause de cela du bonbon ; et
apres qu'on l'eut mis bien à son aise, Madame Vollichon
ne parla plus avec Mademoiselle Laurence que des belles
qualitez de son fils, de ses miesvretez[1] et postiqueries[2].
Ce sont les termes consacrez chez les bourgeois et les
mots de l'art pour expliquer les gentillesses de leurs enfans. Elle ne se contenta pas de parler de celuy-là ; elle
en loua encore un autre qui estoit encore à la mammelle,
disant de luy qu'il parloit tout seul, qu'il avoit la plus
belle éloquence du monde, et qu'il sçavoit déjà huit ou
dix mots.

Toinon r'entra peu de temps apres dans la salle en
equipage de cavallier, c'est à dire avec un baston entre
les jambes, qu'il appelloit son dada. Vollichon prit aussi-tost une manche de balay qu'il mit entre les siennes,
et, courant apres son fils, il firent ensemble trois tours
autour de la table, ce qui donna occasion à Nicodeme
d'appeler cette course un tournoy.

Laurence commençoit à rire de la folie de Vollichon,
quand Bedout luy remonstra qu'elle avoit tort de trouver à redire à cette action, et que, si elle avoit leu Plutarque, elle auroit veu qu'autrefois Agesilaus[3] fut surpris en la même posture, et qu'au lieu de s'en deffendre
il pria seulement ceux qui l'avaient veu de n'en

[1] Miévreries.
[2] Espiègleries.
[3] Agésilas.

rien dire jusqu'à ce qu'ils eussent des enfans. Laurence ne répondit autre chose, sinon qu'on ne pouvoit rien faire qui n'eust son exemple dans l'antiquité, et, par discretion, elle ne voulut pas continuer sa risée au nez de Vollichon, de peur de le fascher ; elle se contenta de faire en elle-mesme reflexion sur la sottise des bourgeois qui quittent l'entretien de la meilleure compagnie du monde pour jouer et badiner avec leurs enfans, et qui croyent estre bien excusez en alleguant l'affection paternelle, comme s'ils n'avoient pas assez de temps pour y satisfaire quand ils sont en particulier et dans leur domestique [1], et comme si le reste de la compagnie, qui n'est pas obligé d'avoir la mesme affection, devoit prendre le mesme divertissement à leurs jeux et à leurs gambades ; sottise d'autant plus ridicule qu'elle s'estend bien souvent jusqu'aux gens les plus esloignez de la bourgeoisie, et qui ne s'en deffendent que par l'exemple qu'avoit cité Bedout inutilement, puisqu'Agesilaus ne se divertissoit ainsi qu'en secret ; encore estoit-il honteux d'avoir été surpris en cette action.

Le reste de cette visite se passa en actions aussi badines [2]. Laurence en fust bien-tost fatiguée, et, se levant, emmena avec elle son cousin. Nicodeme fut obligé de sortir en même temps, parce que Madame Vollichon se vouloit retirer et mettre la clef de la maison

[1] Intérieur.
[2] Niaises.

sous son chevet. Ces deux amans firent encore plusieurs visites aussi ridicules, mais je ne veux pas m'a-
muser à repeter toutes les sottises qui s'y dirent de.
part et d'autre ; ce que nous en avons rapporté suffit.

Cependant les affaires de Nicodeme alloient de mal
en pis, et celles de Bedout de mieux en mieux. Ce
n'estoit pas que l'un eust plus de part aux bonnes
graces de leur maistresse que l'autre, car Javotte avoit
pour eux une égale indifférence ou plustost une égale
aversion. Mais c'est que Vollichon trouvoit plus de
bien et moins de legereté et de fanfaronnade en Bedout qu'en Nicodeme. Il resolut donc tout à fait dans
sa teste le mariage avec Bedout, sans demander l'advis
de sa fille, et il differa seulement la signature des articles jusqu'à ce qu'il fust desgagé d'avec Nicodeme,
avec lequel il esperoit de rompre bien-tost.

Comme on ne douta plus alors que Javotte ne fust
bien-tost mariée, à cause qu'on avoit en mains ces deux
partis, on commença à luy donner chez elle plus de
liberté qu'elle n'avoit auparavant. On luy fit venir un
maistre à danser pour la façonner, et on choisit entre
tous ceux de la ville celuy qui monstroit à meilleur
marché ; encore sa mere voulut qu'il luy monstrast
principalement les cinq pas et les trois visages, danses
qui avoient esté dancées à sa nopce, et qu'elle disoit
estre les plus belles de toutes. On luy permit aussi de
voir le beau monde, de faire des visites dans les beaux
reduits, et de se mesler en des compagnies d'illustres

et de pretieuses : le tout neantmoins sans s'éloigner
beaucoup de son quartier, car on ne la vouloit pas
perdre de veuë. Elle fut introduitte dans la plus belle
de ces compagnies par Laurence, qui en estoit. Son
exquise beauté fut cause qu'elle y fut la bien venue,
malgré son innocence et son ingenuité : car une belle
personne est toujours un grand ornement dans une
compagnie de femmes. Ce beau reduit estoit une de
ces Académies bourgeoises[1] dont il s'est estably quantité en toutes les villes et en tous les quartiers du
royaume; où on discouroit de vers et de prose, et où on
faisoit les jugements de tous les ouvrages qui parois-
soient au jour. La pluspart des personnages qui la
composoient vouloient estre traittez d'illustres, et avec
raison, puisqu'il n'y en avoit pas un qui ne se fist remarquer par quelque caractere particulier. Elle se tenoit chez Angelique, qui estoit une personne de grand
mérite que je ne sçay quel hazard avoit engagée dans
cette société. Elle n'avoit point voulu prendre d'autre
nom de guerre ny de roman que le sien : car le nom
d'Angelique est au poil et à la plume, passant partout,
bon en prose et bon en vers, et celebre dans l'histoire
et dans la fable. Elle avoit appris quelques langues et
leu toutes sortes de bons livres ; mais elle s'en cachoit
comme d'un crime. Elle ne faisoit point vanité d'estaller
ses sentimens, qui estoient toujours fort justes, mais
presque tousjours contredits ; car, comme dans cette

[1] V. p. 47, *Ruelles.*

assemblée le nombre des gens raisonnables estoit le
moindre, elle ne manquoit jamais de perdre sa cause à la
pluralité des voix. Et à propos de cela, elle se compa-
roit à cette Cassandre qui n'estoit jamais creue quand
elle disoit la vérité. Elle avoit une de ses parentes qui
prenoit tout le contrepied. C'étoit la fille d'un receveur
et payeur des rentes de l'Hostel de Ville, que, pour
parler plus correctement, il falloit seulement appeler
receveur ; car, pour la seconde partie de sa charge, il
ne la faisoit point. Elle s'appelloit Phylippote en son
nom ordinaire, et en son nom de roman elle se faisoit
appeler Hyppolite, qui est l'anagramme du nom de
Phylippote, ce qui n'est pas une petite fortune pour
une prétendue heroïne, quand son nom de roman se
peut faire avec les lettres d'un nom de baptesme[1]. Elle
affectoit de paroistre sçavante avec une pedanterie insupportable. Un de ses amans lui enseignoit le latin,
un autre l'italien, un autre la chiromance [2], un autre à
faire des vers, de sorte qu'elle avoit presque autant de
maistres que de serviteurs. Il y avoit en cette compagnie des esprits de toutes les sortes, dont le plus honneste homme s'appeloit Philalethe, passionné admira-
teur des vertus et des beautés d'Angelique, et qui
faisoit tout son possible pour se bien mettre dans son
esprit. D'autre costé, un certain autheur, nommé

---

[1] C'est la marquise de Rambouillet qui est ici visée. On sait que de
son prénom *Catherine,* Malherbe avait fait *Arthenice.*

[2] Chiromancie..

Charroselles[1], y venoit aussi ; il avoit esté fameux en sa
jeunesse, mais il s'estoit decrié à tel point, qu'il ne
pouvoit plus trouver de libraires pour imprimer ses
ouvrages. Il se consoloit neantmoins par la lecture qu'il
essayoit d'en faire à toutes les compagnies, et... Mais
tout beau ! Si je voulois descrire icy par le menu toutes
ses qualitez et celles de ces autres personnages, je ferois
une trop longue digression, et ce seroit trop differer le
mariage qui est sur le tapis. Pour coupper court, il s'a-
massoit tous les jours bonne compagnie chez Angelique.
Quelquefois on y traittoit des questions curieuses ;
d'autrefois on y faisoit des conversations galantes, et
on tâchoit d'imiter tout ce qui se pratique dans les belles
ruelles[2] par les pretieuses du premier ordre.

Le jour que Javotte fut introduite dans cette compagnie, il y avoit moins de monde et elle ne fut pas si
tumultueuse qu'à l'ordinaire. Il arriva mesme que là
conversation y fut assés agréable et spirituelle. Or, quoy
que Javotte n'y contribuast que de sa présence, il ne
sera pas hors de propos d'en insérer icy une partie,
qu'elle escouta avec une attention merveilleuse. Pour
vous consoler de cette digression, imaginez-vous, si
vous voulez, qu'il arrive icy comme dans tous les romans ; que Javotte est embarquée ; qu'il vient une
tempeste qui la jette sur des bords étrangers, ou qu'un
ravisseur l'enleve en des lieux d'où l'on ne peut avoir

---

[1] Anagramme de Charles Sorel.
[2] V. p. 47.

de longtemps de ses nouvelles ; encore aurez-vous cela
de bon que vous ne la perdrez point de veuë, et vous
la pourrez tousjours loüer de son silence, qui est une
vertu bien rare en ce sexe.

Si-tost que les premiers compliments furent faits
dont les plus ingenuës se tirent quelquefois assez bien,
parce que cela ne consiste d'ordinaire qu'en une profonde
reverence, et en un petit galimatias qu'on prononce si
bas qu'on ne l'entend point, Hyppolite, qui n'aymoit
que les entretiens sçavans, esloigna bientost ces discours communs qui se font dans les visites ordinaires.
Elle se plaignit de Laurence, qui avoit commencé à parler des nouvelles de la ville et du voisinage, luy disant
que cela sentoit sa visite d'accouchée[1], ou les discours
de commeres, et que parmy le beau monde il ne falloit
parler que de livres et de belles choses. Aussi-tost elle
se jetta sur la fripperie de plusieurs pauvres autheurs,
qui sont les premiers qui ont à souffrir de ces fausses pretieuses, quand cette humeur critique les saisit. Dieu sçait
donc si elle les ajusta de toutes pieces. Mais dispensez-moy
de vous reciter cet endroit de leur conversation, que je
veux passer sous silence, car je n'oserois nommer pas
un des autheurs vivans : ils m'accuseroient de tout ce
qui auroit esté dit alors, quoy que je n'en pusse mais.

---

[1] Allusion à l'habitude qu'avaient autrefois les bourgeoises de se réu-
nir chez celles de leurs amies qui venaient d'accoucher, pour se livrer
à mille commérages. C'est cet usage qui a donné l'idée de l'amusant
recueil historique du commencement du XVIIe siècle, connu sous le
nom de *Caquets de l'Accouchée.*

J'aurois beau condamner tous les jugemens qui auroient
esté prononcez contre eux, ce seroit un crime capital
d'en faire seulement mention. Ils me traitteroient bien
plus rigoureusement qu'un historien ou un gazetier,
qui ne sont jamais garands des recits qu'ils font. Outre
que ces messieurs sont si delicats, qu'il faut bien prendre garde comme on parle d'eux; ils sont si faciles à
piquer, que le moindre mot de raillerie, ou une louange
mediocre, les met aux champs et les rend ennemis irre-
conciliables. Apres quoy, ce sont autant de bouches
que vous fermez à la Renommée, qui auparavant parloient pour vous, et cela fait grand tort au libraire qui
est interessé au debit d'un livre. J'ay mesme ce respect
pour eux, que je ne veux pas faire comme certains escrivains, qui, lorsqu'ils en parlent, retournent leurs
noms, les escorchent, ou les anagrammatisent. Invention assez inutile, puisque, si leur nom est bien caché,
le discours est obscur et perd de sa force et de sa grace,
on n'est tout au plus plaisant qu'à peu de personnes; et
si on le descouvre (comme il arrive presque tousjours)
ce déguisement ne sert de rien, veu que les lecteurs font
si bien qu'ils en attrapent la clef, et il arrive souvent
qu'il y a des larrons d'honneur qui en font faire de
fausses clefs. C'est pourquoy je ne parlerai point du des-
tail, mais seulement de ce qui fut dit en general, et
dont personne ne se peut choquer, s'il n'est de bien
mauvaise humeur, et s'il n'a la conscience bien chargée. On s'estendit d'abord sur les poëmes et sur les

romans, et l'on y parla fort de l'institution du poëte, de
la maniere de devenir autheur, et d'acquerir de la reputation dans le monde.

« La plus grande passion que j'aurois (dit entre autres Hyppolite) ce seroit de pouvoir faire un livre ; c'est
la seule chose dont je porte envie aux hommes ; je leur
en vois faire en si grand nombre, que je m'imagine que
l'advantage de leur sexe leur donne cette facilité. — Il
n'est point necessaire (répondit Angélique) de souhaitter pour cela d'estre d'un autre sexe ; le nostre a produit en tout temps d'assez beaux ouvrages, jusqu'à pouvoir estre enviez par les hommes. — Cela est vray (dit
Laurence), mais celles qui en font bien s'en cachent
comme d'un crime ; et celles qui en font mal sont la fable et la risée de tout le monde ; de sorte que, de quelque costé que ce soit, il ne nous en revient pas grande
gloire. — Pour moy (dit Philalethe, qui estoit cet honneste homme dont j'ai parlé), je ne suis pas de cet avis,
et je tiens qu'à l'égard de celles qui cachent leur science,
elles acquierent une double gloire, puisqu'elles joignent
celle de la modestie à celle de l'habileté ; et à l'esgard
des autres, elles ne laissent pas d'estre louables de tascher à se mettre au dessus du commun de leur sexe,
malgré le deffaut de leur esprit. — Et moy (ajouta
Charroselles), si je suis jamais roy, je feray faire deffences à toutes les filles de se mesler de faire des livres ;
ou, si je suis chancellier, je ne leur donneray point de
privilege ; car, sous pretexte de quelques bagatelles de

poësies ou de romans qu'elles nous donnent, elle épui-
sent tellement l'argent des libraires, qu'il ne leur en
reste plus pour imprimer des livres d'histoire ou de
philosophie des autheurs graves. C'est une chose qui me
tient fort au cœur, et qui nuit grandement à tous les
escrivains feconds, dont je puis parler comme sçavant.
—Vrayment, Monsieur (dit Pancrace, qui estoit un autre
gentil-homme qui s'estoit trouvé par hazard dans cette
mesme assemblée), on voit que vostre interest vous fait
parler ; mais considerez que, nonobstant qu'on imprime
beaucoup de vers et de romans, on ne laisse pas d'imprimer encore un nombre infini de gros autheurs anciens
et modernes. De sorte que, si les libraires en rebutent
quelques-uns, ce n'est pas une bonne marque de leur
merite. — S'il ne tenoit plus qu'à cela (reprit Hyppolite)
je ne m'en mettrois gueres en peine; car j'ay un libraire
qui me loue des romans, qui ne demanderoit pas mieux
que de travailler pour moy, particulierement à cause
que je ne luy en demanderois point d'argent, car je sçais
bien qu'ils n'ont jamais refusé de coppies gratuittes. Et
puis j'ai tant d'amis et une si grande caballe, que je
leur en ferois voir le débit asseuré. —Ce dernier moyen,
(dit Charroselles) est le meilleur pour faire imprimer et
vendre des livres, et c'est à ce deffaut que j'impute la
mauvaise fortune des miens. Mal-heureusement pour
moy, je me suis advisé d'abord de satiriser le monde, et je
me suis mis tous les autheurs contre moi. Ainsi les pros-
neurs m'ont manqué dans le besoin. Ha! que si c'estoit

à recommencer...... — Vous diriez du bien (dit Laurence, qui le connoissoit de longue main); ce seroit
bien le pis que vous pourriez faire; vous y seriez fort
nouveau, et ce seroit un grand hazard si vous y pouviez
reüssir. — Hé bien! je ne regretteray plus le passé (dit
Charroselles), puisqu'il ne peut plus se rappeler; mais
du moins, pour me vanger, je donneray au public mon
traitté de la grande caballe, où je traitteray des fourbes
de beaucoup d'autheurs au grand collier[1], et j'y feray
voir que ce sont de vrays escrocs de reputation, plus
punissables que tous ceux qui pipent au jeu; et si[2]
je trouveray bien moyen de le faire imprimer malgré
les libraires, quand je le devrois donner à quelqu'un
de ces autheurs qui ont amené la mode d'adopter des
livres.

— Il est vray (dit alors Angélique) que les amis et la
caballe ont servi quelquefois à mettre des gens en reputation; mais ç'a esté tant qu'ils ont eu la discretion et
la retenue de cacher leurs ouvrages, ou d'en faire juger
sur la bonne foy de ceux qui les annonçoient. Mais si-
tost qu'ils les ont donnez au public, il a rendu justice à
leur merite, et toute leur reputation, qui n'estoit pas
establie sur de solides fondemens, est tombée par terre.

— Je mourois de peur (adjousta Pancrace) que vous ne
citassiez quelque exemple qui nous eut attiré quelque

[1] D'après le dictionnaire comique de Leroux, chien *au grand collier*
se dit d'un chien d'attache qui conduit les autres.

[2] V. la note de la **p. 5**.

querelle sur les bras, non pas de la nature de celles dont je me desmeslerois le mieux. — Mais (dit Philalethe) ne mettriez-vous point en mesme rang ceux qui font des vers au devant d'un livre, des prefaces ou des commentaires? Car ce sont des gens qui louent tant qu'il leur plaist, sans que la modestie de l'autheur courre aucune fortune. — Ouy dea (respondit Charroselles), et ce n'est pas un petit stratageme pour mendier de l'estime. Ce n'est pas qu'il n'y arrive souvent quelque fourbe, car un autheur emprunte quelquefois le nom d'un amy, ou suppose un nom de roman pour se louer librement luy-mesme. Je puis dire icy entre nous que je l'ay pratiqué avec assez de succés, et que sous un nom emprunté de commentateur de mon propre ouvrage, je me suis donné de l'encens tout mon soul.

— Quoy qu'il en soit (reprit Hyppolite), je n'ay jamais pû concevoir comment on faisoit ces gros volumes, avec une suitte de tant d'intrigues et d'incidens : j'ai essayé mille fois de faire un roman, et n'en ai pu venir à bout; pour des madrigaux, des chansons, et d'autres petites pieces, on sait que je m'en escrime assez bien, et que j'en ferai tant qu'on en voudra. — Voilà (dit Charroselles) un second moyen pour arriver promptement à la gloire, en ce mal-heureux siecle où on ne s'amuse qu'à la bagatelle. C'est tout ce qu'on estime et ce qu'on debite, pendant que les plus grands efforts d'esprit et les plus nobles travaux nous demeurent sur les bras.

— Vous estes donc (dit Angeliqne) de l'opinion de
ceux qui disent que le premier pas pour aller à la
gloire est le madrigal, et le premier pour en décheoir
est le grand poëme? — Il y a grande apparence (adjousta
Pancrace). — Mais comment est-ce que si peu de chose
pourroit mettre les gens en reputation? — Vous ne
dites pas le meilleur (adjousta Laurence), c'est qu'il faut
qu'ils soient mis en musique pour estre bien estimez.
— Asseurement (interrompit Charroselles); c'est pour
cela que vous voyez tous ces petits poëtes caresser
Lambert, le Camus, Boisset[1] et les autres musiciens
de reputation; et qui ne mettent jamais en air que les
vers de leurs favoris; car autrement ils auroient fort à
faire. — On ne peut nier (dit Philalete) que cette invention ne soit bonne pour se mettre fort en vogue :
car c'est un moyen pour faire chanter leurs vers par les
plus belles bouches de la cour, et leur faire ensuite
courir le monde. Outre que la beauté de l'air est une

---

[1] Lambert (Michel), musicien et chanteur français, né à Vivonne,
près Poitiers, 1610-1696. Il eut une grande réputation comme chanteur
et comme compositeur. Richelieu le fit nommer maître de la musique
de la chambre du roi.

Dans sa troisième satire, Boileau constate ainsi l'engouement général que l'on avait pour ce chanteur :

Molière avec Tartufe y doit jouer son rôle,
Et Lambert. *qui plus est,* m'a donné sa parole !
C'est tout dire en un mot, et vous le connaissez ?
— Quoi, Lambert? — Oui, Lambert ! A demain.

Les deux autres musiciens, Le Camus et Boisset, sont moins connus,
quoiqu'ils aient également été maîtres de la musique de la chambre du
roi.

espece de fard qui trompe et qui esblouit; et j ai **veu**
estimer beaucoup de choses quand on les chantoit, qui
estoient sur le papier de purs galimatias, où il n'y
avoit ny raison ny finesse. — Je les compare volontiers
(reprit Charroselles) à des images mal enluminées, qui,
estant couvertes d'un talc ou d'un verre, passent pour
des tableaux dans un oratoire. — Et moi (dit Pancrace)
à un habit de droguet, enrichy de broderie par le caprice
d'un seigneur.

— Cela me **fait souvenir** (adjoûta Laurence) d'un
homme[1] que j'ay veu à la cour d'une grande princesse,
qui s'estoit mis en reputation par la bagatelle melo-
dieuse. Il avoit fait quantité de paroles pour des chansons; de sorte qu'on disoit de luy que c'estoit un homme
de belles paroles. Il se vantoit d'avoir des pensées fort
delicates, et en effect elles l'estoient tellement que les
plus esclairez souvent n'en pouvoient voir la finesse;
mais si-tost que son esprit voulut un peu prendre l'essor
et faire une galanterie seulement de cinquante vers, elle
fut generallement bernée. — Voyla qui me surprend
(dit Hyppolite), car un poëte de cour a tousjours assez
d'approbateurs et de gens qui font valloir son ouvrage.
Il falloit que son livre fust bien mauvais, ou que cet
autheur eut bien peu d'amis. — C'est là où je vous
attendois (interrompit Charroselles), puisque je tiens
que la plus necessaire qualité à un poëte pour se mettre
en reputation, c'est de hanter là cour, ou d'y avoir esté

[1] Benserade.

nourry : car un poëte bourgeois ou vivant bourgeoisement y est peu considéré. Je voudrois qu'il eust accés
dans toutes les ruelles, réduits et academies illustres;
qu'il eust un Mecenas de grande qualité qui le prote-
geast, et qui fist valloir ses ouvrages, jusques-là qu'on
fust obligé d'en dire du bien malgré soy, et pour faire
sa cour. Je voudrois qu'il escrivist aux plus grands seigneurs; qu'il fist des vers de commande pour les filles
de la reyne, et sur toutes les avantures du cabinet; qu'il
en contrefist mesme l'amoureux, et qu'il escrivist encore ses amours sous quelque nom emprunté, ou dans
une histoire fabuleuse. Le meilleur seroit qu'il eust
assez de credit pour faire les vers d'un balet du roy;
car c'est une fortune que les poëtes doivent autant
briguer que les peintres font le tableau du May[1] qu'on
presente à Nostre-Dame.

— On ne peut nier (répondit Angelique) que toutes
ces inventions, et sur tout les amis et l'authorité d'un
grand seigneur, ne servent beaucoup à ces messieurs;
car les trois quarts du monde jugent des ouvrages d'autruy sans les connoistre, et sont de l'opinion de celuy
qui a dit le premier son advis, comme nous voyons que
les moutons se laissent conduire au premier qui marche
— Adjoustez (dit Philalethe) qu'il y en a plusieurs qui
à force de parler contre leur sentiment, changent d'opi-

1 Le *tableau du May* ou de Mai était une sorte d'ex-voto
que la corporation des orfèvres offrait à la Vierge le premier jour du mois de Mai.

nion, et se persuadent à la fin qu'une chose qu'ils auront condamnée d'abord avec justice, sera bonne parce
qu'ils auront esté souvent obligez de parler en sa faveur
pour d'autres considérations. — Pour moi (dit Pancrace),
j'ay veu un mauvais poëte de l'autre cour fort estimé
parce qu'on faisoit quelquefois sa fortune en louant ses
ouvrages, comme luy-mesme avec de meschans vers
avoit fait la sienne[1]. — Je l'ay aussi connu (reprit Hyppolite), et je trouve qu'on avoit raison de l'estimer ;
car, entre tous les poëtes, ceux qui sont en fortune ont
tout à fait mon approbation, et dés qu'un homme est
assez accomodé[2] pour avoir un carrosse à luy, je ne
veux pas qu'on songe seulement à censurer ses ouvrages. La naissance un peu riche sert bien autant à un
poëte pour arriver à la gloire que ce génie qu'il faut
qu'il obtienne de la nature, et qui a fait dire qu'on peut
bien devenir orateur, mais qu'il faut naistre poëte. Et
pour moy, je conseillerois à quiconque voudroit estre
de ce mestier, de vendre tout le reste de son bien pour
obtenir ce degré d'honneur. — Aussi bien (dit Pancrace)
un carosse de poëte ou de musicien ne couste gueres à
achetter : témoin celui d'un illustre marquis, dont l'at-
telage ne cousta que quarante francs, et qui, à la verité,
eut la honte de demeurer embourbé dans un crachat.
Et quant à l'entretien, il couste aussi peu, veu que ces
messieurs sont accoustumez à vivre aux dépens d'au-

[1] Bois-Robert.
[2] Aisé, fortuné.

truy, allant à la ville et à la campagne, tantost chez
l'un et tantost chez l'autre. — Hélas! (interrompit
Charroselles avec un grand soupir) que ce raisonnement
est vain! Il y a long-temps que j'entretiens exprés un
carrosse qui sent assez l'autheur, comme vous sçavez,
et cependant je n'en ay pas eu plus de créance chez ces
damnez de libraires, qui ne veulent point imprimer mes
ouvrages.

— J'ay un bon avis à vous donner (dit Laurence) :
vous n'avez qu'à en donner des pieces separées aux
faiseurs de Recueils; ils n'en laissent échapper aucunes.
Les belles pieces font valloir les mauvaises, comme la
fausse monnoye passe à la faveur de la bonne qu'on y
mesle. — Je me suis déjà advisé de cette invention
(répondit Charroselles avec un autre grand hélas!);
mais elle ne m'a servi qu'une fois. Car il est vray
qu'apres qu'on m'eut rebuté un livre entier, je le hachay
en plusieurs petites pieces, episodes et fragments, et
ainsi je fis presque imprimer un volume de moy seul,
quoique sous le titre de Recueil de pieces de divers
autheurs. Mais mal-heureusement le libraire descouvrit
la chose, et me fit des reproches de ce qu'il ne le pouvoit débiter. — Cela m'estonne (dit alors Philalethe),
car les recueils se vendoient bien autrefois; il est vray
qu'ils sont maintenant un peu descriez, et ils ont en
cela je ne sçay quoy de commun avec le vin, qui ne
vaut plus rien quand il est au dessous de la barre, quoy
qu'il fust excellent quand il estoit frais percé. — A

propos (reprit Hyppolite), ne trouvez-vous pas que ces
recueils fournissent une occasion de se faire connoistre
bien facilement et à peu de frais? Je vois beaucoup
d'autheurs qui n'ont esté connus que par là. Pour moy,
j'ay quasi envie d'en faire de mesme; je fourniray assez
de madrigaux et de chansons pour faire imprimer mon
nom, et le faire afficher s'il est besoin. — Il semble (dit
Angélique) qu'ils peuvent du moins servir à faire une
tentative de reputation : car, si les pieces qu'on y ha-
zarde sont estimées, on en recueille la gloire en seureté ;
et si elles ne plaisent pas, on en est quitte pour les de-
sadvouer, ou pour dire qu'on vous les a desrobées, et
qu'elles n'estoient pas faites à dessein de leur faire voir
le jour.

— J'advoüe bien (dit Pancrace) que ceux qui sont
déjà en reputation, et dont les ouvrages ont esté louez
dans les ruelles[1] et dans les caballes, l'ont bien conser-
vée dans les Recueils. Mais je ne vois pas que ceux-là
en ayent beaucoup acquis qui n'estoient point connus
auparavant d'ailleurs. De sorte qu'il est arrivé que la
pluspart des honnestes gens n'ont pas souffert qu'on y
ait mis leur nom, et il n'y a eu que quelques ignorans
qui se sont empressez pour cela.— Je vis ces jours passez un different (adjousta Philalethe) qui serviroit bien
à confirmer ce que vous dites : c'étoit à la boutique
d'un des plus fameux faiseurs de Recueils. Un fort honneste homme qui ne vouloit point passer pour autheur

---

[1] V. p. 47.

declaré le vint menacer de lui donner des coups de baston à cause qu'il avoit fait imprimer un petit nombre
de vers de galanterie sous son nom, et l'avoit mis au
commencement du livre, dans le catalogue des autheurs,
qu'il avoit mesme fait afficher au coin des rues. Le pauvre libraire, avec un ton pleureux (aussi pleuroit-il effectivement) lui dit : Hélas ! monsieur, les pauvres libraires comme moy sont bien miserables et ont bien
de la peine à contenter messieurs les autheurs : il en
vient de sortir un autre qui m'a fait la mesme menace,
à cause que je n'ay pas mis son nom à ce rondeau ; et
en disant cela il luy montra un rondeau qui estoit la
plus méchante piece du livre.

— Voyla comme les gousts sont differents (dit Laurence). Il y auroit eu bien du plaisir si ces messieurs
eussent tous deux executé leur dessein en mesme temps.
— Pour moy (reprit Charroselles), je ne sçaurois condamner ceux qui taschent d'acquerir de la gloire par ce
moyen : car en matiere de poësie (que vous sçavez que
j'ay tousjours traittée de bagatelle) je trouve qu'il n'y
a point de plus méchant trafic que d'en estre marchant
grossier[1], c'est-à-dire de faire imprimer tout à la fois ses
ouvrages, et en donner un juste volume ; la méthode
est bien meilleure de les débiter en détail, et de les faire
courir piece à piece, de la mesme maniere qu'on debite
les moulinets et les poupées pour amuser les petits enfans. — Vostre maxime est assez confirmée par l'expe-

[1] Marchand en gros.

rience (dit Angelique), car elle nous a fait voir des autheurs qui, pour de petites pieces, ont acquis autant
et plus de gloire que ceux qui nous ont donné de grands
ouvrages tout à la fois, et qui estoient en effect d'un plus
grand merite.— Ne vous estonnez pas de cela (dit Philalethe) : l'humeur impatiente de nostre nation est cause
qu'elle ne se plaist pas aux grands ouvrages; et une
marque de cela, c'est que, si on tient un livre de vers,
on lira plustost un sonnet qu'une élegie, et une épigramme, qu'un sonnet; et si un livre n'est plein que
d'épigrammes, on lira plustost celle de quatre vers que
celle de dix ou de douze.

— Je suis bien heureuse (dit Hyppolite) qu'on estime
en France davantage les petites pieces que les grandes,
car pour des madrigaux, j'en feray tant qu'on voudra,
comme j'ay déja dit : on n'a presque qu'à trouver des
rimes et quelque petite douceur, et on en est quitte : au
lieu qu'il est bien difficile de trouver des pointes pour
faire des épigrammes, et des vers pompeux pour faire
des sonnets.— Ce n'est pas tout (adjousta Charroselles)
que de faire de petites pieces; il faut, pour les faire
bien courir, que ce soient pieces du temps, c'est-à-dire
à la mode, de sorte que ce sont tantost sonnets, rondeaux, portraits, enigmes, metamarphoses, tantost
triolets, ballades, chansons, et jusqu'à des bouts rimez.
Encore, pour les faire courir plus viste, il faut choisir
le sujet, et que ce soit sur la mort d'un petit chien
ou d'un perroquet, ou de quelques autres grandes

aventures arrivées dans le monde galant et poëtique.

— Quant à moy (reprit Hyppolite), j'ayme sur tout les bouts-rimez, parce que ce sont le plus souvent des inpromptus, ce que j'estime la plus certaine marque de l'esprit d'un homme. — Vous n'estes pas seule de votre advis (dit Angelique) ; j'ay veu plusieurs femmes tellement infatuées de cette sorte de galanterie d'impromptu, qu'elles les preferoient aux ouvrages les plus accomplis et aux plus belles meditations. — Je ne suis pas de l'advis de ces dames (reprit brusquement Charroselles, dont l'humeur a esté toujours peu civille et peu complaisante), et je ne trouve point de plus grande marque de reprobation à l'égard du jugement que d'aymer ces sortes de choses ; car ceux qui y reüssissent le mieux, ce sont les personnes gayes et bouffonnes, et mesme les foux achevez font quelquefois d'heureuses rencontres, au lieu que la vraye estime se doit donner aux ouvrages travaillcz avec meure deliberation, où l'art se mesle avec le genie. Ce n'est pas que les gens d'esprit ne puissent faire quelquefois sur le champ quelques gaillardises[1], mais il faut qu'ils en usent avec grande discretion, car autrement ils se hasardent souvent à dire de grandes sottises, comme font tous ces faiseurs d'inpromptu et gens de reputation subite. — Ajoustez à cela (dit Philalethe) qu'on ne debite point de marchandise où il y ayt plus de tromperie : car, comme dans les academies de jeu on pippe souvent avec de faux dez

[1] Pièces légères, improvisations.

et de fausses cartes, de mesme dans les reduits acade-
miques on pippe souvent l'in-promptu, et il y en a tel
qu'on prend pour un nouveau né qui pourroit passer
pour vieux et barbon. — Cela est vray (adjousta Pancrace), car j'ay connu un certain folastre qui a fait assez
de bruit dans le monde, qui avoit toûjours des inpromptus de poche, et qui en avoit de preparés, sur
tant de sujets, qu'il en avoit fait de gros lieux communs. Il menoit avec luy d'ordinaire un homme de son
intelligence[1], avec l'ayde duquel il faisoit tourner la
conversation sur divers sujets, et il faisoit tomber
les gens en certains defilez, où il avoit mis quelque in-
promptu en embuscade, où ce galand tiroit son coup et
deffaisoit le plus hardy champion d'esprit, non sans
grande surprise de l'assemblée. Avec la mesme invention il se faisoit donner publiquement par son camarade
des bouts-rimez, sur lesquels, à quelques moments de
là, il rapportoit un sonnet qu'il donnoit pour estre fait
sur le champ, et qu'il avoit fait chez lui en toute liberté
et à loisir. Il est vray qu'il luy arriva un jour un petit
esclandre : c'est qu'une dame, qui avoit descouvert la
chose par l'infidelité de son associé, et qui connoissoit
d'ailleurs l'humeur du personnage et la portée de son
esprit, lui dit lors qu'il luy mit en main un sonnet
dont il vouloit faire admirer la promptitude : Vous me
le pouviez donner encore en moins de temps, ou vous
estes bien long à escrire.

---

[1] Avec lequel il s'était préalablement entendu.

— Je suis bien aise d'apprendre (dit Laurence) les faussetez qui s'y commettent, car quand on m'en donnera je voudray avoir de bons certificats de gens de bien et d'honneur pour attester qu'ils ont esté faits en leur presence, et qu'il n'y sera arrivé ny fraude ny malengin[1]. — Quant à moy (reprit Angelique), je n'ay jamais voulu donner mon approbation à ces sortes de pieces, car ce seroit donner de la reputation à bon marché ; je la reserve pour les ouvrages polis et serieux, et particulierement pour le sonnet, qui est (comme dit un de mes bons amis) le chef-d'œuvre de la poësie et le plus noble de tous les poëmes[2].

— Vous ne seriez pas souvent en estat de la prodiguer (adjousta Charroselles), car il faut un grand effort d'esprit, ou plustost un grand effort de patience, pour y reussir. Encore y a-t'il peu de gens qui fassent profession d'en faire, et de plus pour un bon qu'ils feront, il y en aura cent mauvais. — J'en ay veu tant de meschans (adjousta Pancrace) que je suis persuadé que la pluspart ne valent rien, et à moins qu'une personne d'esprit m'asseure auparavant de leur bónté, je ne me sçaurois resoudre à les lire. — Ce n'est pas d'aujourd'huy (adjousta Philalethe) que je sçay la difficulté qu'il y a

---

[1] Tromperie. Engin s'est dit figurément pour signifier finesse, industrie. Autrefois on juroit sur les traités et contrats avec cette formule qu'il n'y avoit ou dol, fraude ni *mal engin*, pour signifier qu'ils n'étaient pas faits par surprise, ni mauvais artifice. (Dict. de Trévoux.)

[2] On reconnaît ici Boileau, et ce vers fameux :

Un sonnet sans défaut vaut seul un long **poème**.

d'en faire de bons; et j'ay veu des poëtes fameux qui
avoient acquis de la gloire par de grands poëmes, dont
la reputation est eschoüée aupres d'un sonnet.

— A propos de sonnet (dit Javotte, qui jusques-là
avoit esté muette), j'en ai sur moi un fort beau, qu'une
partie de mon papa a laissé dans son estude en venant
solliciter son procés. » Pancrace la pria de le lire, par
complaisance et pour la faire parler. « Je vous prie (répondit-elle) de m'en dispenser : car il est si long, si long,
si long, que ce seroit trop vous interrompre.— Comment
(lui dit Hyppolite) ! faut-il tant de temps pour lire quatorze vers? — Comment (respondit Javotte) ! il y en a
plus de quatre cens; » et en mesme temps elle tira de sa
poche un petit livret relié de papier marbré, contenant un
poëme entier : c'estoit la metamorphose des yeux de
Philis en astres[1]. La compagnie ne se put tenir de rire
de cette naïfveté, surtout Hyppolite en éclatta ; sur quoi
Javotte dit en rougissant : « Hé quoi ! ne sont-ce pas
là des vers? Du moins mon papa m'a dit que c'en estoit.
— Ouy sans doute (répondit Pancrace).— Hé bien (ré-
pliqua Javotte), un sonnet, n'est-ce pas aussi des vers?
Qu'y a-t'il donc tant à rire? » La risée fut plus forte
qu'auparavant ; de sorte qu'Angelique, par civilité,
rompit la conversation et se leva pour aller faire des

---

[1] La *Métamorphose des yeux de Philis en astres*, poème de
Germain Habert, abbé de Cérisy, l'un des premiers membres de l'Académie française, contient en effet environ sept cents vers. Cet ouvrage,
écrit dans le goût précieux de l'époque, eut un grand succès lors de son
apparition.

excuses à Javotte et pour la tirer de cette confusion ;
elle l'effaça par des caresses redoublées qu'elle lui fit.
Pancrace se mit aussitôt de la partie pour la consoler, à
quoy il s'employa de tout son cœur. Il commençoit déja
à nouer une conversation particuliere avec Javotte,
pour laquelle, pendant toute cette visite, il avoit senti
une extraordinaire émotion, quand ils furent interrom-
pus par un grand cry que fit Hyppolite, qui dit : « Vrayment, voicy un poulet de belle taille ! J'ai envie de voir
tout à l'heure ce qu'il chante. » Elle dit cela à l'occasion d'un certain cahier qu'elle venoit de ramasser,
tombé de la poche d'Angelique lorsqu'elle s'estoit brusquement levée. Angelique le lui redemanda civilement,
lui reprochant qu'elle vouloit sçavoir ses secrets. « On
ne les met point en si grand volume (reprit Hyppolite);
asseurément c'est quelque ouvrage de galenterie, dont
il ne faut pas que vous ayez le plaisir toute seule ; à
tout le moins j'en veux voir le titre. » Et si-tost qu'elle
l'eut leu, elle s'escria encore plus haut : « Vrayment,
vous seriez la plus des-obligeante personne du monde,
de vouloir priver une si belle compagnie du divertissement qu'elle aura d'entendre une piece dont le titre
promet beaucoup. Au pis-aller, je l'emporteray et la liray malgré vous. — J'y retiens part (répondit alors
Charroselles), et je seray bien d'avis qu'on la lise icy
tout haut ; en récompense je vous liray une autre composition de ma façon, qui sera deux fois plus longue et
qui ne sera peut-estre jamais imprimée. »

Philalethe, qui connoissoit l'humeur de Charroselles, qui alloit lire dans les compagnies ses ouvrages pour se consoler de ce que les libraires ne les vouloient point imprimer, fremit de peur à cette menace pour toute la compagnie; et, de crainte d'en attirer sur elle l'effet, il se joignit à Angelique pour combattre l'opiniastre Hyppolite, luy disant que cette lecture seroit trop ennuieuse, et qu'on s'entretiendroit plus agreablement de vive voix. Il dit mesme qu'il avoit veu la piece, et qu'elle ne meritoit pas l'attention d'une si belle trouppe. Le mespris qu'il en fit fut cause qu'on le soubçonna aussitost de l'avoir faite et de l'avoir donnée à Angelique, car on connoissoit l'intelligence qu'ils avoient ensemble, et il estoit d'ailleurs trop discret pour mespriser ainsi publiquement les ouvrages d'autruy. Cela fit redoubler la curiosité d'Hyppolite, qui l'emporta sur la resistance d'Angelique; et les allant tirer par le bras les uns apres les autres, elle fit r'asseoir chacun en sa place. Puis adressant la parole à Philalethe, elle luy dit : « Pour votre punition de nous avoir voulu priver de cette lecture, il faut que ce soit vous qui la fassiez. Aussi bien, comme je vous en crois l'auteur, cela vous ostera le chagrin que vous auriez à me l'entendre lire mal. » Philalethe, recevant le cahier fort civilement, luy dit : « Je renonce à la gloire que vous me donnez de la composition ; mais j'accepte volontiers celle de vous obeïr. « Et en disant cela, il commença de lire en ces termes :

HISTORIETTE DE L'AMOUR ESGARÉ.

S'IL y eut jamais un enfant incorrigible, ce fut le
petit Cupidon. C'estoit, à vray dire, un enfant gasté, à
qui sa mere trop indulgente ne refusoit rien. Tous ceux
de la Cour celeste luy en venoient faire des plaintes ;
Junon disoit qu'elle ne pouvoit gouverner deux jours
son mary ; Diane, qu'il luy debauchoit toutes ses nym-
phes. Il n'y avoit que Minerve à qui il n'osoit se jouer,
car elle n'entendoit point raillerie. Venus le me-
naçoit souvent de lui donner le fouet, sans qu'elle en
fist rien, et, pour fortifier sa menace, elle avoit fait
tremper des branches de mirthe dans du vinaigre, qui
faisoient grand peur au petit Amour. Mais sitost qu'elle
se mettoit en devoir de le chastier, il se sauvoit, à la
faveur des Graces, qui l'eussent volontiers mis sous
leurs propres juppes, si elles n'eussent point esté nues,
et qui le desroboient à la colere de sa mere. Un jour
neantmoins qu'elle estoit en mauvaise humeur (je ne
sçay si ce ne fut point le jour qu'elle apprit la mort
d'Adonis), elle le voulut corriger tout de bon ; et comme,
à cause de sa tristesse, les Graces l'avoient quittée, il
ne trouva plus son azile ordinaire. Ainsi ce petit dieu

alloit mal passer son temps, s'il n'eust eu recours à la
ruse ordinaire des enfants, qui, s'enfuyant de leur mere,
se sauvent chez leur grand maman. Il se jetta donc à
corps perdu entre les bras de Thetis, qui estoit prés de
là, et il ne perdit point de temps à se deshabiller,
parce qu'il marche ordinairement tout nud. Ses aisles
luy ayant servy de nageoires, il arriva dans son palais
de cristal, et, parce qu'il faisoit le pleureux, elle le re-
conforta (suivant la coustume des bonnes vieilles, qui
applaudissent à toutes les sottises de leurs petits-en-
fans), le flatta et luy donna des pois sucrez. Il s'y trouva
mesme si bien qu'il y demeura longtemps ; mais, pendant son sejour, ne pouvant se tenir de faire des tours
de son métier, il eschauffa si bien d'amour les pois-
sons (qui jusqu'alors estoient froids de leur naturel)
qu'ils sont devenus depuis les animaux les plus proli-
fiques du monde ; de sorte que Thetis vit son royaume
tellement peuplé, que si ses sujets ne se mangeoient
les uns les autres (comme font les loups et les poëtes),
quelques grandes que soient les campagnes de la mer,
elles ne pourroient pas les nourrir ny les loger. Il n'y
auroit pas eu grand mal s'il n'eust rien fait d'avantage.
Passe encore pour enflammer les Syrenes, qui sont les
chanteuses de cette cour, veu que les personnes de ce
métier sont assez subjettes à caution ; mais il s'attaqua
mesme aux Nereides, qui sont les princesses et les filles d'honneur de la reyne maritime. Le plus grand scandale fut lorsqu'il s'adressa à la plus prude de toutes

(dont par honneur je tairay le nom), **car il fit en** sorte
qu'elle se laissa suborner par l'Intendant des coquilles
de Neptune[1]. Or ce n'estoit pas assez pour ces amants
d'avoir le dessein de jouir de leurs amours ; la difficulté estoit de l'executer : car, comme les palais de
Thetis et des Nereïdes sont de cristal, et mesme du
plus transparent, il ne s'y pouvoit rien faire qui ne fut
aperceu d'une infinité de tritons, qui sont les janissai-
res du dieu marin. Ils furent donc obligez de se donner
un rendez-vous auprés de Caribde[2] où il y a une cascade
en forme de gouffre, si dangereuse qu'il n'y passe
presque personne. Cependant ils ne purent faire si peu
de bruit en faisant leurs petites affaires qu'ils ne fussent
entendus de ces chiens que Scille[3] nourit près de là
(car c'est en cet endroit qu'est le chenil de Neptune),
Dés que l'un eust aboyé, tous les autres en firent autant, et par cette belle musique Scille fust bien-tost es-
veillée, aussi bien qu'un Triton jaloux endormy à ses
costez. Elle voulut en mesme temps sçavoir la cause de
ce bruit, croyant que ses chiens aboyoient apres quelques voleurs qui venoient ravir les grands trésors
qu'elle a amassez du debris des naufrages qui se font
ordinairement sur sa seigneurie. Ces malheureux amans
furent ainsi pris sur le fait ; la pauvre Nereïde en fut

[1] Allusion à la liaison du surintendant Fouquet avec une des filles
de la reine-mère.

[2] Charybde.

[3] Scylla.

fort honteuse et devint plus rouge qu'une escrevisse et plus muette qu'une carpe. Or comme les petits officiers portent toûjours envie aux grands et taschent de se mettre en credit en les destruisant, ce Triton, qui avoit la dent un peu venimeuse et tenant un peu de celle du brochet, fut ravi de trouver une occasion de mordre sur l'Intendant des coquilles. Il alla incontinent trompeter partout cette adventure, jusque-là qu'elle vint aux oreilles de Thetis. La colere dont elle s'enflama à cette nouvelle la fit gronder, escumer et tempester d'une telle sorte, que tous les voyageurs qu'elle avoit à dos eurent cependant beaucoup à souffrir. Elle condamna la pauvre Nereïde à estre enfermée le reste de ses jours dans une prison de glace au fond de la mer Balthique, et le seducteur fut emprisonné dans une coquille de limaçon, où toûjours depuis il se tint caché, et n'osa monstrer ses cornes, sinon quelquefois à la fin d'un orage. Et quant au petit autheur du scandale, Thetis voulut le chastier sur le champ. Elle fit cueillir une poignée de branches de coral[1] pour luy en donner le fouet vertement : car le coral, quand il est dans la mer, est une herbe mole et souple comme de l'ozier, et ne durcit ny ne rougit qu'après estre tiré de l'eau ; ainsi le tesmoigne Pline, qui peut estre est un faux tesmoin.

Voyla donc Cupidon en un aussi grand danger que celui qu'il avoit couru auparavant. Il voyoit déja plusieurs cancres, qui sont les sattelites de ce païs là, qui

[1] Corail.

estoient prests à le happer, lors qu'il leur eschappa des
mains comme une anguille, car il est agile et dispos
(sur tout lors qu'il est question de s'enfuir), et il se
sauva en terre ferme, hors du pouvoir de sa rigoureuse
grand maman. Il estoit encore en pays de connoissance
s'il eust voulu y paroître, car c'estoit chez Cibele[1],
mere des dieux, sa bizayeule ; mais comme elle estoit
vieille, ridée, fort bossue et coëffée de villes et de chas-
teaux, il en auroit eu peur en la voyant, outre que la
crainte du chastiment qu'il venoit d'eschaper (qui est
le dernier suplice pour les enfans) luy rendoit toute
sa parenté suspecte. Il se voulut donc tenir caché, et il
ne le put mieux faire qu'en se retirant dans de petites
cabanes de bergers qu'il trouva aux environs. Ils luy
firent un fort bon accueil, et, par charité, ils luy donnerent un habit dont ils croyoient qu'il avoit besoin,
le voyant tout nud, car ils ne connoissoient pas la chaleur interieure qu'il avoit. Je ne sçay si la crainte du
fouet l'avoit rendu sage, ou s'il eut pitié de l'ignorance
de ses hostes ; tant y a qu'il vescut avec une grande
retenue tant qu'il fut chez eux et il ne leur fit ny malice
ny supercherie. Tant s'en faut : pour recompenser le
charitable traittement qu'il en avoit receu, il leur aprit à
faire l'amour ; car vous apprendrez, si vous ne le sçavez, que l'amour estoit jusqu'alors inconnu parmy les
hommes ; tous les accouplements s'y estoient faits à la
maniere des bestes, par un instinc de nature, et pour

[1] Cybèle.

servir seulement à la generation. Cette belle passion,
qui s'insinue dans les cœurs, qui leur donne de si
grandes joyes, et qui sert à unir les ames plutost que
les corps, étoit encore ignorée sur la terre. C'estoit un
friand morceau que les Dieux s'estoient réservé, et qui
faisoit un des grands poincts de leur felicité. Aussi tout
le monde est d'accord que les bergers ont esté les premiers qui ont gousté de ses douceurs ; il ne se faut pas
estonner s'ils l'ont traitté d'une maniere si delicate,
puisque leur premier maistre d'escole a esté le dieu
mesme qui fait aymer. Comme toutes les choses, dans
leur naissance, sont meilleures et moins corrompues,
ces premieres amours eurent toute la vertu et la pu-
reté imaginable. Ce dieu mesnagea si bien les coups de
ses flesches, qu'il fit naistre des flammes mutuelles
dans les cœurs de chaque berger et de chaque bergere;
le soin de plaire estoit le seul qui les occupoit ; l'affection estoit reciproque et la fidelité inviolable. Ils n'a-
voient point à essuyer de rigueurs ni de cruautez,
parce qu'ils n'avoient point d'injustes desirs ; il ne leur
restoit dans l'âme aucun repentir ni remords, parce que
le vice n'y avoit aucune part. Enfin c'estoit le siecle
d'or de l'amour ; on en goustoit tous les plaisirs, et on
ne ressentoit aucune de ses amertumes. Mais enfin,
apres avoir passé quelque temps avec eux, il se lassa
de vivre dans la solitude. Il eut la curiosité de voir ce
qui se passoit sur la terre, qu'il n'avoit pas veuë encore,
à cause de sa jeunesse. Il luy prit donc envie d'aller à

une ville prochaine, et, parce qu'elle estoit belle et
grande, il y demeura quelque temps pour la mieux
connoistre. La premiere chose qu'il y fit, ce fut d'y
chercher condition ; et ne vous estonnez pas que sa divinité ne luy fist pas dedaigner de servir, car la ser-
vitude est son élément. Le hazard le fit engager d'abord
avec une femme bien faite, mais dont la physionomie
estoit fort innocente. Elle avoit les cheveux blonds et
le teint blanc, mais un peu fade ; les yeux bleus, mais
un peu esgarez; la taille haute, mais peu aisée,
et la contenance peu ferme ; à cela pres, elle estoit
fort belle et fort agreable. Elle se nommoit Landore, et avoit une indifference generale pour tout le
monde ; elle tesmoignoit un certain mespris qui ne venoit pas d'orgueil, mais d'une froideur de tempera-
ment qui desesperoit les gens. En un mot, elle avoit
une si grande nonchalance dans toutes ses actions,
qu'il paroissoit qu'elle ne prenoit rien à cœur. Cupidon ne fut pas longtemps chez elle sans y vouloir faire
la mesme chose qu'il avoit faite chez les bergers : car,
comme il craignoit de se gaster la main faute de s'exercer à tirer ses flesches, qui est la seule chose qui le fait
valoir, il en décocha quelques-unes d'un petit arc de
poche qu'il avoit ; mais c'estoit d'abord plustost en badinant que de dessin formé, comme on voit des enfans se joüer avec des sarbatanes[1]. Un jour, il vid ré-
jalir à ses pieds une des flesches qu'il avoit tirées

[1] Sarbacanes.

contre Landore, et, en la ramassant, il reconnut que le
fer en estoit rebouché[1]. Il n'y a rien qui choque plus
ce petit mutin que la resistance; cela fit qu'il s'opiniastra à vouloir blesser tout de bon cette insensible.
Il prit les flesches les mieux acerées qu'il put trouver,
et, pendant qu'elle estoit en compagnie de quantité
d'honnestes gens, il luy en tira plusieurs droit au cœur.
Mais, par un grand prodige, elles faisoient le mesme
effet contre ce cœur de diamant que des balles qui font
des bricoles contre le mur d'un tripot, et elles alloient
blesser ceux qui se trouvoient aux environs. Chacun
de ces blessez fit tous les efforts imaginables pour com-
muniquer son mal à celle qui en estoit cause, et il n'y
en avoit pas un qui ne deust concevoir de belles esperances, puisqu'il avoit un secours secret de ce petit
dieu qui fait aymer. Cependant aucun ne put reüssir;
tous les soins et toutes les galanteries qu'ils employerent ne firent que blanchir contre sa froideur. Il se
trouva enfin dans la troupe un homme qui n'estoit ny
bien ny mal fait, qui avoit la physionomie fort ingenuë
et qui monstroit tenir beaucoup du stupide. Sa taille
estoit grande et menue, mais flasque et voutée; il avoit
le desmarche lente, la bouche entr'ouverte et les cheveux d'un blond de filasse, fort longs et fort droits. Ce
fut derriere luy que Cupidon se posta un jour pour faire
la guerre à sa rebelle. Il n'avoit point dessein de favoriser de ses graces un homme qui estoit fort peu de ses

_____
[1] Emoussé.

amis; c'estoit plustost pour luy faire piece qu'il s'en servit
comme d'une mire à descocher le trait dont Landore fut
blessée. A ce coup toute la froideur de la dame s'esvanouit; elle sentit pour cet homme qui estoit devant elle
une ardeur qui ne peut estre exprimée, jusque-là qu'elle
se vid preste de lui declarer elle-mesme sa passion,
si la pudeur du sexe ne l'eust retenue. Elle trouva
enfin une occasion de luy descouvrir ce qu'elle tenoit
caché, parce qu'ils estoient tous les jours ensemble.
Cet homme ressentit presque en mesme temps de
pareilles emotions pour elle ; peut-estre luy estoit-il
tombé sur le gros orteuil[1] une des flesches perdues
dont nous avons parlé, dont la piqueure avoit un certain
venin qui, insensiblement, lui avoit gagné le cœur. En
un mot, ils s'aymerent, mais d'une amour si facile et si
douce qu'ils n'eurent point besoin de mettre en
usage ny les plaintes ny les soupirs, et il n'y eut
jamais d'ames ny mieux ny plus facilement unies.
Toutes ces addresses dont, en toutes les autres rencontres, l'on se sert pour se faire aymer, leur furent
inutiles ; ils se contentoient de faire l'amour des yeux ;
à peine y employoient-ils les paroles, et la plus
serieuse occupation de cet amour badin estoit la plupart du temps de jouer au pied de beuf, de se regarder
sans rire. Le petit dieu trouva ce procedé fort choquant,
et se fascha de les voir agir si negligemment en une
chose dont tant de gens font une affaire tres impor-

[1] Orteil.

tante. Comme son inclination le porte à rendre service à ceux qu'il a blessez, il s'ennuya bien-tost de se trouver inutile auprés de ces amans, et son naturel agissant ne luy permit pas de demeurer tous les jours les bras croisez dans la faineantise. Il fit seulement reflexion sur le coup qu'il avoit porté, car, à vray dire, il est philosophe quand il veut, et raisonne-bien, surtout quand il a osté son bandeau. Il reconnut alors qu'il s'estoit trompé en s'attribuant la gloire de cette deffaite : car il demeura d'accord que tout l'honneur en estoit deub au hazard, qui avoit fait rencontrer ensemble deux personnes dont les visages et les humeurs avoient tant de rapport et de simpatie qu'ils sembloient nez l'un pour l'autre. De là il conclud qu'on pourroit bien l'accuser à l'avenir de plusieurs choses dont il seroit innocent ; enfin, la honte d'estre à ne rien faire luy fit demander son congé, et il luy fut facile de l'obtenir de maistres qui se passoient bien de luy.

Au partir de ce lieu, il s'attacha au service d'une fille studieuse. D'abord cette condition luy plut fort, parce qu'il espera d'y apprendre beaucoup de choses et de n'y manquer point d'employ. Cette fille, nommée Polymathie[1], n'avoit pas eu la beauté en partage, tant s'en faut ; sa laideur estoit au plus haut degré, et je

---

[1] C'est-à-dire « qui est très savante. » Il s'agit ici de Mlle de Scudéry, qui était non moins laide que savante. « Elle a la peau noire et rude, les yeux noirs, les ongles noirs ; elle sue l'encre par tous les pores » disait son amie Mme Cornuel. »

ferois quelque scrupule de la descrire toute entiere,
de peur d'offenser les lecteurs d'imagination delicate.
Aussi n'est-il pas possible que les filles se puissent
piquer en mesme temps de science et de beauté; car
la lecture et les veilles leur rendent les yeux battus,
et elles ne peuvent conserver leur teint frais ou leur
enbonpoint si elles ne vivent dans la delicatesse et
dans l'oysiveté. Outre qu'il leur est difficile de ménager pour l'estude quelque heure d'un jour, qui n'est
pas trop long pour se parer et pour se farder. Mais,
d'un autre côté, Polymathie avoit l'esprit incomparable,
et elle parloit si bien qu'on auroit peu estre charmé
par les oreilles, si l'on n'avoit point esté effrayé par les
yeux. Elle sçavoit la philosophie et les sciences les
plus relevées ; mais elle les avoit assaisonnées au
goust des honnestes gens, et on n'y reconnoissoit rien
qui sentist la barbarie des colleges. Ses admirables
compositions en vers et en prose attiroient aupres d'elle
les plus apparens et les plus polis de son siecle. Le
dieu d'amour, estant chez elle, ne voulut pas laisser
ses armes inutiles ; mais il arresta quelque temps son
bras, à cause qu'il vid pousser à sa maistresse tant de
beaux sentiments de vertu et de temperance, qu'il
desespera de reussir en son entreprise et de vaincre
cette froideur dont elle faisoit vanité. Il avoit mesme
quelque respect pour cette philosophie dont elle estoit
secondée, craignant avec quelque sujet d'en estre
mal-mené. Il faisoit encore reflexion sur le mauvais

office qu'il luy rendroit s'il la faisoit devenir amoureuse,
ne se croyant pas assez fort pour faire naistre dans
le cœur de quelqu'un de la passion pour elle, s'il ne
l'alloit chercher parmy les aveugles. Il voulut donc
auparavant tascher de blesser quelqu'un de ces sçavans
et de ces polis qui la frequentoient ; mais il eust beau
tirer ses flesches les mieux acerées, tous leurs coups
s'amortissoient comme s'ils eussent esté tirez contre
une balle de laine. Ce qui le fit le plus enrager, ce fut
l'hypocrisie de ces messieurs les doucereux (car il n'y
a point de dieu, tant fabuleux soit-il, que l'hypocrisie
ne choque horriblement) ; ils ne se contentoient pas de
tesmoigner de l'admiration pour l'esprit de Polymathie,
ils faisoient encore aupres d'elle les galands et les
passionnez pour sa beauté, et leur impudence alloit
jusqu'à ce point qu'ils la traittoient de soleil, de lune et
d'aurore, dans les vers et dans les billets qu'ils luy
envoyoient. Ceux qui ne l'avoient veuë que dans ce miroir trouble et sous cette fausse peinture ne l'auroient
jamais reconnue : car, en effet, elle ne ressembloit au
soleil que par la couleur que luy avoit donné la jau-
nisse; elle ne tenoit de la lune que d'estre un peu ma-
flée [1], ny de l'aurore que d'avoir le bout du nez rouge.
O! que les pauvres lecteurs sont trompez quand ils lisent un poëte de bonne foy, et qu'ils prennent les vers
au pied de la lettre! Ils se forment de belles idées de
personnes qui sont chimeriques, ou qui ne ressem-

---

[1] *Maflé, maflu.* Bouffi, qui a de grosses joues.

blent en aucune façon à l'original. Ainsi, quand on
trouve dans certains vers :

> Je ne suis point, ma guerriere **Cassandre**[1],
> Ny Mirmidon, ny Dolope soudart,

il n'y a personne qui ne se figure qu'on parle d'une Pan-
tasilée ou d'une Talestris ; cependant, cette guerriere
Cassandre n'estoit en effet qu'une grande Halebreda[2],
qui tenoit le cabaret du Sabot, dans le Fauxbourg Saint
Marceau. Quelque laide pourtant que puisse estre une
fille, elle n'est point choquée d'une fausse louange, et
ne croira jamais qu'on la raille, quoy qu'elle accuse les
gens de parler avec raillerie ; elle ne donnera jamais un
dementy à personne que par une feinte modestie.
Quelque clairvoyant que soit son esprit, il ne sera jamais persuadé de ses deffauts ; elle les excusera par
quelque autre bonne qualité ; enfin, elle fera si bien son
compte, qu'elle se trouvera tousjours des charmes de
reste pour donner bien de l'amour. Cupidon, tout aveugle qu'on se le figure, reconnoissoit bien, malgré toutes
ces feintes galanteries, quoy qu'elles fissent beaucoup
d'éclat, que pas un n'estoit blessé au dedans, car il
ne s'estoit pas trouvé une seule des flesches qu'il avoit

---

[1] *Cassandre.* Nom que Ronsard donne à l'une de ses maîtresses.
Il paraît, dit M. Louis Moland (*Œuvres choisies de Ronsard*), que
cette *Cassandre* était une demoiselle de Blois. On lit dans le 136ᵉ sonnet
du premier livre :

> Ville de Blois, naissance de ma Dame.

[2] Grande femme mal bâtie. Ce mot est une altération de hallebarde.

ramassées qui fust sanglante ; cela le fit opiniastrer d'a-
vantage en son entreprise, et il jura hautement que
quelqu'un en payeroit la folle-enchere. Apres avoir fait
encore plusieurs tentatives, et vuidé son carqois, ne sa-
chant presque plus de quel bois faire flesches, ny de quel
acier les ferrer, enfin il fut reduit à y appliquer le fer
du mesme canif avec lequel Polymathie tailloit ses plumes, qui devenoient éloquentes sitost qu'elles avoient
esté tranchées par ce fer enchanté. Il fut si heureux que
ce coup porta sur un bel esprit veritablement digne
d'elle, et bien propre pour luy estre aparié, en telle
sorte que, si on les avoit mis dans deux niches, ils auroient fait une fort belle simmetrie[1]. Sa taille estoit petite, mais, en recompense, une bosse qu'il portoit sur ses
espaules estoit fort grande ; ses deux jambes estoient
d'inegale grandeur ; il estoit borgne d'un œil et ne
voyoit guere clair de l'autre, et tout l'esclat de ses yeux
consistoit en une bordure d'escarlate de si bon teint
qu'il ne s'en alloit point à l'eau qui en distilloit inces-
samment. Que si son corps donnoit du degoust, son esprit avoit des agrémens tous particuliers ; il auroit esté
bon à faire l'amour à la maniere des Espagnols, qui ne

---

[1] Pellisson, qui avait aussi une réputation de laideur bien établie.
Mlle de Scudéry lui fit ainsi son aveu :

> Enfin Acante il faut se rendre!
> Votre esprit a charmé le mien.
> Je vous fais citoyen du *Tendre*;
> Mais, de grâce, n'en dites rien.

L'amour de Pellisson et de Mlle de Scudéry aurait d'ailleurs été
purement platonique.

la font que de nuit, car il auroit esté favorisé par les te-
nebres. Cette playe ne fut pas si-tost faite dans le cœur
de ce spirituel disgracié, que voilà les elegies, les sonnets
et les madrigaux en campagne ; jamais veine ne fut plus
feconde ny genie plus eschauffé ; jamais il n'y eut si
grande profusion de tendresses rimées. Ce qui fut nouveau, c'est que deslors toute la dissimulation s'évanouit.
Tous ces charmes et ces appas, qu'il ne mettoit auparavant dans ses vers que par fiction poëtique, il les y
insera depuis de bonne foy. L'amant crut en saine conscience que sa maîtresse estoit un vray soleil et une vraye
aurore ; et quoy que cet amour n'eust commencé que par
l'esprit, le tendre heros fut tellement esblouy de ses
brillans, qu'il ne reconnut plus aucune imperfection
dans le corps, pour lequel il eut aussi-tost la mesme passion. Je ne sçay si l'amour fit d'une flesche deux coups,
ou si Polymathie fut touchée des pointes poëtiques que
son amant lui décocha : tant y a qu'elle eut pour luy
une amour reciproque ; et elle fit judicieusement de ne
pas laisser eschapper cette occasion, car elle auroit eu
de la peine à la recouvrer. Elle ne fut pas plus avare
que luy de prose et de vers, et ce fut lorsque ce petit
dieu travesty ne manqua pas d'occupation, ny de sujets
d'exercer ses jambes. Il n'avoit pas si-tost porté un poulet, qu'il falloit retourner porter des stances ; et pendant
l'intervalle du temps qu'il employoit à ce message, un
madrigal se trouvoit fait, qu'il falloit aussi porter tout
frais esclos. Que si par mal-heur on faisoit respònse sur

le champ, il falloit porter la replique avec mesme diligence ; et dans cet assaut de reputation, nos amants se
renvoyoient si viste des in-promptu, qu'ils ressembloient
à des joüeurs de volant quand ils tricottent. Je ne vous
dirai point la suitte ny la fin de ces amours ; elles continuerent long-temps de la mesme force. Les seuls qui
en profiterent furent les libraires faiseurs de recueils,
qui ramasserent les pieces et les vers que ces amans
laisserent courir par le monde, dont ils firent de beaux
volumes. Tous les autres marchands n'y gagnerent rien ;
il n'y eut aucun commerce de juppes, de mouchoirs,
ny de bijoux ; tous les presens furent faits en papier, jusques à celuy des estrennes. Il ne se donna ny bal ny
musique, mais seulement force vers de ballet, et
force parolles pour mettre en air. Ce qui est fort surprenant et bien contraire à l'humeur du siecle, c'est qu'il
n'y eut jamais ny festin ny cadeau[1] ; la promenade, quoy
qu'elle leur plust fort, estoit tousjours seiche, et les
traitteurs ny les patissiers ne receurent jamais de leurs
visites ny de leur argent. Le petit Amour avoit esté
jusques alors nourry de viande creuse ; voicy par quelle
adventure il devint friand : Un jour que sa maistresse
passionnée estoit allée chercher la solitude d'un petit
bois, où elle confioit quelques soupirs et quelques tendresses à la discretion des echos et des zephirs, il s'estoit tenu à l'escart. La fortune voulut qu'il rencontra un
page d'une dame de qualité, à qui on donnoit cadeau

[1] V. page 19, note 3.

dans une belle maison proche de ce bois. Comme il n'y
a point de connoissance si-tost faite que celle des chiens
et des laquais (sous ce nom sont compris tous ceux qui
portent couleurs[1]), l'Amour et le page eurent bien-tost
fait amitié ensemble. Son nouveau camarade le mena
voir le superbe festin qu'on avoit appresté pour la
dame, et l'un et l'autre eurent dequoy faire bonne chere
des superfluitez qui s'y trouverent. Cupidon commença
à trouver du goust aux bisques et aux faisants, qui le
firent ressouvenir du nectar et de l'ambroisie. Et ce
qu'il prisa le plus, fut le reste d'un plat de petits pois,
sur lequel il se jetta, qui avoit plus cousté que n'auroit
fait la terre sur laquelle on en auroit recueilly un
muid. Le bon traittement, et la credulité qu'il eut aux
paroles de son camarade le desbaucherent, car il ne
marchanda point pour entrer au service de cette dame,
qui, dés qu'elle l'eust veu, le voulut avoir pour luy porter la
queue. C'est ainsi qu'il quitta cette spirituelle maistresse sans luy dire adieu. Elle eut grand regret de n'a-
voir pas pris de luy un répondant, parce qu'elle luy auroit fait payer la valeur de certains vers que ce petit
voleur luy avoit emportez; dont elle n'avoit point
gardé de coppie. Quant à la nouvelle maistresse, il en
fut tellement chery, qu'elle chercha toutes les inventions
imaginables pour le rendre leste et propre. Elle luy fit
faire de certaines trousses[2] avec lesquelles les peintres,

[1] Qui portent livrée.
[2] Espèce de haut-de-chausses que portaient autrefois les pages.

qui font scrupule de le peindre tout nud, le dépeignent
ɛncore aujourd'huy. Quelque reputatioǹ qu'il eust d'estre dangereux, ce n'estoit rien au pris des malices qu'il
fit depuis qu'il fut chargé de ce pestilent habit. Archelaïde[1] (tel estoit le nom de cette dame) estoit une femme
parfaitement accomplie, car, outre qu'elle possédoit les
beautez dont se vantent les personnes les mieux faites,
sa naissance luy donnoit encore un certain air majes-
tueux, qui luy faisoit avoir un grand avantage sur celles qui l'auroient peû égaler par la richesse de leur
taille. L'encens et les adorations estoient des tributs
legitimes qu'on payoit volontairement à son merite.
L'Amour, qui avoit esté nourry dans un lieu où on reçoit
continuellement de pareils presens, s'imaginoit presque
déjà revoir sa patrie, et il se plut merveilleusement en
cette cour, quoy qu'il y fust inconnu et travesty. Il estoit bien aise de voir le profond respect que plusieurs
illustres personnes rendoient à la divinité visible qu'il
ne dédaignoit pas de servir. Mais apres y avoir esté
quelque temps, une chose le choqua fort : c'est qu'il
pretend que dans tous les lieux où il séjourne, il doit
trouver quelque égalité et quelque douce intelligence.
Il n'en vid icy aucune : tous ceux qui approchoient
d'Archelaïde n'osoient lever les yeux sur elle, non pas
mesme pour l'admirer, et sa fierté naturelle leur ostoit
toute la hardiesse que leur merite leur auroit pû donner
legitimement. Ce fut la principale raison qui fit conce-

---

[1] On ne sait quelle grande dame est ici visée par Furetière.

voir à l'Amour le dessein d'assaillir ce rocher, qui portoit son orgueil jusques dans les nues, car sa genero-
sité l'excite à faire d'illustres conquestes et à dompter
les cœurs les plus rebelles. Cependant, comme un ruzé
capitaine, devant que de dresser sa batterie contre le
lieu qu'il avoit resolu d'attaquer, il voulut luy-mesme
aller reconnoistre la place. La subtilité de sa nature divine luy fournit de grandes facilitez pour cela, car elle
luy donne droit d'entrer quand il luy plaist dans le plus
profond des cœurs, et d'y voir tout ce qui s'y passe de
plus secret. Il fut bien surpris, quand il visita celuy
d'Archelaïde, de voir que la nature avoit déja fait ce
qu'il avoit dessein de faire. Elle avoit si bien disposé
les matieres, qu'une petite étincelle qui tomba de son
flambeau y causa un embrasement capable d'y réduire
tout en cendre. Il voulut aussi-tost reparer le mal qu'il
avoit fait, et le plus prompt remede qu'il y apporta, ce
fut de decocher de nouvelles flesches sur ceux qui approchoient d'Archelaïde, afin qu'ils vinssent en foule
luy apporter du secours et dequoy éteindre ses flammes.
Il y eut aussi-tost toutes sortes de gens de qualité, d'esprit et de bonne mine, qui luy vinrent offrir leur service; mais ce fut tousjours avec des respects et des sou-
missions qui ne sont pas imaginables. Quelque ardeur
que l'amour inspire dans les cœurs dont il est le maistre, il n'y en avoit point entr'eux de si temeraire qui
osast luy faire une declaration d'amour, ny lascher la
moindre parolle de douceur ou de tendres-e. C'estentoi

des muets qui n'osoient pas mesme parler des yeux,
et qui estouffoient tellement leurs soupirs que l'oreille
la plus subtile ne s'en pouvoit pas appercevoir. Ils estoient préoccupez de cette maxime, tenue pour heretique
dans les escoles d'amour, qu'auprès des dames de qualité il faut attendre leurs faveurs, au lieu qu'on les peut
demander aux autres. Mais ces malheureux avoient tout
loisir de languir dans une pareille attente. Archelaïde
estoit si jalouse du soin de son honneur, et la fierté luy
estoit si naturelle, qu'elle auroit mieux aymé perir
mille fois, que d'en relascher le moins du monde. Elle
croyoit qu'il luy seroit honteux d'abaisser ses regars sur
des gens au dessous d'elle, qu'elle se seroit par ce
moyen esgalez en quelque façon ; que cela les pourroit
enfler de vanité, et leur feroit perdre la discretion, ce
qui seroit la ruine de sa reputation et de sa vertu. C'est
pourquoy elle ne voulut point prendre ce secours es-
tranger, et elle mit à sa porte un gros Suisse vigoureux,
qui empeschoit tous les gens de dehors de venir piller
ce tresor de vertu et d'honneur, qu'elle luy laissa en
garde. Mais par mal-heur il n'y avoit personne pour
garder le Suisse, qu'elle appeloit quelquefois à son secours dans une pressante necessité, pour chasser les
ennuys secrets que luy causoit la solitude. Le petit espion domestique qu'elle avoit, et à qui rien de ce qui se
fait contre l'honneur n'est caché, descouvrit un jour le
secret de cette adventure. Ce fut alors que, pour luy
faire honte, il se descouvrit à elle avec toutes les beau-

tez qui donnerent assez de curiosité à Psyché pour l'es-
chauder. Il luy fit mille reproches sanglans du tort
qu'elle se faisoit, et à tout l'empire de l'Amour, de douter de la discretion de tant d'honnestes gens qui mour-
roient pour elle, et de vouloir confier son honneur à la
crainte servile d'un rustre. Il luy fit voir qu'elle ne
meritoit pas de jouir des joyes delicates qui se trouvent
dans cette belle passion, et en un mot il luy dit que,
pour se vanger d'elle, il l'alloit quitter, et publier partout son adventure; il jura en mesme temps par son
flambeau que, puisque l'Honneur luy avoit joüé cette
piece, il luy en joueroit une autre; qu'il seroit d'oresnavant son ennemy declaré, et qu'il luy donneroit la
chasse en tous les lieux où il le pourroit rencontrer.
Archelaïde, qui crut que cette apparition estoit un songe,
frotta ses yeux pour s'esveiller, comme si elle eust
dormy, et ne trouvant que son page à la place du dieu
qu'elle avoit crû voir, elle luy fit une querelle d'Allemand, et appela son escuyer pour luy faire donner le
fouet. Mais l'Amour et le page s'esvanouirent à ses yeux;
ainsi, voyant que la menace qu'il avoit fait de la quitter
estoit vraye, elle ne douta plus de la verité de l'apparition. Elle en profita si bien, qu'ayant honte de sa faute,
elle quitta le monde et se retira en une affreuse solitude,
loin des palais et des Suisses, où elle a vescu depuis dans
une grande modestie et retenuë.

Quoy que l'Amour fut indigné d'avoir reçu cet affront,
il ne voulut pas quitter de si-tost la terre, où il crut

qu'il y avoit encore pour luy quelque chose à apprendre.
Il entra au service d'une femme nommée Polyphile[1], qui
avoit de l'esprit et de la beauté passablement. Dés les
premiers jours qu'il fut avec elle, pour faire le bon
valet, il lui acquit avec ses armes ordinaires grand
nombre de serviteurs et de souspirans. C'étoit ce qui
flattoit le plus le génie de sa maistresse ; bien que
dans le monde elle passast pour prude, elle ne laissoit
pas d'escouter volontiers les plaintes de ceux qui
souffroient pour elle ; en un mot, elle estoit de ces
femmes qu'on peut nommer prudo-coquettes, dont la
race s'est si bien multipliée qu'on ne rencontre
aujourd'huy presque autre chose. Il n'eut jamais tant à
souffrir que sous cette derniere maistresse. Elle l'ha-
billa d'abord fort proprement ; elle lui donna un habit
et une calle[2] bien gallonnée et passementée avec une
garniture de rubans de trois couleurs, et, pour son nom
de guerre, elle l'appela Gris de lin. Sa principale passion
estoit la magnificence des habits, et sa propreté alloit
dans l'excés ; elle n'avoit jamais souhaité d'avoir un
esprit inventif que pour trouver de nouvelles modes et
de nouveaux adjustemens. C'est ce qui aidoit merveilleusement à donner du lustre à sa beauté mediocre. A tout
prendre, elle avoit un certain air joly et affeté, certains
agrémens et mignardises qui la rendoient la personne du
monde la plus engageante. Avec cela son plus puissant

---

[1] Sans doute Ninon.
[2] V. la note de la page 57.

charme estoit une civilité et une complaisance extraordinaire pour les nouveaux venus, qu'elle redoubloit souvent pour retenir ceux qui commençoient de s'esloigner d'elle. D'autre costé, elle faisoit paroistre une grande severité pour ceux qu'elle avoit bien engagez, et qu'elle ne croyoit pas pouvoir sortir de ses liens. Jamais femme ne fut plus avide de cœurs. Il n'y en avoit point qui ne lui fust propre ; le blondin et le brunet, le spirituel et le stupide, le courtisan et le bourgeois, lui estoient esgalement bons; c'estoit assez qu'elle fist une nouvelle conqueste. Son plus grand plaisir estoit d'enlever un amant à la meilleure de ses amies, et son plus grand dépit estoit de perdre le moindre des siens. Ce n'est pas qu'elle ne fist bien de la différence entre ses cajoleurs : ce fut elle qui s'advisa d'en mettre entre les gens de cour et les gens de ville ; ce fut elle qui donna la preference aux plumes[1], aux dentelles et aux grands canons[2], sur ceux qui portoient le linge uny et les habits de moëre-lice[3]. Elle avoit une estime particuliere pour les belles garnitures et pour les testes fraischement peignées, et, nonobstant cela, elle ne laissoit pas de faire bon accueil aux bourgeois qui luy prestoient des romans et des livres nouveaux. Le riche brutal qui lui donnoit la musique et la comedie estoit aussi le bien

[1] C'est-à-dire aux hommes de qualité qui portaient des plumes au chapeau et des canons.

[2] V. p. 13, note 1.

[3] Sorte de moire.

venu. Mesme pour avoir plus de chalandise, elle avoit
certains jours de la sepmaine destinés à recevoir le
monde dans son alcove[1], de la même façon qu'il y en a
pour les marchands dans les places publiques. Le dieu
servant, qui vouloit faire la cour à sa maistresse, lui
rendit de bons offices, car, comme il a esté dit, il lui fit
faire force conquestes. Jamais il n'eut plus belle occasion
de s'exercer à tirer : il ne faut pas s'estonner si maintenant il sçait tirer droit au cœur; autrement il faudroit
qu'il fust bien maladroit de n'estre pas devenu bon tireur
apres avoir fait un si bel apprentissage. Tous les blessez
venoient aussi-tost demander à Polyphile quelque remede à leurs maux; et par de douces faveurs elle leur
faisoit esperer guerison. Mais elle les traitoit à la manière
de ces dangereux chirurgiens qui, lors qu'ils pensent[2]
une petite playe avec leurs ferrements[3] et poudres caus-
tiques, la rendent grande et dangereuse. C'est ainsi
qu'avec de feintes caresses elle jettoit de l'huile sur le
feu et envenimoit ce qu'elle faisoit semblant de guerir.
Ce n'est pas que d'autre costé l'Amour, pour les soula-
ger, ne décochast plusieurs flesches contre le cœur de
Polyphile qui y firent des blessures en assez grand
nombre. Il fut bien surpris de voir que la pluspart ne
faisoient qu'effleurer la peau, et que, s'il y faisoit quelquefois des playes profondes, elles estoient gueries dés le

---

[1] Chambre à coucher. V. *Ruelles*, p. 47.
[2] Pansent.
[3] Instruments, outils en fer.

lendemain, et refermées comme si on y eust mis de la poudre de sympathie[1]. Ce fut bien pis quand il recònnut que Polyphile, ne se contentant pas des beautez que le ciel lui avoit données en partage, en recherchoit encore d'empruntées. Il' n'avoit point encore connu jusqu'alors le déguisement et l'artifice; il s'estonna beaucoup de voir du fard, des pommades, des mouches et le tour de cheveux blonds. Jusque là qu'ayant veu le soir sa maistresse en cheveux noirs, il la mesconnut le lendemain quand il la vit blonde; et, lui voyant le visage couvert de mousches, il crut que c'estoit pour cacher quelques bourgeons ou esgratignures. Mais l'Amour n'eut pas esté long-temps à cette escole qu'il apprit à se déniaiser tout à fait et à devenir malicieux au dernier point. Ce n'estoit plus le dieu qui inspiroit la dame, c'estoit la dame qui inspiroit le dieu et qui le fit devenir coquet; ce fut là qu'il estudia toutes les méchancetez qu'il a sceu depuis, qu'il apprit à estre traistre, parjure et infidelle, au lieu qu'auparavant il agissoit de bonne foy et ne parloit que du cœur. Il devint malin et fantasque de telle sorte qu'on ne sceut plus de quelle maniere le gouverner. Ce n'estoit plus le temps qu'on l'amusoit avec des dragées et du pain d'espice : il luy falloit des perdreaux et des ragousts. On ne luy presentoit plus des hochets et des poupées;

1 Allusion à la panacée de sir Kenelm Digby (1603-1655). Cette poudre se composait, paraît-il, de sulfate de fer pulvérisé et de gomme arabique. L'ouvrage de Digby: *De la guérison des blessures par la poudre de sympathie* a été publié en 1658 et souvent réimprimé.

il luy falloit des bijoux pleins de diamans et des pla-
ques de vermeil doré. Enfin il n'y eut rien de plus corrompu et cette maison estoit un escueil dangereux
pour les libertez et pour les fortunes de ceux qui s'en
approchoient. Cependant, sous pretexte de quelques
adresses que Polyphile apportoit à cacher son jeu, à
la faveur desquelles elle passoit pour femme d'honneur, elle exerçoit toutes les tyrannies et les pilleries
imaginables. Cette façon de vivre dura quelque temps,
et comme il paroissoit toûjours de nouvelles duppes
sur les rangs, c'estoit le moyen de ne s'ennuyer jamais
et de trouver toûjours de nouveaux divertissemens. Le
bal et la danse plaisoient sur tous les autres à Polyphile, comme ils plaisent encore aujourd'huy à toutes
les coquettes de sa sorte, qui ont pour cela tant d'empressement qu'on peut dire que si la harpe a guery
autrefois des possedez, le violon fait aujourd'huy des
demoniaques. Elle s'y engagea mesme si avant, que
malgré son esprit inconstant sa liberté y fit entièrement
naufrage. Elle devint esperduement amoureuse d'un
baladin[1]. La laideur et la mauvaise mine de cet homme
vray-semblablement lui devoient faire perdre le goust
qu'elle prenoit à luy voir remuer les pieds bien legerement. Cependant ce fut luy qui se mit en possession du
cœur, tandis que plusieurs honnestes-gens qui avoient
l'advantage de l'esprit, de la beauté et de la noblesse,

---

1 « Ce baladin, dit M. E. Colombey, nous donne la certi-
tude que Polyphile n'est autre que Ninon. On sait qu'elle
fit du danseur Pécourt son valet de cœur, dans le temps
qu'elle rebutait le duc de Choiseul. Seulement Furetière a
fait de Ninon un portrait de fantaisie. »

furent amusez avec du babil et autres vaines faveurs.
L'Amour fut tellement en colere contre cette injustice,
qu'il chercha dans son carquois une de ces flesches em-
poisonnées dont il se servoit autrefois pour faire des
metamorphoses, et la décocha sur le violon[1] chery de
Polyphile. La legereté de ses pieds ne luy servit de rien
pour l'éviter, et par la vertu de la flesche, de baladin
qu'il estoit il fut metamorphosé en singe, qui conserva,
avec un peu de sa premiere forme, toute sa laideur et
son agilité. Ce singe vint depuis au pouvoir d'un baste-
leur qui le nomma Fagotin[2], et qui surprit merveilleusement un grand nombre de badauts de le voir dancer
sur la corde, car ils ne se doutoient nullement qu'il eust
appris ce mestier durant qu'il estoit homme, amoureux
et violon.

L'Amour, apres ce beau coup, ne crut pas qu'il fust
seur pour lui de demeurer chez sa maistresse; c'est
pourquoi il quitta encor celle-cy sans luy dire adieu,
et il ne fut pas long-temps sans trouver condition.
Poléone trouva que c'estoit son fait, en consideration

1 Violon se disait pour violoniste et, par extension, pour
baladin.

2 Fagotin était le singe de Brioché, le montreur de ma-
rionnettes de la porte de Nesle. La Fontaine parle de son
adresse dans sa fable de la *Cour du Lion*. Molière l'a également cité dans le *Tartufe* (acte II, scène IV): La fin de ce
singe fut dramatique. « Un jour, dit M. Ed. Fournier, ayant
eu l'imprudence de faire une trop laide grimace au nez de
Cyrano, le grand bretteur, qui le prit pour un laquais mi-
nuscule, l'abattit d'un coup d'épée; c'est ce que nous apprend une facétie publiée vers 1655, sous ce titre: *Combat
de Cirano de Bergerac contre le singe de Brioché.* »

particulierement de ce qu'il avoit un habit neuf et qu'il
ne luy falloit rien dépenser de longtemps pour l'ajuster.
Il la servit volontiers, quoy que ce ne fust qu'une marchande, parce qu'il luy vit une mine fort bourgeoise et
fort éloignée de cette coquetterie de laquelle il avoit
esté auparavant si fatigué. L'exquise beauté de cette
femme reparoit le deffaut de cet air un peu niais qu'elle
faisoit paroistre, et couvroit cette grande ignorance
qu'elle avoit en toutes choses, hormis en l'art de sçavoir
priser et vendre sa marchandise. L'Amour mesme oublia
pendant quelque temps qu'il avoit esté page et laquais,
et, empruntant un peu de l'humeur du courtaud, vescut
en assez honneste garçon. Mais un peu apres, il mit la
main aux armes dont il se sçait si bien escrimer, et il fit
plusieurs plaies dans les cœurs de ceux que la beauté
de sa maîtresse attiroit à sa boutique. Ces amans
avoient beau l'accabler de douceurs, de tendresses et de
fleurettes, c'estoit autant de chasses mortes[1]; à tout
cela elle faisoit la sourde oreille, ou plûtost une surdité
d'esprit l'empeschoit d'y répondre. Le petit dieu n'es-
pargnoit pas aussi le cœur de Poléone; mais il ne la
pût jamais blesser tant qu'il se servit de ses flesches à
pointes d'acier. Il en trouva un jour qui estoient pre-
parées pour une solemnelle mascarade, qui avoient un
bout d'argent, dont il vit un effet merveilleux sur ce
cœur impenetrable à tous autres coups. Il fit naistre en
son ame deux passions à la fois, celle de l'amour et celle

1 Chasses nulles peines perdues.

de l'interest, encor qu'on puisse dire que celle-cy
y regnoit auparavant, et qu'elle y fut seulement ralu-
mée pour servir à l'autre; car il est vray qu'encore
que Poléone fut amoureuse, on ne pouvoit dire que ce
fut de Celadon, d'Hylas ou de Sylvandre[1], mais que
c'estoit de l'homme en general. Ce fut alors que plusieurs marchands qui venoient achepter la marchandise
acheptoient en mesme temps la marchande; ainsi ce fut
la premiere qui fut assez heureuse pour joindre ensemble le gain et la volupté. Comme les petits enfans
sont les singes des grandes personnes, le petit Amour,
qui vouloit imiter sa maistresse, prit bien-tost ses
inclinations. Luy qui n'avoit jamais manié d'argent que
pour achepter quelques bagatelles, il avoit toûjours les
yeux attachez sur le contoir, et il disoit qu'il prenoit
plus de plaisir à voir les pieces d'or que celles d'argent.
Ensuite, parce qu'il oüit sa maîtresse se plaindre d'estre souvent trompée, et que, s'il y avoit une pistolle
rognée ou un louis faux, c'estoit ce qu'on luy mettoit
dans la main, il apprit à son exemple à faire sonner les
louis et à peser les pistolles, et pour cet effet il jetta la
moitié des flesches de son carquois pour y trouver la
place d'un trebuchet. Une fille de chambre, qui estoit
sa confidente, luy apprit comme les entremetteurs
partageoient le gain provenant de ce commerce; en
peu de temps il y fut fort affriolé, jusques là qu'il ne se
voulut plus servir que de flesches argentées et dorées,

1 Personnages de divers romans de l'époque.

avec lesquelles il ne manquoit jamais son coup. C'est
ainsi que l'amour mercenaire est tellement venu à la
mode, que, depuis la duchesse jusques à la soubrette,
on fait l'amour à prix d'argent, de sorte que désormais
l'on peut icy appliquer le proverbe qu'on avoit autres-
fois inventé pour les Suisses, et dire : Point d'argent
point de femmes[1]. C'est ainsi que de gros milords[2], des
pansars[3] et des mustaphas[4] cajollent aujourd'huy, dans
des alcoves magnifiques et sur des carreaux en broderie
des *blondelettes, blanchelettes, mignardelettes*[5], ou, pour
ne parler point Ronsard Vendosmois, des beautez blon-
des, blanches et mignardes, cependant que des galands
qui ne sont riches qu'en esprit et en bonne mine sont
reduits à chercher la demoiselle suivante, et quelquefois la fille de chambre et la cuisinière, pour prendre
leur repas amoureux à juste prix. Ce fut alors que les
sonnets, les madrigaux et les billets galands furent descriez comme vieille monnoye, et qu'on donna quatre
douzaines de rondeaux redoublez pour un double louis.
Cependant cette nouvelle maniere d'agir faisoit que

1 Parodie du proverbe : *Point d'argent, point de Suisse.*

2 M. Jannet définit ici *milord*, homme gros et lourd ; nous
pensons que ce mot est plutôt employé pour homme très
riche, grand seigneur, et la citation suivante vient à l'appui
de notre opinion :

« Ce mot *milord* ne peut être trouvé estrange aux François, pour ce que, déjà longtemps a, on a accoustumé de
dire par joyeuseté un *gros milord*, en signifiant un grand
seigneur. H. Estienne (dans Littré).

3 Pansus.

4 Joufflus.

5 Diminutifs employés par Ronsard et son école.

plusieurs s'en trouvoient mauvais marchands, car, au lieu qu'auparavant avec les monnoyes spirituelles les galands acheptoient l'ame et l'affection des personnes, les brutaux avec des especes materielles n'en acheptoient plus que le corps et la chair, et ils faisoient le mesme commerce que s'ils eussent esté trafiquer dans le marché aux cochons; encore en celuy-cy auroient-ils eu l'advantage d'y trouver certains officiers du Roy, nommez langueyeurs[1], qui leur auroient respondu de la santé de la beste, au lieu que, par un grand malheur, cette police ne s'est pas encore estendue jusques aux marchez d'amour, où neantmoins elle seroit bien plus necessaire. Enfin le ciel vangeur se mit en devoir de punir ce honteux trafic. Ce fut Bacchus, devenu le grand ennemy des femmes depuis qu'il avoit abandonné Ariane pour ne faire plus l'amour qu'au flacon, qui fit venir une certaine peste du pays des Indes[2], qu'il avoit conquis, pour infecter toute cette maudite engeance qui avoit introduit dans le monde l'amour mercenaire. Elle s'espandit partout en fort peu de temps avec une telle fureur, qu'il n'y eut personne de ceux qui estoient complices de cette corruption d'amour qui eschapast à cette juste punition de son crime. Le pauvre Cupidon, tout Dieu qu'il estoit, en eust sa part comme les autres, car en beuvant et en mangeant les restes de sa maistresse

1 C'étaient les inspecteurs du marché.
2 De l'Amérique. On sait que, suivant une opinion encore très répandue, la maladie dont il s'agit vient de l'Amérique.

(comme sa qualité de valet l'y obligeoit) il huma un peu
de ce dangereux venin, qui, s'insinuant peu à peu dans
ses veines, le rendit tout vilain et bourgeonné. Sa mere
Venus, estant en peine de luy depuis long-temps, resolut de l'aller chercher par mer et par terre. Pour ce
dessein elle envoya dans son colombier, qui est son
escurie, prendre deux pigeons de carosse, qu'elle fit
atteler à son char, avec lesquels (les poëtes sont guarens
de cette vérité) elle fendit les airs d'une très grande
vitesse, et elle arriva enfin en Suede, où elle trouva son
fils parmy un grand nombre de devots qu'elle commençoit d'avoir en ce pays là. Elle eut de la peine à le
reconnoistre, tant à cause qu'il n'avoit plus les marques
de sa domination, que parce qu'il estoit estrangement
défiguré. Elle courut à lui, et l'embrassant avec une
tendresse de mere, pour le flatter comme autrefois, luy
voulut donner un cornet de muscadins[1], mais il se mocqua bien d'elle : il luy montra de pleines gibecières d'or
et d'argent, et luy fit voir qu'il avoit amassé de grands
tresors. En effet, il n'y auroit pas une plus belle fortune
à souhaiter que de partager tout l'argent qui est dans le
commerce d'Amour. Apres lui avoir fait le recit de
toutes ses advantures, il ne pût luy celer le malheureux
estat où il estoit reduit, dont aussi bien la déesse
s'appercevoit, ayant desja bien eu des vœux de cette
nature. Elle le mena aussitost à Esculape, à qui elle fit
des prieres tres-instantes de le guerir; mais il n'en pût

---

[1] Pastilles dans lesquelles il entre du musc.

venir à bout tout seul : il eut beau envoyer querir des
medicamens exquis jusques au pays des Indes, d'où le
mal estoit venu, il falut qu'il appellast à son secours
une autre divinité. Mercure enfin entreprit cette cure
et le guérit, non sans le faire beaucoup endurer, pour se
vanger de luy en quelque sorte pour les peines qu'il luy
avoit données à l'occasion des messages de Jupiter à ses
maistresses. Dés qu'il se porta bien, la déesse le ramena
en sa maison, où depuis elle l'a retenu un peu de court,
et a veillé plus exactement sur sa conduite. Il est vray
qu'il a esté beaucoup plus sage qu'auparavant, et que
pour le corriger il ne luy a plus fallu monstrer des
verges, mais le menacer de Mercure; c'est ce qui a eu
plus de pouvoir sur luy que toutes les remonstrances
que ceux qui avoient entrepris de le corriger luy
auroient peû faire. Il a depuis tousjours hay au dernier
point toutes les affections mercenaires; il a juré hautement, par son bandeau et par sa trousse, qu'il n'en seroit
jamais l'entremetteur, et que, bien loin d'y fournir ses
flesches, il en retireroit entierement ses faveurs si-tost
qu'on y mesleroit de l'argent et des presens. C'est aux
seuls amans tendres et passionnez qu'il a reservé son
secours, et à ces ames nobles et espurées qui aiment
seulement la beauté, l'esprit et la vertu, toutes trois
originaires du ciel. Tous les autres qui ont des desirs
brutaux et interessez, il les abandonne à leurs remords
et à leurs supplices; il les desadvoue et ne les veut
plus reconnoistre pour les sujets de son empire.

SUITE DE L'HISTOIRE DE JAVOTTE.

QUAND cette lecture fut achevée, chacun y applaudit,
à la reserve de Charroselles, qui ne trouvoit rien de bon
que ce qu'il faisoit. Il auroit peû mesme estre secondé
d'Hyppolite, qui vouloit donner son jugement de tout à
tort ou à travers; mais comme il vid que l'examen de
cette piece, s'il s'y engageoit une fois, pourroit tirer en
longueur et empescher le dessein qu'il avoit d'en lire
aussi une autre de sa façon, il pria Angelique de lui
prester ce cahier pour en faire une coppie. Son dessein
estoit de la faire imprimer par un faiseur de Recueils,
et de faire passer à la faveur de cette pièce quelqu'une
des siennes pour le pardessus[1]. Angelique dit qu'elle
n'osoit pas prendre cette liberté, à cause que l'ouvrage
n'estoit pas à elle. « Je vous en donneray plustost un
des miens (dit Charroselles), et je m'en vais vous le
lire comme je vous l'ay promis. » A ce mot Phylalete,
ayant tressailly, se leva, et témoigna de s'en vouloir
aller. Angelique se leva aussy pour luy faire quelques
civilitez; le reste de la compagnie en fit de mesme, dont
Charroselles pensa enrager, voyant qu'on luy avoit
ainsi rompu son coup, car il se faisoit tard, et il luy
fut impossible de faire rasseoir personne. Il y eut en-

1 Pardessus le marché.

core quelques petits entretiens tout debout et separez,
et surtout entre Javotte et Pancrace, qui fit dessein dès-
lors de s'attacher tout à fait à elle. Comme il aimoit
bien autant le corps que l'esprit, il trouva sa beauté si
admirable, qu'elle luy osta le dégoust que d'autres en
auraient pû avoir, pour n'estre pas accompagnée d'esprit. Il se mit à luy dire plusieurs fleurettes; mais elle
sousrioit à toutes, et ne répondit à pas une, si ce n'est
quand il luy dit, avec un grand serment, qu'il estoit
son serviteur, et qu'il la prioit de le croire.

Elle luy répondit aussi-tost naïfvement : « Ha!
Monsieur, ne me dites point cela, je vous prie; il n'y a
encore que deux personnes qui m'ont dit qu'ils sont
mes serviteurs, qui me déplaisent fort, et que je hay
mortellement; vous avez trop bonne mine pour faire
comme eux. — Comment! Mademoiselle (repliqua-t'il),
c'est peut-estre que vous avez eu quelques amans qui
ont manqué de respect pour vous, et qui vous ont fait
quelque declaration d'amour trop hardie. — Point du
tout, Monsieur (reprit Javotte), ils ne l'ont dit qu'à
mon papa et à maman, et chacun de son costé m'asseure que je luy suis promise en mariage; mais je ne
sçais ce qu'ils m'ont fait, je ne les sçaurois souffrir.

— Si vous avez eu jusqu'à present des serviteurs si
desagreables (dit le gentilhomme), ce n'est pas à dire
que tous les autres leur ressemblent; au contraire,
puisque ceux-là ne vous sont pas propres, il en faut
chercher de plus accomplis. — Je ne veux point de ser-

viteurs (dit Javotte); aussi bien, quand j'en aurois, je
ne sçaurois quoy leur dire ny qu'en faire. — Quoy!
(reprit Pancrace) est-ce qu'on ne pourroit pas trouver
quelque occasion de vous rendre service?— Non (luy
dit Javotte); pourtant vous me feriez bien un plaisir si
vous vouliez; mais je n'oserois vous le demander, car
vous ne le voudriez peut-estre pas! — Comment!
Mademoiselle (reprit-il en eslevant un peu sa voix), y
a-t'il au monde quelque chose assez difficile dont je ne
voulusse pas venir à bout pour l'amour de vous?
—Cela n'est pas trop mal-aisé (continua Javotte), et si
vous me voulez bien promettre de l'accomplir, je vous
le diray. — Je vous le promets (adjousta Pancrace fort
brusquement) et je vous le jure par tout ce qu'il y a au
monde que je respecte le plus; je souhaite mesme que
la chose soit bien difficile, afin que l'exécution soit une
plus forte preuve de la passion que j'ay de vous servir.
— Apres cette asseurance (reprit Javotte), je vous avouë
que, vous ayant oüy dire tantost tant de belles choses, en
disputant avec ces demoiselles, je voudrois bien vous
prier de me prester le livre où vous avez pris tout ce
que vous avez dit : car j'avouë ingenuëment que je
suis honteuse de ne point parler, et cependant je ne
sçay que dire; je voudroys bien avoir le secret de ces
demoiselles, qui causent si bien; si j'avois trouvé leur
livre où tout cela est, je l'estudierois tant que je cause-
rois plus qu'elles. » Pancrace fut surpris de cette
grande naïfveté, et luy dit qu'il n'y avoit pas un livre

où tout ce qu'on disoit dans les conversations fust escrit; que chacun discouroit selon le sujet qui se presentoit, et selon les pensées qui lui venoient dans l'esprit.
— Ha! je me doutois bien (luy dit Javotte) que vous
feriez le secret, comme si je ne sçavois pas bien le contraire. Quand maman parle de mademoiselle Philippotte,
qui a tant parlé aujourd'huy, elle dit que c'est une fille
qui a tousjours un livre à la main; qu'elle a estudié
comme un docteur, mais qu'elle ne sçait pas ficher un
point d'aiguille; que je me donne bien de garde de
l'imiter, et qu'un garçon à marier qui prendroit son
conseil ne voudroit point d'elle; mais elle a beau dire, si
j'avois attrappé son livre, je l'apprendrois tout par cœur.

Pancrace, qui reconnut que c'estoit une fille qui vouloit se mettre à la lecture, et qui avoit esté eslevée jusqu'alors dans l'ignorance, crut trouver une belle occasion de luy rendre de petits services, en luy envoyant
des livres. Ainsi il commença de luy applaudir, et demeura aucunement[1] d'accord qu'on tiroit des livres
beaucoup de choses qui se disoient dans les conversations; que, quoy qu'elles n'y fussent pas mot à mot, les
livres ouvroient l'esprit et le remplissoient de plusieurs
idées qui luy fournissoient des matieres pour'bien discourir. Il luy promit donc de luy en envoyer dés le soir,
et la pria de croire qu'il n'y avoit point de si violente
passion que celle qu'il avoit pour elle. Comme il achevoit cette protestation, Laurence, qui avoit amené

1 Jusqu'à un certain point.

Javotte, la vint advertir qu'il estoit temps de s'en retourner, et qu'on seroit en peine d'elle à la maison, de sorte qu'avec une profonde reverence, elle prit congé de la compagnie, à laquelle sa beauté et son ingenuité ayant servi quelque temps d'entretien, le reste se separa.

Javotte, estant arrivée au logis, ne se pouvoit taire du plaisir qu'elle avoit eu de voir ce beau monde, et d'entendre tant de belles choses; elle donna ordre à la servante, qui avoit esté sa nourrice, et sa confidente par consequent, de recevoir les livres qu'on lui envoieroit, et de les cacher dans la paillasse de son lit, de peur que l'on ne les trouvast dans son coffre, où sa mere fouilloit quelquefois. Les livres arriverent bien-tost apres (c'estoient les cinq tomes de l'Astrée, que Pancrace luy envoyoit). Elle courut à sa châmbre, s'enferma au verroüil, et se mit à lire jour et nuit avec tant d'ardeur qu'elle en perdoit le boire et le manger. Et quand on vouloit la faire travailler à sa besogne ordinaire, elle feignoit qu'elle estoit malade; disant qu'elle n'avoit point dormy toute la nuit, et elle monstroit des yeux battus, qui le pouvoient bien estre en effet, à cause de son assiduité à la lecture. En peu de temps elle y profita beaucoup, et il luy arriva une assez plaisante chose.

Comme il nous est fort naturel, quand on nous parle d'un homme inconnu, fut-il fabuleux, de nous en figurer au hazard une idée en nostre esprit qui se rapporte en quelque façon à celle de quelqu'un que nous

connoissons, ainsi Javotte, en songeant à Celadon, qui
estoit le heros de son roman, se le figura de la mesme
taille et tel que Pancrace, qui estoit celuy qui luy plaisoit le plus de tous ceux qu'elle connoissoit. Et comme
Astrée y estoit aussi dépeinte parfaitement belle, elle
crût en mesme temps luy ressembler, car une fille ne
manque jamais de vanité sur cet article. De sorte qu'elle
prenoit tout ce que Celadon disoit à Astrée comme si
Pancrace le luy eust dit en propre personne, et tout ce
qu'Astrée disoit à Celadon, elle s'imaginoit le dire à
Pancrace. Ainsi il estoit fort heureux, sans le sçavoir,
d'avoir un si galand solliciteur qui faisoit l'amour pour
luy en son absence, et qui travailla si advantageuse-
ment, que Javotte y but insensiblement ce poison qui
la rendit éperduëment amoureuse de luy. Et certes on
ne doit point trouver cette avanture trop surprenante,
veu qu'il arrive souvent aux personnes qui ont esté
eslevées en secret, et avec une trop grande retenue, que
si-tost qu'elles entrent dans le monde, et se trouvent en
la compagnie des hommes, elles conçoivent de l'amour
pour le premier homme de bonne mine qui leur en
vient conter. Comme les deux sexes sont nez l'un pour
l'autre, ils ont une grande inclination à s'approcher, et
il en est comme d'un ressort qu'on a mis en un estat
violent, qui se rejoint avec un plus grand effort, quand
il a esté lâché. Il faut les gouverner avec ce doux tem-
perament, qu'ils s'accoustument à se voir et qu'ils s'ap-
privoisent ensemble, mais qu'il y ait cependant quelque

œil surveillant, qui par son respect y fasse conserver la
pudeur et en bannisse la licence.

Il arrive la mesme chose pour la lecture : si elle a esté
interdite à une fille curieuse, elle s'y jettera à corps
perdu, et ce sera d'autant plus en danger que, prenant
les livres sans choix et sans discretion, elle en pourra
trouver quelqu'un qui d'abord lui corrompra l'esprit.
Tel entre ceux-là est l'Astrée : plus il exprime naturellement les passions amoureuses, et mieux elles s'insi-
nuent dans les jeunes ames, où il se glisse un venin
imperceptible, qui a gagné le cœur avant qu'on puisse
avoir pris du contre-poison. Ce n'est pas comme ces
autres romans où il n'y a que des amours de princes et
de palladins, qui, n'ayant rien de proportionné avec les
personnes du commun, ne les touchent point, et ne font
point naistre d'envie de les imiter.

Il ne faut donc pas s'estonner si Javotte, qui avoit
esté eslevée dans l'obscurité, et qui n'avoit point fait de
lecture qui luy eust pû former l'esprit ou l'accoustumer
au recit des passions amoureuses, tomba dans ce piege,
comme y tomberont infailliblement toutes celles qui
auront une education pareille. Elle ne pouvoit quitter
le roman dont elle estoit entestée que pour aller chez
Angelique. Elle ménageoit toutes les occasions de s'y
trouver, et prioit souvent ses voisines de la prendre en
y allant, et d'obtenir pour elle congé de sa mere. Pancrace y estoit aussi extraordinairement assidu, parce
qu'il ne pouvoit voir ailleurs sa maistresse. En peu de

jours il fut fort surpris de voir le progrés qu'elle avoit
fait à la lecture, et le changement qui estoit arrivé
dans son esprit. Elle n'estoit plus muette comme auparavant, elle commençoit à se mesler dans la conversation et à monstrer que sa naïfveté n'estoit pas tant un
effet de son peu d'esprit que du manque d'éducation,
et de n'avoir pas veu le grand monde.

Il fut encore plus estonné de voir que l'ouvrage qu'il
alloit commencer estoit bien advancé, quand il découvrit
qu'il estoit desja si bien dans son cœur : car quoy qu'elle
eust pris Astrée pour modele et qu'elle imitast toutes
ses actions et ses discours, qu'elle voulust mesme estre
aussi rigoureuse envers Pancrace que cette bergere l'estoit envers Celadon, neantmoins elle n'estoit pas encore
assez experimentée n'y assez adroite pour cacher tout à
fait ses sentimens. Pancrace les découvrit aisément,
et pour l'entretenir dans le style de son roman, il ne
laissa pas de feindre qu'il estoit malheureux, de se
plaindre de sa cruauté, et de faire toutes les grimaces et
les emportemens que font les amans passionnez qui
languissent, ce qui plaisoit infiniment à Javotte, qui
vouloit qu'on lui fist l'amour dans les formes et à la
maniere du livre qui l'avoit charmée. Aussi, dés qu'il
eut connu son foible, il en tira de grands avantages. Il
se mit luy-mesme à relire l'Astrée, et l'estudia si bien
qu'il contrefaisoit admirablement Celadon. Ce fut ce
nom qu'il prit pour son nom de roman, voyant qu'il
plaisoit à sa maistresse, et en même temps elle prit celuy

d'Astrée. Enfin ils imiterent si bien cette histoire, qu'il
sembla qu'ils la joüassent une seconde fois, si tant est
qu'elle ait esté joüée une premiere, à la réserve neantmoins de l'avanture d'Alexis, qu'ils ne purent executer.
Pancrace luy donna encore d'autres romans, qu'elle lût
avec la mesme avidité, et à force d'estudier nuit et jour,
elle profita tellement en peu de temps, qu'elle devint la
plus grande causeuse et la plus coquette fille du quartier.

Le pere et la mere de Javotte s'apperceurent bientost
du changement de sa vie, et s'estonnerent de voir combien elle avoit profité à hanter compagnie. Elle paroissoit mesme trop sçavante à leur gré; ils se plaignoient
déja qu'elle estoit gastée, et de peur de la laisser corrompre d'avantage, ils se resolurent de la marier dans
le carnaval. Le seul embarras où ils se trouvoient estoit
de bien balancer les deux partis qu'ils avoient en main.
Ils avoient de l'engagement avec le premier, mais le second estoit, comme j'ay dit, sans comparaison plus avantageux. La mere ne pouvoit souffrir Nicodeme depuis
l'avanture du miroir et du theorbe, et ne l'appeloit plus
que Brise-tout; le pere en estoit dégousté depuis l'opposition formée par Lucrece, quoy que cet amant crust
bien avoir racommodé son affaire par le dédommage-
ment qu'il avoit fait, et par la main-levée qu'il avoit
apportée. Il n'y avoit plus qu'à trouver une occasion
de rompre avec luy pour traiter avec Bedout. Sa sottise
en fit naistre une bien-tost apres, qui, bien que legere,
ne laissa pas d'estre prise aux cheveux.

Il vint un jour chez sa maîtresse fort eschauffé
fort gay, et, luy faisant voir quantité d'or dans ses poches, il luy dist qu'il estoit le plus heureux garçon du
monde, et qu'il venoit de gagner six cents pistolles à
trois dez. Monsieur et Madame Vollichon, avares de
leur naturel, réjoüis du seul éclat de cette belle monnoye, sans y faire autre reflexion, le louërent de son
bonheur, et peu s'en fallut qu'ils ne souhaittassent
de l'avoir desja marié avec leur fille, puisqu'il faisoit si
facilement fortune. Mais un oncle de Javotte, qui estoit un ecclesiastique sage et judicieux, leur remonstra
que, s'il avoit gagné ce jour-là six cens pistolles, la
fortune se pouvoit changer le lendemain, et lui en faire
perdre mille ; qu'il ne falloit point mettre en leur alliance un joueur, qui pouvoit en un moment perdre
tout le mariage de leur fille, et qu'enfin ceux qui s'a-
donnent au jeu ne sont point attachez au soin de leur
famille et de leur profession ; qu'au reste, s'ils vouloient
rompre avec luy, il n'en falloit point laisser eschapper une
si belle occasion. Pour surcroist de mal-heur, Villeflatin, rencontrant le lendemain Vollichon, luy demanda
comment alloit l'affaire du mariage de sa fille ; et sans
attendre sa réponse, il luy dit : « Hé bien, nous avons
tiré des plumes de nostre oison (parlant de Nicodeme) ;
j'en ay fait avoir à Mademoiselle Lucrece de bons dommages et interests, comme je l'avois entrepris : quand
je me mesle d'une affaire pour mes amis, elle réussit.»
En suite il luy raconta le succés de l'opposition qu'il

avoit formée, et comme il en avoit fait toucher deux
mille escus à sa partie, par la seule peur qu'avoit eu
Nicodeme d'en estre poursuivy. Vollichon crut qu'il y
avoit de la part de cet estourdy ou grande débauche
ou grande profusion, puisqu'il avoit acheté si cherement la paix de Lucrece, et il conceut le mal plus grand
qu'il n'estoit en effet. Cela le determina tout à fait à la
rupture, dont il donna dés le soir quelques témoignages
à Nicodeme, qui, nonobstant cela, vouloit encore tenir
bon. Il les fit ensuite confirmer par Javotte mesme, qui
luy fit de bon cœur une déclaration precise qu'elle ne
seroit jamais sa femme, et que, quand ses parens la
forceroient à l'espouser, elle ne pourroit jamais se resoudre à l'aimer ny à le souffrir. Il vid bien alors qu'il
ne pouvoit aller contre vent et marée; que s'il vouloit passer outre il ne gagneroit peut estre que des
cornes, et que s'il intentoit un procés l'issue en seroit
incertaine; qu'il pouvoit bien laisser Javotte dans l'engagement, mais qu'il y demeureroit en mesme temps
luy-mesme, et que cela l'empescheroit de chercher fortune et de se pourvoir ailleurs. Enfin, apres deux ou
trois jours d'irresolution, il prit conseil de ses amis, et
non point de son amour, qui s'esvanouit peu de temps
apres, car l'amour n'est pas opiniastre dans une teste
bourgeoise comme il l'est dans un cœur héroïque; l'at-
tachement et la rupture se font communément et avec
grande facilité; l'interest et le dessein de se marier
est ce qui regle leur passion. Il n'appartient qu'à ces

gens faineans et fabuleux d'avoir une fidelité à l'épreuve
des rigueurs, des absences et des années. Nicodeme re-
salut donc de rapporter les articles qui avoient esté signez, qui furent de part et d'autre déchirez ou bruslez.
Je n'ay pas esté bien precisément instruit de cette cir-
constance : peut-estre furent-ils l'un et l'autre, car ils
estoient encore en saison de parler auprés du feu. Il
prit congé neantmoins de bonne grace, et avec protestation de services dont on ne fit pas grand estat, et il eut
seulement le regret d'avoir perdu en mesme temps son
argent et ses peines auprés de deux maistresses diffé-
rentes. Le voilà donc libre pour aller fournir encore la
matiere de quelqu'autre histoire de mesme nature.
Mais je ne suis pas asseuré qu'il vienne encore paroistre
sur la scene : il faut maintenant qu'il fasse place à d'autres ; et, afin que vous n'en soyez pas estonnez, imaginez-vous qu'il soit icy tué, massacré, ou assassiné par
quelque avanture, comme il seroit facile de le faire à un
autheur peu consciencieux.

Si-tost que Vollichon eut rompu avec Nicodeme, il
songea à conclure promptement l'affaire avec Jean
Bedout. Il proposa des articles, sur lesquels il y eut bien
plus de contestation qu'au premier contract : car, quoy
que Nicodeme fust un grand sot, il ne laissoit pas d'estre
estimé habille homme dans le Palais, où ces qualitez ne
sont pas incompatibles. De sorte que, quoy qu'il n'eust
pas de si grands biens que son rival, on ne faisoit pas
tant de difficultez avec luy qu'avec Jean Bedout, qui

estoit beaucoup plus riche, mais incapable d'employ.
On vouloit que, par les avantages que celuy-cy feroit à
sa femme, il recompensast sa mauvaise mine et son peu
d'industrie. Luy, qui ne calculoit point sur ces principes, n'y trouvoit point du tout son compte; s'il eust
suivy son inclination ordinaire, il auroit voulu mar-
chander une femme comme il auroit fait une piece de
drap. Mais le petit messer Cupidon fut l'entremetteur
de cette affaire. Il l'avoit navré tout à bon, et en mesme
temps il l'avoit changé de telle sorte, que, comme il n'y
a point de telle liberalité que celle des avaricieux[1] quand
quelqu'autre passion les domine, il se laissa brider
comme on voulut, accordant plus qu'on ne luy avoit
demandé. Le jour est pris pour signer le contrat, les
amis mandez, et, qui pis est, la collation preparée. Les
articles sont accordez et signez d'abord du futur espoux.
Quand ce vint à Javotte à signer, le pere, qui avoit fait
son compte sur son obeïssance filiale, et qui ne lui avoit
point communiqué le détail de cette affaire, fut fort
surpris quand elle refusa de prendre la plume Il crût
d'abord qu'une honneste pudeur la retenoit, et que par
ceremonie elle ne vouloit pas signer devant[2] les autres.
Enfin, apres plusieurs remonstrances, l'ayant assez vivement pressée, elle répondit asssez galamment : Qu'elle
remercioit ses parens de la peine qu'ils avoient prise de
luy chercher un espoux, mais qu'ils devoient en laisser

le soin à ses yeux ; qu'ils estoient assez beaux pour
luy en attirer à choisir ; qu'elle avoit assez de merite
pour espouser un homme de qualité qui auroit des plumes, et qui n'auroit point cet air bourgeois qu'elle haïs-
soit à mort ; qu'elle vouloit avoir un carosse, des laquais et la robbe de velours. Elle cita là-dessus l'exemple
de trois ou quatre filles qui avoient fait fortune par
leur beauté, et épousé des personnes de condition.
Qu'au reste elle estoit jeune, qu'elle vouloit estre fille
encore quelque temps, pour voir si le bonheur luy en
diroit, et qu'au pis aller elle trouveroit bien un homme
qui vaudroit du moins le sieur Bedout, qu'elle appeloit
un malheureux advocat de causes perduës.

Toute la compagnie fut estonnée de cette réponse,
qu'on n'attendoit point d'une fille qui avoit vescu jusqu'alors dans une grande innocence et dans une entiere
soumission à la volonté de ses parens. Mais ce qui luy
donnoit cette hardiesse estoit la passion qu'elle avoit
pour Pancrace, auparavant laquelle tout engagement
lui estoit indifferent. Vollichon, la regardant avec un
courroux qui luy suffoquoit presque la voix, luy dit :
« Ah ! petite insolente, qui vous a appris tant de vanité ?
Est-ce depuis que vous hantez chez mademoiselle Angelique ? Vraiment, il vous appartient bien de vous
former sur le modelle d'une fille qui a cinquante mille
escus en mariage ! Quelque muguet vous a cajollée ;
vous voulez avoir des plumets[1], qui, apres avoir mangé

---

[1] Des gentilshommes portant des plumes.

leur bien, mangeront encore le vostre. Hé bien, bien!
je sais comment il faut apprendre l'obeïssance aux filles
qui font les sottes : quand vous aurez esté six mois dans
un cul de couvent[1], vous apprendrez à parler un autre
langage. Allez, vous estes une mal-advisée de nous
avoir fait souffrir cet affront : retirez-vous de devant
mes yeux et faites tout à l'heure votre pacquet. »

Si-tost que son emportement luy eut permis de revenir à soy, il vint faire des excuses à la compagnie et au
futur espoux de ce que ce mariage ne s'achevoit pas.
Il commença par une grande declamation contre le malheur de ! jeunesse, qui ne sçavoit pas connoistre ce
qui lui est propre. « Ha ! disoit-il á peu prés en ces
termes, que le siecle d'apresent est perverty ! Vous
voyez, Messieurs, combien la jeunesse est libertine[2], et
le peu d'authorité que les peres ont sur leurs enfans.
Je me souviens encore de la maniere que j'ay vescu
avec feu mon pere (que Dieu veuille avoir son ame).
Nous estions sept enfans dans son estude, tous portans
barbe ; mais le plus hardy n'eût pas osé seulement
tousser ou cracher en sa presence ; d'une seule parole il
faisoit trembler toute la maison. Vrayment, il eust fait

---

[1] Fond de couvent.

> Vous rebutez mes vœux et me poussez à bout ;
> Mais un *cul de couvent* me vengera de tout.
>
> (MOLIÈRE, *École des Femmes*, Acte V, Sc. IV',

[2] *Libertin*. Désireux de liberté, d'indépendance. « La première fois
qu'on trouve ce mot au XVIe siècle, dit Littré ; il a la signification de :
indocile aux croyances religieuses »

beau voir que moy, qui estois l'aisné de tous, et qui
n'ay esté marié qu'à quarante ans, moy, dis-je, j'eusse
resisté à sa volonté, ou que je me fusse voulu mesler de
raisonner avec luy! J'aurois esté le bien venu et le mal
receu ; il m'auroit fait pourrir à Saint-Lazare ou à
Saint-Martin[1]. » Vollichon ne faisoit que commencer la
declamation contre les mœurs incorrigibles de la jeunesse, quand sa femme luy dit en l'interrompant :
« Helas ! Mouton (c'estoit le nom de cajollerie qu'elle
donnoit à son mary, qui de son côté l'appeloit Moutonne)
il n'est que trop vray que le monde est bien perverty ;
quand nous estions filles, il nous falloit vivre avec tant
de retenue, que la plus hardie n'auroit pas osé lever les
yeux sur un garçon ; nous observions tout ce qui estoit
dans notre Civilité puerile, et, par modestie, nous n'aurions pas dit un petit mot à table ; il falloit mettre une
main dans sa serviette, et se lever avant le dessert. Si
quelqu'une de nous eust mangé des asperges ou des
artichaux, on l'auroit monstrée au doigt ; mais les filles
d'aujourd'huy sont presque aussi effrontées que des
pages de cour. Voilà ce que c'est que de leur donner
trop de liberté. Tant que j'ay tenu Javotte aupres de
moy à ourler du linge et à faire de la tapisserie, ç'a
esté une pauvre innocente qui ne sçavoit pas l'eau

[1] *Saint-Lazare,* qui est devenu une maison de correction et de
détention pour les femmes, servait à cette époque de maison de détention pour les fils de famille dont la conduite était mauvaise. *Saint-
Martin* était une prison du même genre. Elle dépendait de l'abbaye
de Saint-Martin.

troubler. Dans ce peu de temps qu'elle a hanté chcz
mademoiselle Angelique, où il ne va que des gens
poudrez et à grands canons, toute sa bonne éducation a
esté gastée ; je me répens bien de luy avoir ainsi laissé
la bride sur le cou. »

Laurence qui estoit invitée à la ceremonie, et qui,
quoy que bourgeoise, voyoit, comme j'ay dit, le beau
monde, prit là-dessus la parole et leur dit :- « Quand
vous voudriez blâmer mademoiselle vostre fille, il ne
faudroit point pour cela en accuser la frequentation de
mademoiselle Angelique. C'est une maison où il hante
plusieurs personnes d'esprit et de qualité, mais qui y
vivent avec tant de respect et de discretion, qu'on peut
dire que c'est une vraye escole d'honneur et de vertu.
Mais peut estre aussi qu'une fille qui se sent de la
beauté est excusable, si cet advantage de la nature luy
enfle quelque peu le cœur et luy augmente cette vanité
qui est si naturelle à notre sexe. Si-tost qu'on a hanté
un peu le grand monde, on y voit un certain air qui
dégoûte fort de celui des gens qui vivent dans l'obscurité. Ainsi il ne faut point trouver estrange qu'une fille
jeune, qui se voit recherchée de beaucoup de gens,
ne veuille rien precipiter quand il est question d'un si
grand engagement, et si elle attend avec patience que
son merite luy fasse trouver quelque bonne occasion.
J'accuserois plutost le malheur et la promptitude
de mon cousin, qui n'a point du tout suivy mon
conseil dans cette recherche. Au lieu de faire l'amant

durant quelques jours, il a voulu d'abord faire le mary. Il falloit gagner les bonnes graces de sa maistresse par quelques visites et petits services, plustost que de la devoir toute entiere au respect et à l'obéissance paternelle. En tout cas, s'il avoit veu qu'elle eust eû quelque aversion pour luy, il se seroit épargné la honte d'un refus si solemnel. — Vous avez raison, dit Prudence (c'estoit l'oncle dont j'ay parlé, qui estoit aussi de la nopce), quand vous dites qu'il est bon que ceux qui se veulent marier ayent quelques conversations ensemble, afin que chacun connoisse les humeurs de la personne avec qui il a à vivre d'oresnavant. Mais vous n'en avez point du tout quand vous voulez excuser ma niepce dans son procedé, non seulement en ce qu'elle a attendu à faire sa declaration si mal à propos mais encore en ce qu'elle n'a pas voulu suivre aveuglement le choix de ses parents. Ils ont bien sçeu luy chercher ses avantages, qu'ils connoissent mieux qu'elle mesme ; et ce refus est d'autant plus ridicule, qu'il est fondé sur une folle esperance, qui n'arrivera peut-estre jamais, de trouver un marquis qui l'espouse pour son merite. C'est un dangereux exemple que celuy d'une fille qui par sa beauté aura fait fortune ; il fera vieillir cent autres qui s'y attendront, si tant est qu'il ne leur arrive encore pis, et que leur honneur ne fasse pas cependant naufrage. Souvent celle qui voudra engager par ses cajolleries quelque homme de condition se trouvera engagée elle-mesme, et verra eschapper avec

regret, et quelquefois avec honte, celuy qu'elle croyoit
tenir dans ses liens. Au bout du compte, quel sujet a
ma niepce de se plaindre, puis qu'on luy a trouvé un
party sortable, et un homme accomodé[1], qui est de la
condition de tous ses proches.

— Vous avez touché au but (dit Jean Bedout, que
la honte de cet affront et sa naturelle timidité avoient
jusques-là rendu muet), car il est certain que les meilleurs mariages sont ceux qui se font entre pareils ; et
vous sçavez, Monsieur le Prieur, vous qui entendez le
latin, ce bel adage : *Si tu vis nubere, nube pari.* Il n'y
a rien de plus condamnable que cette ambition d'augmenter son estat en se mariant ; c'est pourquoy je ne
puis assez louer la loy establie chez les Chinois[2], qui
veut que chacun soit de mesme mestier que son pere.
Or, comme nostre estat n'est pas si bien policé, je m'é-
tonne peu que mademoiselle Javotte n'ait pas reglé ses
désirs conformément à cette loy. Elle a eu peut-estre raison
de ne pas trouver en moy assez de merite ; mais son
refus n'empeschera pas que je ne sois encore disposé à luy
rendre service. Je luy auray du moins cette obligation
qu'elle m'empeschera peut-estre de me marier jamais.
Car j'advoue que ce qui m'en avoit dégousté jusqu'à

---

[1] Fortuné.

[2] Ceci est une erreur. Aucune loi en Chine n'oblige à suivre la même
carrière que son père, attendu qu'il n'y a dans ce pays ni classes
privilégiées, ni places héréditaires. Les Chinois sont tous égaux devant
la loi et susceptibles de parvenir aux dignités ; les décrotteurs et les
maitres de maisons de jeu sont seuls exclus.

present, ce sont toutes ces approches et ces galanteries qu'il faut faire, qui ne sont point de mon genie ny de mon humeur. J'avois dessein de me marier de la façon que je vois faire à quantité de bons bourgeois, qui se contentent qu'on leur fasse voir leur maistresse à certain banc ou à certain pilier d'une église, et qui luy rendent là une visite muette, pour voir si elle n'est ni tortue ni bossue ; encore n'est-ce qu'apres estre d'accord avec les parens de tous les articles du contrat : toutes les autres ceremonies sont purement inutiles. J'en ay tant veu reüssir de la sorte, que je ne croyois pas que celuy-cy eust une autre issue ; mais, puisque j'y ay esté trompé, il faut que j'essaye de m'en consoler avec Seneque et Petrarque[1], ou avec Monsieur de la Serre[2], que je liray exprés dés ce soir.

— Cessons, reprit Vollichon, d'examiner de quelle maniere on doit traitter les mariages, puisque ce serait mettre l'authorité paternelle en compromis ; mais, en

---

[1] Évidemment Plutarque, comme le fait remarquer M. Colombey.

[2] Jean Puget de La Serre, littérateur français, né à Toulouse, 1600-1665. Doué d'une grande facilité, il écrivit nombre de volumes sur la philosophie, la morale, l'histoire, le théâtre, etc.; mais ses ouvrages n'avaient que peu de valeur et sont complètement oubliés aujourd'hui. Boileau ne l'a pas épargné :

> Morbleu, dit-il, La Serre est un charmant auteur !
> Ses vers sont d'un beau style et sa prose est coulante.
>
> (Satire IIIe.)

> Vous pourriez voir un temps vos écrits estimés
> Courir de main en main par la ville semés
> Puis de là tout poudreux, ignorés sur la Serre,
> Suivre chez l'épicier Neuf-Germain et La Serre.
>
> (Satire IXe.)

attendant que j'aye appris à ma fille à m'obeyr, je ne
sçaurois assez vous témoigner le déplaisir que j'ay que
cette affaire ne s'accomplisse pas avec vous : car vous
avez la mine d'estre bon ménager et de bien reüssir au
barreau, si on vous employe. J'avais envie de vous
donner bien de la pratique, et pour vous le monstrer,
c'est que j'avais des-jà mis à part sur mon bureau un sac
d'une cause d'appareil pour vous faire plaider au presidial un de ces matins. C'est une appellation verbale
d'une sentence rendue par le prevost de Vaugirard ou
son lieutenant audit lieu, où on peut bien dire du latin
et cracher du grec. Voici quelle en est l'espece...» Et,
en continuant, au lieu de lui faire les excuses et les
complimens qui estoient de saison, pour le consoler de
l'affront qu'il venoit de recevoir, il luy fit un recit pro-
lixe de cette cause, avec tous les moyens de fait et de
droit, aussi ponctuellement que s'il eust voulu la plaider luy-mesme. Pendant que l'un deduisoit et que
l'autre escoûtoit ce beau procés, Prudence, Madame
Vollichon et Laurence continuoient l'entretien qu'ils
avaient commencé, et les autres invitez, par petits pelotons, s'entretenoient à part, en divers endroits de la
salle, de l'affaire qui venoit d'arriver, le tout aux depens
du miserable Bedout. Ce fut mesme à ses depens que
se rompit la conversation de Vollichon et de luy : car
elle n'eut pas si-tost finy, n'eust été qu'une collation
qu'il avoit fait apporter de son logis entra dans la salle,
ou du moins il y en entra une partie : car une

servante faite à son badinage[1], ayant veu que le mariage
de son maistre alloit à vau l'eau, avoit eu soin de faire
reporter chez luy quelque boëttes de confitures et
quelque fruit qui se pouvoient conserver pour une autre
occasion ; elle ne laissa servir que quelque pasté, jam-
bon et poulet-d'Inde froid, qui estoient des mets sujets
à se corrompre. Enfin, quand la collation fut achevée,
apres de longs complimens bourgeois, dont les uns con-
tenoient des plaintes, les autres des regrets, les autres
des excuses, les autres des remerciemens, la compagnie
se separa, et chacun se dit adieu jusqu'au revoir. A
l'égard de Jean Bedout, apres une grande diversité de
sentimens qui lui agiterent l'esprit, enfin cette honte
l'ayant refroidy, il en vint à ce point qu'il remercia son
bon ange de l'avoir préservé des cornes, que naturellement il craignoit, dans une occasion où il estoit en
péril eminent d'en avoir ; et il eut presque autant de
regret à la collation mangée qu'à sa maistresse perduë.

Dés le lendemain, tant pour punir Javotte de sa
desobeyssance que pour la retirer du grand monde où
on croyoit qu'elle puisoit sa vanité, elle fut mise en
pension chez des religieuses qui avoient fait un nouvel
establissement dans un des fauxbourgs de Paris. Ce ne
fut pas sans lui faire des reprimandes et des reproches
de la faute qu'elle avoit faite, et sans de grandes menaces
de la laisser enfermée jusqu'à ce qu'elle fust devenue
sage. Mais, hélas ! que ce fut un mauvais expedient

a sottise, à sa niaiserie.

pour sa correction ! Elle tomba, comme on dit, de fievre
en chaut-mal[1] ; car, quoy que ces bonnes sœurs vescus-
sent entre-elles avec toute la vertu imaginable, elles
avoient ce malheur de ne pouvoir subsister que par les
grosses pensions qu'on leur donnoit pour entrer chez
elles. C'est ce qui leur faisoit recevoir indifferemment
toutes sortes de pensionnaires. Toutes les femmes qui
vouloient plaider contre leurs maris ou cacher le dé-
sordre de leur vie ou leurs escapades y estoient reçeuës,
de mesme que toutes les filles qui vouloient éviter les
poursuites d'un galant, ou en attendre et en attraper
quelqu'un. Celles-là, qui estoient experimentées, et qui
sçavoient toutes les ruses et les adresses de la galanterie,
enseignoient les jeunes innocentes que leur malheur y
avoit fait entrer, qui y faisoient un noviciat de coque-
terie, en mesme temps qu'on croyoit leur en faire faire
un de religion. En un mot, à leur égard il n'y avoit
autre reforme que les grilles, qui mettoient les corps en
seureté ; encore cela ne regardoit pas celles qui avoient
le privilege de sortir deux ou trois fois la semaine, sous
pretexte de solliciter leurs procés. Douze parloirs qu'il y
avoit au couvent estoient pleins tout le jour ; encore il
les falloit retenir de bonne heure pour y avoir place,
comme on auroit fait les chaises au sermon d'un predicateur episcopisant[2].

---

[1] *Tomber de fièvre en chaud mal.* Proverbe : Tomber d'un péri
dans un plus grand.

[2] Qui prend des airs d'évêque, qui aspire à l'épiscopat.

Javotte fit bien-tost sçavoir à son amant le lieu où on
l'avoit enfermée ; il ne faut pas demander s'il s'y rendoit
tous les jours. Quand il sortoit, ses porteurs de chaise
ne luy demandoient point de quel costé il falloit tourner : de leur propre mouvement ils alloient tousjours de
ce costé-là. Jamais il ne trouva de lieu qui fut plus selon
ses souhaits pour prescher son amour tout à loisir : car il
avoit là cet avantage de parler à sa maistresse seul à seul,
et tant qu'il vouloit ; au lieu que pendant que Javotte
estoit dans le monde, il ne la voyoit que hors de chez
elle, et fort rarement dans des compagnies où elle lui don
noit rendez vous, et où ils estoient perpetuellement in-
terrompus par les changemens qui y arrivent d'ordinaire.
Il eût donc tout loisir pour la remercier de la genereuse
action qu'elle avoit faite en sa faveur, et pour rire de la
confusion qu'elle avoit fait à son malheureux et ridicule
rival, dont les discours et les mœurs leur fournirent la
matiere d'un assez long entretien. Il eut encore le temps
de luy expliquer et faire connoistre comment la passion
qu'il avoit pour elle augmentoit de jour en jour ; et les
témoignages qu'il luy en donna la persuaderent si bien,
que jamais il n'y eut deux personnes plus unies. Quand
il estoit obligé de la quitter, il lui laissoit des livres qui
entretenoient son esprit dans des pensées amoureuses,
de sorte que tout le temps qu'elle déroboit au parloir,
elle le donnoit à cette lecture agreable. Ainsi elle ne
s'ennuyait point du tout. Quand sa mere l'alloit voir,
elle estoit toute estonnée que le lieu qu'elle croyoit luy

avoir donné pour supplice et pour prison ne l'avoit
point du tout changée et ne luy donnoit point les sentimens qu'elle désiroit. Cependant, apres que sept ou
huit mois se furent écoulez, et que Javotte eut leu tous
les romans et les livres de galanterie qui estoient en reputation (car elle commençoit à s'y connoistre, et ne
pouvoit souffrir les méchans, qui l'auroient occupée à
l'infiny), le chagrin et l'ennuy s'emparerent de son
esprit, qui n'avoit plus à quoy s'attacher, et elle connût
ce que c'estoit que la closture et la perte de la liberté.
Elle escrivit dans cette pensée à ses parens pour les
prier de la tirer de la captivité. Ils y consentirent aussi-
tost, à condition qu'elle signeroit le contract de mariage
avec l'advocat Bedout, qu'ils croyoient encore estre à
leur devotion : mais ils se trompoient en leur calcul.
Elle refusa de sortir à ces conditions, et, apres avoir
beaucoup de fois réïteré ses prieres, et mesme témoigné
par quelque espece de menaces le déplaisir qu'elle avoit
d'estre enfermée, enfin le desespoir, ou, pour n'en point
mentir, la passion qu'elle avoit pour Pancrace, la firent
consentir aux propositions qu'il luy fit de l'enlever.

Je ne tiens pas necessaire de vous rapporter icy par
le menu tous les sentimens passionnez qu'il estalla et
toutes les raisons qu'il allegua pour l'y faire resoudre,
non plus que les honnestes resistances qu'y fit Javotte,
et les combats de l'amour et de l'honneur qui se firent
dans son esprit : car vous n'estes gueres versez dans la
lecture des romans, ou vous devez sçavoir 20 ou 30 de

ces entretiens par cœur, pour peu que vous ayez de
memoire. Ils sont si communs que j'ay veu des gens
qui, pour marquer l'endroit où ils en estoient d'une
histoire, disoient : J'en suis au huictiesme enlevement,
au lieu de dire : J'en suis au huictiesme tome. Encore
n'y a-t-il que les autheurs bien discrets qui en fassent
si peu, car il y en a qui non seulement à chaque tome,
mais à chaque livre, à chaque episode ou historiette, ne
manquent jamais d'en faire. Un plus grand orateur ou
poëte que moy, quelque inventif qu'il fut, ne vous
pourroit rien faire lire que vous n'eussiez veu cent fois
Vous en verrez dont on fait seulement la proposition, et
on y resiste ; vous en verrez d'autres qui sont de
necessité, et on s'y resout. Je vous y renvoie donc, si
vous voulez prendre la peine d'y en chercher, et je suis
fasché, pour vostre soulagement, qu'on ne se soit point
advisé dans ces sortes de livres de faire des tables,
comme en beaucoup d'autres qui ne sont pas si gros et
qui sont moins feuilletez. Vous entrelarderez icy celuy
que vous trouverez le plus à vostre goust, et que vous
croirez mieux convenir au sujet. J'ay pensé mesme de
commander à l'imprimeur de laisser en cet endroit du
papier blanc, pour y transplanter plus commodement
celuy que vous auriez choisi, afin que vous pussiez l'y
placer. Ce moyen auroit satisfait toutes sortes de personnes : car il y en a tel qui trouvera à redire que je
passe des endroits si importans sans les circonstancier,
et qui dira que de faire un roman sans ce combat de

passions qui en sont les plus beaux endroits, c'est la
mesme chose que de décrire une ville sans parler de ses
palais et de ses temples. Mais il y en aura tel autre qui,
voulant faire plus de diligence et battre bien du pays en
peu de temps, n'en demandera que l'abregé. C'estoit
l'humeur de ce bon prestre qui s'étonnoit de ceux qui se
se plaignoient qu'il falloit employer bien du temps à
dire leur breviaire : car, par simplicité, il disoit son
office ponctuellement comme il le trouvoit dans son
livre où il recitoit tout de suite l'antienne, les versets,
les leçons et les premiers mots de chaque pseaume et de
chaque hymne, avec l'etc. qui estoit au bout et le
chiffre du renvoy qu'on faisoit à la page où estoit le
reste de l'hymne ou du pseaume. Voilà le moyen d'ex-
pedier besogne, et il ne mentoit pas quand il asseuroit
qu'il y employoit moins d'un quart-d'heure.

Pour revenir à mon sujet, je vous avoüeray franche-
ment que, si je n'ay pas escrit le combat de l'amour et de
la vertu de Javotte, c'est que je n'en ay point eu de
memoires particuliers ; il dépendra de vous d'avoir
bonne ou mauvaise opinion de sa conduite. Je n'escris
point icy une morale, mais seulement une histoire. Je
ne suis pas obligé de la justifier : elle ne m'a pas payé
pour cela, comme on paye les historiens qu'on veut
avoir favorables. Tout ce que j'en ay pû apprendre,
c'est qu'elle fut facilement enlevée par le moyen
d'une échelle qu'on appliqua aux murs du jardin,
qui estoient fort bas : car ces bonnes religieuses

avoient achepté depuis peu d'un pauvre jardinier ce
jardin, dont les murs n'avoient esté faits que pour conserver ses choux, qui sont bien plus aisez à garder que
des filles. Si-tost que Pancrace eut ce precieux butin,
il l'emmena dans un chasteau sur la frontiere, où il
avoit une garnison qu'il commandoit ; et de là il fit
nargue aux commissaires du Chastelet, qui se mirent
vainement en peine de sçavoir ce que ce couple d'amans
estoit devenu ; car dés le lendemain, Vollichon, apres
avoir fait de grandes declamations sur le libertinage[1]
des filles, et des regrets inutiles sur sa severité, n'eut
autre remede et consolation dans son malheur que de
faire une plainte et information par devant un commissaire de ses intimes amis, lequel ne laissa pas de la lui
faire payer bien cherement, sous pretexte de ce qu'ils
font bourse commune ; et le tout aboutit à un decret de
prise de corps contre six quidams vestus de gris et de
verd, ayans plumes à leur chapeau, l'un de poil blond,
de grande stature, l'autre de poil chastain, de mediocre
grandeur, qui devoient estre indiquez par la partie
civile. Or, comme Vollichon n'estoit pas à cet enlevement, et qu'il ne connoissoit point ces quidams, dont le
chef estoit en seureté, ce decret est demeuré depuis sans
execution. Que si je puis avoir quelques nouvelles de la
demoiselle et de son amant, je vous promets, foy d'autheur, que je vous en ferai part.

[1] Libertinage, Goût pour la liberté, allures indépendantes. (V. p. 186,
note 2.)

Je reviens à Lucrece, que j'ai laissée dans un grand
embarras, à cause de la maladie qui commençoit à la
presser. Pour mettre ordre à ses affaires, elle fut quelque temps qu'elle ne parloit plus que contre les vanitez
du monde, et de la difficulté qu'il y avoit de faire son
salut dans les grandes compagnies ; du peu de conscience et de l'infidelité des hommes ; des fourbes et des
artifices qu'ils employoient pour surprendre le beau
sexe; et le tout neantmoins si adroitement, qu'on ne
pouvoit pas croire qu'elle en parlast comme bien experimentée. Elle disoit que les promenades et les cadeaux[1],
qui ont de si grands charmes pour les filles, n'estoient
bons que pour un temps, lorsqu'on estoit dans la plus
grande jeunesse, et qu'on n'avoit pas assez de fermeté
d'esprit pour trouver de meilleures occupations ; pour
elle, qu'elle en avoit assez tasté pour en avoir du dégoust et pour n'aspirer plus qu'au bon-heur de la vie
solitaire. Elle ne hantoit que les églises et les confes-
sionnaus ; elle estoit aussi affamée de directeursqu'elle
avoit esté autrefois de galands ; tout son entretien n'estoit que de scrupules sur la conduite des mœurs, et
des cas de conscience. Elle ne faisoit que s'enquerir où
il y avoit des predicateurs, des festes, des confrairies et
des indulgences. Ses romans estoient convertis en livres
spirituels ; elle ne lisoit que des Soliloques et des Meditations ; enfin sa sainteté en estoit des-ja venuë aux
apparitions et, pour peu qu'elle se fust accrue, elle fust

[1] V. la note de la page 19.

arrivée aux extases. Elle declama mesme (ô prodige)
contre les mouches, contre les rubans et contre les cheveux bouclez, et par modestie elle devint tellement né-
gligée, qu'elle ne s'habilloit presque plus. Aussi auroit-
elle eu bien de la peine à le faire, et ce fut fort à propos
pour elle que la mode vint de porter des escharpes et de
fort amples juste-au-corps, car ils sont merveilleusement
propres à reparer le deffaut des filles qui se sont laissées
gaster la taille.

On ne parla plus dans le quartier que de la conver-
sion de Lucrece, quoy qu'elle y eust toujours passé pour
une personne d'honneur, mais un peu trop enjoüée, et
on ne douta plus qu'elle ne se deût retirer bientost du
monde. En effet, on ne fut pas trop surpris quand un
beau matin on entendit dire qu'elle estoit entrée en religion. Le hazard voulut que ce fut dans le mesme couvent où on avoit mis en pension Javotte. Je ne crois pas
neantmoins que ce hazard serve de rien à l'histoire, ny
fasse aucun bel evenement dans la suite ; mais, par une
maudite coustume qui regne il y a long-temps dans les
romans, tous les personnages sont sujets à se rencontrer
inopinément dans les lieux les plus esloignez, quelque
route qu'ils puissent prendre, ou quelque differend dessein qu'ils puissent avoir. Cela est tousjours bon à quelque chose, et espargne une nouvelle description, quand
on est exact à en faire de tous les lieux dont on fait
mention, ainsi que font les autheurs qui veulent faire
de gros volumes, et qui les enflent comme les bouchers

font la viande qu'ils apprestent. En tout cas, ces rencontres donnent quelque liaison et connexité à l'ouvrage
qui sans cela seroit souvent fort disloqué. La verité est
que ces deux avanturieres de galanterie firent grande
amitié ensemble ; que dés le premier jour elles furent
l'une à l'autre cheres et fideles, et se conterent reci-
proquement leurs avantures, mais non pas sincerement.
Elles n'eurent pas le loisir de la cultiver long-temps,
car, apres que Lucrece eut receu à la grille trois ou
quatre visites de ses amies, qui publierent dans le
monde la verité de sa closture et de sa reforme, elle en
sortit secrettement sous pretexte de se trouver mal, et
ayant donné liberalement aux religieuses tout le premier quartier de sa pension qu'elle avoit advancée,
pour n'avoir point de démêlé avec elles. La touriere,
qui loge au dehors, fut celle qu'elle eut soin particulierement de gagner, par les presens qu'elle luy fit, afin
qu'elle dit à toutes les personnes qui la viendroient demander qu'elle estoit tousjours enfermée dans le couvent. Elle prit pour cela des pretextes assez specieux,
comme de dire qu'elle vouloit éviter l'importunité des
visites de beaucoup de personnes qui l'empeschoient
de bien vacquer à la pieté, et que c'estoit pour les éviter qu'elle avoit abandonné le siecle[1]. Elle pria mesme,
tant de bouche que par escrit, tous ses amis de la laisser
en repos dans son cloistre, au lieu de luy venir estaller des vanitez ausquelles elle avoit renoncé.

[1] Le monde, la vie mondaine.

Quand il est question de salut, il n'est rien si aisé
que de faire mentir des gens devots: la pauvre touriere
qui estoit simple, et qui ne rafinoit pas assez pour songer que Lucrece pouvoit, en demeurant dans son cloistre, se garantir de cet inconvenient, la crut avec toute
la facilité possible, et ne manqua pas de dire au peu de
gens qui venoient pour la voir, qu'on ne pouvoit
pour lors parler à elle; tantost elle estoit indisposée,
tantost elle estoit en retraite, tantost elle disoit son office, tantost elle estoit en meditation. Comme personne
n'avoit interest d'approfondir la verité de la chose, on
s'en retournoit sans se douter de rien. Au sortir de là
elle se mit en une autre sorte de retraite chez une sage-
femme de ses amies, dont elle connoissoit la discretion
qui la fit deslivrer fort secrettement et qui se chargea
de la nourriture de son fruit. Enfin apres deux mois et
demy de pleine éclipse, Lucrece entra dans une autre
religion, mieux rentée et plus austere que la precedente.
Quand elle y eust esté quelques jours fort recluse, peu
à peu elle fit sçavoir à ses connoissances et à son voisinage le nouveau monastere où elle s'estoit retirée; et
pour pretexte de son changement, elle alleguoit que
dans l'autre elle s'estoit tousjours mal portée, et qu'il
falloit que l'air n'y fust pas bon. Quelquefois elle ad-
oustoit fort devotement qu'elle y avoit trouvé un peu
trop de licence; qu'elle n'approuvoit point que les parloirs fussent si remplis de toutes sortes de gens; et elle
confessoit mesme que souvent elle s'estoit fait celer tout

expres, de peur d'y aller et d'y voir tout ce desordre.
C'est ce qui édifioit merveilleusement tous ceux qui
l'entendoient parler, et particulierement ceux qui
l'avoient connue dans sa premiere mondanité. Elle prit
mesme un voile blanc, et quoy qu'elle ne fust là que
comme pensionnaire, neantmoins elle faisoit toutes les
actions de religieuse, et un certain essay de noviciat,
qui estoit plus austere que celuy qui se faisoit en effet
dans l'année de probation. Ces œuvres de surerogation
et de devotion outrée la mirent en peu de temps en telle
reputation de vertu, que toutes les religieuses l'admi-
roient au dedans, et les directeurs la publioient au dehors. Ce bruit vint jusques aux oreilles de mademoiselle Laurence, qui hantoit quelquefois dans ce couvent,
à cause qu'une de ses amies y estoit nouvellement pro-
fesse. Apres qu'elle se fut bien instruite de la qualité
de cette nouvelle pensionnaire, elle crut que ce seroit
bien le fait de son cousin Bedout, qu'elle avoit dessein
de marier à quelque prix que ce fust. Depuis qu'il
avoit si honteusement perdu sa maistresse Javotte, elle
l'avoit souvent entendu pester contre la coquetterie des
filles du siecle, puisque celle-la en avoit tant fait paroistre, malgré la grande retenue et la severe éducation
de sa jeunesse. De sorte qu'il avoit hautement juré qu'il
n'épouseroit jamais de fille, si ce n'estoit au sortir de
quelque religion bien reglée. Elle lui proposa ce nouvel exemple de vertu, qu'elle disoit estre son vray fait,
ce qu'il escouta volontiers. La seule difficulté qu'ils

trouverent, ce fut de sçavoir comme on pourrait tirer
Lucrece de ce couvent, et luy faire proposer une chose
si opposée à la vocation manifeste qu'elle avoit à la vie
religieuse. Laurence fit en sorte que, pour mieux instruire Redout de son merite, il luy tint compagnie
quand elle vint voir la religieuse de sa connoissance,
qu'elle fit prier d'amener avec elle Lucrece à la grille.

Là, Bedout n'estoit pas obligé à faire le galand ; c'est
ce qui l'enhardit d'y aller. Mais il se contenta d'être auditeur et il fut ravy des belles moralitez qu'il y entendit debiter à Lucrece sur les malheurs de cette vie tran
sitoire et sur l'excellence de la retraite, qui se terminerent à des prieres qu'elle fit à Dieu de luy donner des
forces pour soutenir les austeritez de la regle. Il n'osa
pas luy parler d'amour ny de mariage, car il n'en eust
pas mesme osé parler aux filles du siecle[1]; cependant
il auroit bien voulu faire l'un et l'autre, car, outre que
son esprit et sa beauté estoient plus que suffisantes pour
luy donner dans la veuë, il estoit tout à fait charmé de
sa modestie et de sa vertu. Il pria sa cousine, qui estoit
adroite, de luy en faire parler, et elle ne trouva point
de meilleur moyen que de faire faire la chose par des
directeurs. Je ne sçay par quel artifice ny sous quel
pretexte elle les mit dans ses interests; tant y a qu'ils
travaillerent fort utilement selon ses souhaits. Ce ne fut
pas neantmoins sans peine, car Lucrece fit long-temps
la sourde-oreille à ces propositions ; mais elle auroit eu

V. note, p. 202

grand regret qu'on ne les eust pas recommancées. Elle
faisoit quelquefois semblant de craindre que ce ne fussent des tentations que Dieu luy envoyoit pour éprou-
ver si elle estoit ferme en ses bons desseins ; et puis feignant de se r'asseurer sur la qualité de ceux qui luy en
parloient, elle demandoit du temps pour se mettre en
prieres et obtenir de Dieu la grace de luy inspirer ce
qu'il vouloit faire d'elle. Quand elle parut à demy per-
suadée, elle commença de se trouver mal, de demander
quelquefois des dispenses pour les jeusnes et pour l'office, et de paroistre trop delicate pour la maniere de
vivre de ce couvent. D'abord elle feignit de vouloir passer à un ordre plus mitigé ; enfin, elle se fit tellement
remonstrer qu'on pouvoit faire aussi bien son salut dans
le monde, en vivant bien avec son mary et en eslevant
des enfans dans la crainte de Dieu, qu'on la fit resoudre au mariage, avec la mesme peine qu'un criminel se
resoudroit à la mort.

Laurence en advertit aussitost son cousin, qui, mé-
nageant brusquement cette occasion, fut si aise d'avoir,
à son advis, suborné une religieuse, qu'il ne chicana
point comme l'autrefois sur les articles, et il s'enquit
fort peu de son bien, se contentant d'apprendre, par le
bruit commun de la religion[1], qu'elle en avoit beaucoup, ne croyant pas que des gens devots pussent mentir, ny faire un jugement temeraire. D'avantage[2], elle

[1] Du couvent.
[2] Bien plus.

eut l'adresse de faire acheter beaucoup de meubles necessaires pour un honeste ménage, dont elle ne paya
qu'un tiers comptant, car elle eut facilement credit du
surplus. C'est à quoy elle employa utilement les deux
mille escus qu'elle avoit receu de Nicodeme, qui paru-
rent beaucoup davantage. Et comme on a maintenant
la sotte coustume de dépenser en meubles, presens et
frais de nopces la moitié de la dot d'une femme, et quelquefois le tout, ce ne fut pas une legere amorce pour
Bedout de voir qu'il épargnoit toute cette dépense et ces
frais. Ce qui luy plaisoit sur tout, c'est qu'on le pria
que l'affaire se fit sans ceremonie ; cela se pouvoit appeler pour luy la derniere faveur. Et de peur de laisser
prendre un mauvais air à sa maistresse, elle ne sortit
point du couvent que pour aller à l'église, et de là à la
maison de son mary, qui crut avoir la fleur de virginité
la plus asseurée qui fut jamais. Ainsi, on peut dire que
cette fille adroite avoit fait comme ces oyseleurs qui
mettent un oyseau dans une cage, sous un trebuchet,
pour en attraper un autre, parce que la religion et la
grille ne luy servirent que pour attraper un mary. S'ils
vescurent bien ou mal ensemble, vous le pourrez voir
quelque jour, si la mode vient d'écrire la vie des femmes mariées.

Fin du premier Livre.

LIVRE SECOND

AU LECTEUR

Si vous vous attendez, lecteur, que ce livre soit la suite
du premier, et qu'il y ait une connexité necessaire
entr'eux, vous estes pris pour duppe. Détrompez-vous de
bonne heure, et sçachez que cet enchaînement d'intrigues
les uns avec les autres est bien seant à ces poëmes héroï-
ques et fabuleux où l'on peut tailler et rogner à sa fantaisie. Il est aisé de les farcir d'épisodes, et de les coudre
ensemble avec du fil de roman, suivant le caprice ou le
genie de celuy qui les invente. Mais il n'en est pas de
mesme de ce tres-veritable et tres-sincere recit, auquel je ne
donne que la forme, sans alterer aucunement la matiere.
Ce sont de petites histoires et advantures arrivées en divers quartiers de la ville, qui n'ont rien de commun ensemble, et que je tasche de rapprocher les unes des autres
autant qu'il m'est possible. Pour le soin de la liaison, je
le laisse à celuy qui reliera le livre. Prenez donc cela
pour des historiettes separées, si bon vous semble, et ne demandez point que j'observe ny l'unité des temps ny des
lieux, ny que je fasse voir un heros dominant dans toute

la piece. N'attendez pas non plus que je reserve à marier tous mes personnages à la fin du livre, où on void d'ordinaire celebrer autant de nopces qu'à un carnaval, car il y en aura peut-estre quelques uns, qui apres avoir fait l'amour, voudront vivre dans le celibat; d'autres se marieront clandestinement, et sans que vous ny moy en sçachions rien. Je ne m'oblige point encore à n'introduire que des amours sur la scene, il y aura aussi des histoires de haine et de chicane, comme celle-cy qui vous va estre racontée. Enfin toutes les autres passions qui agitent l'esprit bourgeois y pourront trouver leur place dans l'occasion. Que si vous y vouliez rechercher cette grande regularité que vous n'y trouverez pas, sçachez seulement que la faute ne seroit pas dans l'ouvrage, mais dans le titre: ne l'appelez plus roman, et il ne vous choquera point, en qualité de recit d'aventures particulieres. Le hazard plustost que le dessein y pourra faire rencontrer des personnages dont on a cy-devant parlé. Témoin Charroselles, qui se presente icy le premier à mon esprit, de l'humeur duquel j'ay des-ja donné un petit échantillon, et dont j'ay obmis exprés de faire la description, pour la donner en ce lieu-cy. Si vous en estes curieux, vous n'avez qu'à continuer de lire.

HISTOIRE
DE CHARROSELLES, DE COLLANTINE
ET DE BELASTRE

CHARROSELLES ne vouloit point passer pour autheur, quoy que ce fust la seule qualité qui le rendist recommandable, et qui l'eust fait connoistre dans le monde. Je ne sçay si quelque remors de conscience des fautes de sa jeunesse luy faisoit prendre ce nom à injure ; tant y a qu'il vouloit passer seulement pour gentilhomme, comme si ces deux qualitez eussent esté incompatibles, encore qu'il n'y eust pas plus de trente ans que son pere fust mort procureur. Il s'estoit advisé de se piquer de noblesse dès qu'il avoit eu le moyen d'atteler deux haridelles à une espece de carrosse toujours poudreux et crotté. Ces deux Pegases (tel fut leur nom pendant qu'ils servirent à un nourriçon du Parnasse) ne s'estoient point enorgueillis, et n'avoient la teste plus haute uy la démarche plus fiere que lors qu'ils labouroient les pleines fertiles d'Aubervilliers[1]. Leur maistre les traittoit aussi delicatement que des enfans de bonne maison.

[1] Commune des environs de Paris.

Jamais il ne leur fit endurer le serain ny ne leur donna
trop de charge ; il eust presque voulu en faire des
Bucephales, pour ne porter ou du moins ne traisner que
leur Alexandre. Car il estoit tousjours seul dans son car
rosse ; ce n'est pas qu'il n'aimast beaucoup la compagnie, mais son nez demandoit à estre solitaire, et on le
laissoit volontiers faire bande à part. Quelque hardy que
fust un homme à lui dire des injures, il n'osoit jamais
les lui dire à son nez, tant ce nez estoit vindicatif et
prompt à payer. Cependant il fouroit son nez par tout,
et il n'y avoit gueres d'endroits dans Paris où il ne fust
connu. Ce nez, qu'on pouvoit à bon droit appeler son
Eminence, et qui estoit tousjours vestu de rouge, avoit
esté fait en apparence pour un colosse ; neantmoins il
avoit esté donné à un homme de taille assez courte. Ce
n'est pas que la nature eust rien fait perdre à ce petit
homme, car ce qu'elle luy avoit osté en hauteur, elle le
lui avoit rendu en grosseur, de sorte qu'on luy trouvoit
assez de chair, mais fort mal pestrie. Sa chevelure estoit
la plus desagréable du monde, et c'est sans doute de luy
qu'un peintre poëtique, pour ébaucher le portrait de sa
teste, avoit dit :

> On y void de piquans cheveux,
> Devenus gras, forts et nerveux,
> Herisser sa teste pointue,
> Qui, tous meslez s'entr'accordans,
> Font qu'un peigne en vain s'évertue
> D'y mordre avec ses grosses dents.

Aussi ne se peignoit-il jamais qu'avec ses doigts, et

dans toutes les compagnies c'estoit sa contenance ordinaire. Sa peau estoit grenue comme celle des maroquins,
et sa couleur brune estoit rechauffée par de rouges bourgeons qui la perçoient en assez bon nombre. En general il avoit une vraye mine de satyre. La fente de sa
bouche estoit copieuse, et ses dents fort aiguës : belles
dispositions pour bien mordre. Il l'accompagnoit d'ordinaire d'un ris badin, dont je ne sçay point la cause, si ce
n'est qu'il vouloit monstrer les dents à tout le monde.
Ses yeux gros et bouffis avoient quelque chose de plus
que d'estre à fleur de teste. Il y en a qui ont cru que,
comme on se met sur des balcons en saillie hors des fe-
nestres pour decouvir de plus loin, aussi la nature luy
avoit mis des yeux en dehors pour decouvrir ce qui se
faisoit de mal chez ses voisins. Jamais il n'y eut un
homme plus medisant ny plus envieux ; il ne trouvoit
rien de bien fait à sa fantaisie. S'il eut esté du conseil de la creation, nous n'aurions rien veu de tout ce
que nous voyons à present. C'estoit le plus grand refor-
mateur en pis qui ait jamais esté, et il corrigeoit toutes
les choses bonnes pour les mettre mal. Il n'a point veu
d'assemblée de gens illustres qu'il n'ait tâché de la de-
crier ; encore, pour mieux cacher son venin, il faisoit
semblant d'en faire l'eloge, lorsqu'il en faisoit en effet
la censure, et il ressembloit à ces bestes dangereuses
qui en pensant flatter égratignent : car il ne pouvoit
souffrir la gloire des autres, et autant de choses qu'on
mettoit au jour, c'estoient autant de tourmens qu'on luy

preparoit. Je laisse à penser si en France, où il y a tant
de beaux esprits, il estoit cruellement bourrelé. Sa vanité naturelle s'estoit accruë par quelque reputation
qu'il avoit eue en jeunesse, à cause de quelques petits
ouvrages qui avoient eu quelque debit. Ce fut là un
grand malheur pour les libraires ; il y en eut plusieurs
qui furent pris à ce piege, car, après qu'il eut quitté le
stile qui estoit selon son genie pour faire des écrits plus
serieux, il fit plusieurs volumes qui n'ont jamais esté
leus que par son correcteur d'imprimerie. Ils ont esté si
funestes aux libraires qui s'en sont chargez, qu'il a des-ja
ruiné le Palais[1] et la rue S. Jacques, et, poussant plus
haut son ambition, il pretend encore ruiner le Puits-
Certain[2]. Il donne à tout le monde des catalogues des
livres qu'il a tout prests à imprimer, et il se vante
d'avoir cinquante volumes manuscrits qu'il offre aux
libraires qui se voudront charitablement ruiner pour le
public. Mais comme il n'en trouve point qui veüille
sacrifier du papier à sa reputation, il s'est advisé d'une
invention merveilleuse. Il fait exprés une satire contre
quelque autheur ou quelque ouvrage qui est en vogue,
s'imaginant bien que la nouveauté ou la malice de sa
piéce en rendront le debit asseuré ; mais il ne la donne
point au libraire qu'il n'imprime pour le pardessus
quelqu'un de ses livres serieux. Avec ces belles qualitez,
cet homme s'est fait un bon nombre d'ennemis, dont il

---

[1] Les libraires établis au Palais de Justice.
[2] Les libraires établis place du Puits-Certain.

ne se soucie gueres, car il hayt tout le genre humain; et
personne n'est ingrat envers luy, parce qu'on luy rend le
reciproque. Que si c'estoit icy une histoire fabuleuse, je
serois bien en peine de sçavoir quelles avantures je pourrois donner à ce personnage : car il ne fit jamais l'amour,
et si on pouvoit aussi bien dire en françois faire la haine,
je me servirois de ce terme pour expliquer ce qu'il fit
toute sa vie. Il n'eut jamais de liaison avec personne
que pour la rompre aussi-tost, et celle qui luy dura le plus
long-temps fut celle qu'il eut avec une fille qu'il rencontra d'une humeur presque semblable à la sienno.
C'estoit la fille d'un sergent, conceuë dans le procés et
dans la chicane, et qui estoit née sous un astre si malheureux qu'elle ne fit autre chose que plaider toute
sa vie. Elle avoit une haine generale pour toutes choses, excepté pour son interest. La vanité mesme et le
luxe des habits, si naturels au sexe, faisoient une de
ses aversions. Elle ne paroissoit goulue sinon lors qu'elle
mangeoit aux dépens d'autruy ; et la chasteté qu'elle
possedoit au souverain degré estoit une vertu forcée,
car elle n'avoit jamais pû estre d'accord avec personne.
Toute sa concupiscence n'avoit pour objet que le bien
d'autruy, encore n'envyoit-elle, à proprement parler,
que le litigieux, car elle eust jouy avec moins de plaisir de celuy qui luy auroit esté donné que de celuy
qu'elle auroit conquis de vive force et à la pointe de la
plume. Elle regardoit avec un œil d'envie ces gros
procés qui font suer les laquais des conseillers qui

les vont mettre sur le bureau, et elle accostoit quelquefois les pauvres parties qui les suivoyent, pour leur demander s'ils estoient à vendre, comme les maquignons en usent à l'egard des chevaux qu'on meine à l'abreuvoir.

Cette fille estoit seiche et maigre du soucy de sa mauvaise fortune, et pour seconde cause de son chagrin elle avoit la bonne fortune des autres ; car tout son plaisir n'estoit qu'à troubler le repos d'autruy, et elle avoit moins de joye du bien qui luy arrivoit que du mal qu'elle faisoit. Sa taille menuë et déchargée luy donnoit une grande facilité de marcher, dont elle avoit bon besoin pour ses sollicitations, car elle faisoit tous les jours autant de chemin qu'un semonneur d'enterremens[1]. Sa diligence et son activité estoient merveilleuses : elle estoit plus matinale que l'aurore, et ne craignoit non plus de marcher de nuict que le loup-garou. Son adresse à cajoller des clercs et à courtiser les maistres estoit aussi extraordinaire, aussi bien que sa patience à souffrir leurs rebuffades et leurs mauvaises humeurs ; toutes qualitez necessaires à perfectionner une personne qui veut faire le mestier de plaider. Je ne puis me tenir de raconter quelques traits de sa jeunesse, qui donnerent de belles esperances de ce qu'elle a esté depuis. Sa mere, pendant sa grossesse, songea qu'elle accouchoit d'une harpie, et mesme il parut sûr

---

[1] Nom qu'on donnait alors aux porteurs de billets d'invitation aux enterrements.

son visage qu'elle tenoit quelque chose d'un tel monstre. Quand elle estoit au maillot, au lieu qu'on donne
aux autres enfants un hochet pour les amuser, elle prenoit plaisir à se joüer avec l'escritoire de son pere, et
elle mettoit le bout de la casse[1] sur ses gencives pour
adoucir le mal des dents qui commençoient à luy percer. Quand elle fut un peu plus grande, elle faisoit des
poupées avec des sacs de vieux papiers, disant que la
corde en estoit la lisiere, et l'etiquette la bavette ou le
tablier. Au lieu que les autres filles apprennent à filer,
elle apprit à faire des tirets, qui est, pour ainsi dire, filer le parchemin pour attacher des papiers et des eti-
quettes. Ce merveilleux genie qu'elle avoit pour la chicane parut sur tout à l'escole lors qu'on l'y envoya, car
elle n'eust pas si-tost appris à lire ses sept Pseaumes,
quoy qu'ils fussent moulez, que des exploits et des contracts bien griffonnez.

Avec ces belles inclinations, qui la firent devenir
avec l'âge le fléau de ses voisins, et qui la rendirent
autant redoutée qu'un procureur de seigneurie l'est des
villageois, je luy laisseroy passer une partie de sa vie
sans en raconter les memorables chicanes, qui ne font
rien à nostre sujet jusques au jour qu'elle connut
nostre censeur heroïque. Cette connoissance se fit au
Palais, aussi luy auroit-il esté bien difficile de la faire
ailleurs, et cela comme elle estoit dans un greffe pour
solliciter quelque expedition. Charroselles s'y trouva

Partie d'un écritoire de poche où l'on met les plumes.

aussi pour solliciter un procés contre son libraire, sur
une saisie d'un de ses livres où il avoit satirisé quelqu'un qui en vouloit empescher le debit. Il n'y a rien
de plus naturel à des plaideurs que de se conter leurs
procés les uns aux autres. Ils font facilement connoissance ensemble, et ne manquent point de matiere pour
fournir à la conversation.

Collantine (c'estoit le nom de la demoiselle chicaneuse)
d'abord luy demanda à qui il en vouloit; Charrosselles la
satisfit aussi-tost, et luy deduisit au long son procés.
Quand il eut finy, pour luy rendre la pareille, il luy
demanda qui estoit sa partie[1]. « Ma partie (dit-elle faisant un grand cry)! vrayment j'en ai un bon nombre.
— Comment (reprit-il)! plaidez-vous contre une communauté, ou contre plusieurs personnes interessées en
une mesme affaire? — Nenny dea[2] (repliqua Collantine); c'est que j'ay toutes sortes de procés, et contre
toutes sortes de personnes. Il est vray que celuy pour
qui je viens maintenant icy contient une belle question
de droit, et qui merite bien d'estre escoutée. Je n'ai
acheté ce procés que cent escus, et si j'en ai des-ja
retiré prés de mille francs. » Ces dernieres paroles furent
entendues par un gentil-homme gascon, qui se trouva
aussi dans le greffe. Il lui dit avec un grand jurement :
« Comment! vous donnez cent escus pour un procés!
J'en ay deux que je vous veux donner pour rien.

[1] Sa partie adverse.
[2] Non vraiment.

— Cela ne sera pas de refus (dit la demoiselle); je vous
promets de les poursuivre; il y aura bien du malheur
si je n'en tire quelque chose. » Et, pour donner plus
d'authorité à son dire, elle luy voulut raconter quelqu'un
de ses exploits. Or, c'estoit assez le faire que de continuer le discours qu'elle avoit commencé avant cette
interruption. Il n'étoit gueres advancé quand le greffier
sortit du greffe, apres lequel ce gascon courrut brusquement sans dire adieu. Elle auroit bien fait la mesme
chose, si ce n'estoit qu'elle avoit l'esprit trop attaché à
son recit. Aussi elle n'accusa point le Gascon pour
cela d'incivilité, car c'est l'usage du palais qu'on quitte
souvent ainsi les premiers complimens et les conversations où on est le plus engagé. Charroselles eust aussi
voulu suivre le greffier, mais Collantine le retint par
son manteau pour continuer le recit de son procés,
dont le sujet estoit assez plaisant, mais la longueur un
peu ennuyeuse. Si j'estois de ces gens qui se nourrissent
de romans, c'est à dire qui vivent des livres qu'ils
vendent, j'aurois icy une belle occasion de grossir ce
volume et de tromper un marchand qui l'acheteroit à la
fueille. Comme je n'ay pas ce dessein, je veux passer
sous silence cette conversation, et vous dire seulement
que l'homme le plus complaisant ne presta jamais une
plus longue audiance que fit Charroselles ; et, comme il
croyoit en estre quitte, il fut tout estonné que la demoiselle se servit de la fin de ce procés pour faire une
telle transition. « Mais celuy-là n'est rien (ce dit-elle)

au prix d'un autre que j'ay à l'Edit[1], sur une belle
question de coustume, que je vous veux reciter, afin
de sçavoir vostre sentiment ; je l'ay des-ja consultée à
trois advocats, dont le premier m'a dit oüy, l'autre m'a
dit non et le troisiéme il faut voir. Je me suis quelquefois mieux trouvée d'une consultation faite à un
homme d'esprit et de bon sens (comme vous me parois-
sez) qu'à tous ces grands citeurs de Code et d'Indi-
geste[2]. » Cette petite flatterie dont il se sentit chatouil-
ler l'obligea de prester encore une semblable audiance ;
il trepignoit souvent des pieds, il faisoit beaucoup d'interruptions ; mais, tout ainsi qu'un edifice au milieu de
la riviere, apres en avoir divisé le cours, la fait aller
avec plus d'impetuosité, de mesme ces interruptions ne
faisoient qu'augmenter la violence du torrent des paroles
de Collantine. Elle poussa son affaire et la patience de
son auditeur à bout, et négligea mesme à la fin d'écouter l'advis qu'elle luy avoit demandé, pour se servir de
la même fleur de rhetorique dont elle s'estoit servie
l'autre fois, et passer, sans estre interrompuë, au recit
d'une autre affaire. Mais une puissance superieure y
pourvût, car la nuit vint, et fort obscure, de sorte qu'à
son grand regret elle brisa là, et promit de conter le
reste la premiere fois qu'elle auroit l'honneur de le voir.

[1] *Chambre de l'Édit.* Ce nom était donné dans les anciens Parle-
ments à une chambre instituée par l'Édit de Nantes pour connaître des
affaires des protestants. Elle était composée de catholiques et de cal-
vinistes.
[2] Et de Digeste.

A son geste et à son regard parut assez son mécontentement ; sans doute que, dans son ame, elle dit plusieurs fois : *O nuit, jalouse nuit*[1] ! et qu'elle fit contre elle des imprecations aussi fortes qu'un amant en fait contre l'aurore qui vient arracher sa maîtresse d'entre ses bras. Ses plaisirs donc se terminerent par cette necessaire separation ; ils ne laisserent pas de se faire quelques complimens, et de se promettre des services et des sollicitations reciproques en leurs affaires. Collantine, la plus ardente, fut la premiere à demander à Charroselles un placet pour donner à son rapporteur, auprès duquel elle disoit avoir une forte recommandation. Il luy en donna un avec joie, et luy offrit de luy rendre un pareil office s'il en trouvoit l'occasion. Elle la prit aux cheveux, et, tirant de sa poche une grosse liasse de placets differens, avec une liste generale des chambres du Parlement, elle luy dit : « Regardez si vous ne connoissez personne de ces Messieurs. » Il luy demanda en quelle chambre elle avoit affaire. Elle luy repondit : « Il n'importe, car j'ay des procés en toutes. » Charroselles prit la liste et l'examina à la lueur de la chandelle d'un marchand de la galerie. Il en remarqua deux qu'il dit estre de ses intimes amis, et qu'il gou-

---

[1] Début d'une poésie de Philippe Desportes : *Contre une nuit trop claire :*

> O nuict, jalouse Nuict, contre moy conjurée,
> Qui renflammes le ciel de nouvelle clarté,
> T'ay-je donc aujourd'huy tant de fois désirée,
> Pour estre si contraire à ma félicité ?...

vernoit absolument; il en remarqua deux ou trois
autres qu'il dit estre gouvernez par des gens de sa
connoissance, et il ne manqua pas de se servir des
termes ordinaires dont se servent ceux qui promettent
de recommander des affaires : « Je vous donnerai celuy-
cy, je vous donneray cet autre, » et le tout avec la
mesme asseurance que s'ils avoient les voix et les
suffrages de ces Messieurs dans leurs poches. Il prit
donc de ces placets pour en donner et en faire tenir ;
cependant il ne fit ny l'un ny l'autre, comme font
plusieurs qui s'en chargent et qui s'en servent seulement à fournir leur garderobbe, ce qui est un pur larcin qu'ils font à celles des conseillers. Pour Charroselles,
il estoit excusable d'en user ainsi, car il ne vouloit pas
rompre le veu qu'il avoit fait de ne faire jamais de bien
à personne.

Collantine ne fut pas encore satisfaite de ces offres si
courtoises, car, en continuant dans le style ordinaire
des plaideurs, qui vont rechercher des habitudes[1]
aupres des juges dans une longue suite de generations
et jusqu'au dixiéme degré de parenté et d'alliance, elle
demanda à Charroselles s'il ne luy pourroit point
donner quelques adresses pour avoir de l'accés auprés
de quelques autres conseillers. Il reprit donc la liste, et
en trouva beaucoup où il luy pourroit donner satisfaction, et entr'autres luy en marquant un avec son
ongle, il luy dit : « Je connais assez le secretaire

[1] **Accès** auprès de quelqu'un, relations.

du secretaire de celuy-là ; je puis par son moyen
faire recommander vostre procés au maistre secretaire, et par le maistre secretaire à Monsieur le
conseiller. — Ce n'est pas (répondit-elle) la pire habitude qu'on y puisse avoir. » Il luy dit encore, en lui en
marquant un autre : « Ma belle-sœur a tenu un enfant
du fils aîné de la nourrice de celuy-là, chez lequel elle
est cuisiniere ; je puis luy faire tenir un placet par
cette voye. — Cela ne sera pas à negliger (reprit Collantine) ; il arrive assez souvent que nous nous laissons
gouverner par nos valets plus puissamment que par des
parens ou des personnes de qualité. Mais à propos, ne
connoistrez vous point quelque chasseur, car j'ay affaire
à un homme qui aime grandement la chasse ; de
chasseur à chasseur il n'y a que la main : si j'en
sçavois quelqu'un, je le prierois de luy en parler quand il
seroit avec luy à la campagne. — Je craindrois (luy dit
Charroselles, qui vouloit faire le bel esprit), une telle
sollicitation, et qu'on ne lui en parlast qu'en courant et
à travers les champs. — C'est tout un (repliqua la
chicaneuse) ; cela fait tousjours quelque impression
sur l'esprit ; » et, avec la mesme importunité, elle luy
en designa un autre de la faveur duquel elle avoit
besoin. « Pour celui-là (luy dit-il), c'est un homme
fort devot ; si vous connoissez quelqu'un aux Carmes
deschaussez, vostre affaire est dans le sac ; car on m'a
dit qu'il y a un des peres de ce couvent qui en fait tout
ce qu'il veut ; je ne sçay pas son nom, mais ces bons

peres font volontiers les uns pour les autres. — Helas !
(reprit Collantine avec un grand soûpir) je n'y ai
connoissance quelconque ; toutefois, attendez : je connois un religieux recollet de la province de Lyon, à
qui j'ay oüy dire, ce me semble, qu'il avoit un cadet
qui estoit de ce couvent ; il trouvera quelqu'un de cet
ordre ou d'un autre, il n'importe, qui fera mon
affaire. »

Là-dessus Charroselles luy voulut dire adieu, mais
elle le suivit en le costoyant ; et en luy nommant un
nouveau conseiller, elle luy demanda la mesme grace
qu'il lui avoit faite auparavant. « Pour celuy-cy (luy
dit-il), c'est un homme qui passe pour galant ; il est
fort civil au sexe, et vous estes asseurée d'une favorable
audiance, si vous l'allez voir avec quelque personne qui
soit bien faite. — Ha (reprit-elle) ! je sçay une demoiselle suivante qu'on avoit prise dernierement pour
quester à nostre paroisse à cause de sa beauté. Je la
prieray de m'y mener, et je ne crois pas qu'elle me
refuse, car elle a tenu ces jours-cy un enfant sur les
fonts avec le clerc d'un procureur qui occupe pour
moy en quelques instances. » Charrosellés luy dit un
second adieu ; mais elle l'arresta encore en luy disant :
« Je ne vous veux plus nommer que celuy-cy ; dites-
moi si vous ne connoissez point quelques uns de ses
amis. — J'en connois quantité qui le sont beaucoup
(luy dit-il). — Hé ! de grace, comment s'appellent-ils
(lui répondit-elle avec une grande émotion)? — Ils

s'appellent Loüis (répliqua-t'il). On dit que quand ils
vont en compagnie le prier de quelque chose, ils
l'obtiennent aisément. — Vous estes un rieur (repartit nostre importune); je ne voudrois pas trop me fier à
ce qu'on en dit : on fait beaucoup de médisance sans
fondement, et il n'y a point de si bon juge que la partie
qui a perdu sa cause n'accuse d'avoir esté corrompu par
argent ou par amis; cependant cela n'est presque
jamais vray. »

Cette raillerie servit utilement Charroselles, car il ne se
fust jamais autrement sauvé des mains et des questions
de cette fille. Ils se separerent enfin, non sans protestation de se revoir, et ils s'en allerent chacun de son costé
chercher son logis à tastons, et en pas de loup-garou,
chose qui arrive souvent aux plaideurs. Charroselles,
retournant chez luy fort fatigué, se mit à table avec sa
sœur et son beau-frere, qui estoit medecin, chez lequel
il s'estoit mis en pension, et il leur raconta une partie
des avantures de cette journée, et des discours qu'il
avoit tenus avec une fille si extraordinaire. Ils admirerent
ensemble le naturel des plaideurs, et demeurerent d'accord qu'il faut estre bien chery du ciel pour estre exempt
de tomber dans ces deux sottises, generales à tous ceux
de ce mestier, d'estre si aspres à chercher des connaissances pour donner des placets à des juges, et d'estre si
importuns à raconter leurs affaires et à les consulter à
tous les gens qu'ils rencontrent. « Pour moi, dit Lambertin (c'estoit le nom du beau-frere), j'admire que

l'on cherche avec tant d'empressement des sollicitations,
puis qu'elles servent si peu, et je ne m'estonne point
aussi qu'on en fasse si peu de cas, puis qu'elles viennent de connoissances si esloignées. — Adjoustez (dit
Charroselles) que la plus part donnent des placets fort
froidement, et si fort par maniere d'acquit, que j'aimerois presque autant voir distribuer sur le Pont-Neuf
de ces billets[1], qui annoncent la science et le logis d'un
operateur. — Pour les donneurs de factums (reprit
Lambertin), je leur pardonnerois plus volontiers ; car,
comme ils contiennent une instruction de l'affaire, cela
peut estre utile à quelque chose ; mais le malheur est
que ces messieurs en reçoivent tant, que, s'ils vouloient
les lire tous, il faudroit qu'ils ne fissent autre chose
toute leur vie ; de sorte que leur destin le plus ordinaire est d'accompagner les placets à la garderobbe. —
En cela (dit Charroselles) consiste quelquefois leur fortune ; car, s'il arrive que Monsieur ait le ventre dur, il
peut s'amuser à les lire pendant qu'il est en travail, et
je tiens que, de mesme qu'un amant seroit ravi de sçavoir l'heure du berger, aussi un plaideur seroit heureux
s'il sçavoit l'heure du constipe. — Il faut confesser
(reprit Lambertin) que tous ceux qui cherchent les
voyes d'instruire leurs juges, par quelque façon que ce
soit, sont excusables ; mais les autres ne le sont pas
qui vont importuner une personne estrangere d'un recit long et fascheux d'un procès où ils n'ont aucun

---

[1] **Prospectus.**

interest. Et il arrive qu'à la fin l'auditeur n'y peut rien comprendre, non seulement parce que souvent l'affaire est trop embroüillée, mais aussi parce que le plaideur en taist beaucoup de circonstances necessaires pour la faire entendre ; et comme il en a l'idée remplie, il croit que les autres en sont aussi bien instruits que luy. Le pis est encore que les avis qu'il demande ne peuvent servir de rien : car, s'il parle à des ignorans, ils ne peuvent donner aucune resolution qui soit pertinente ; et si c'est à des sçavans, ils veulent voir les pieces et les procedures pour faire une bonne et seure consultation. Cependant ce ne sont pas seulement les plaideurs qui ont cette manie ; tous ceux qui frequentent avec eux en sont encore entachez, et ne peuvent se deffendre de tomber en mesme faute. J'en fis ces derniers jours une assez plaisante experience, dont je vous veux reciter briefvement l'avanture.

« Un homme de robbe, m'ayant témoigné qu'il vouloit lier une estroite amitié avec moy, m'avoit invité puissamment de l'aller voir. Je luy fis ma premiere visite un dimanche, sur les dix heures du matin. Si-tost qu'il sceut ma venue, il me fit prier de l'attendre dans une salle, tandis qu'il recevoit dans une autre la sollicitation d'un de ses amis de qualité. Apres une heure entiere il me vint faire un accueil tres-civil, et, pour premier compliment, il me témoigna le déplaisir qu'il avoit de m'avoir tant fait attendre. Il me dit pour s'excuser qu'il estoit engagé avec une personne de condition, qui

luy venoit recommander une affaire qui estoit de grande
discussion, et où il y avoit les plus belles questions du
monde, et là dessus il commença à m'en deduire le fait
et à m'en expliquer toutes les circonstances avec les
mesmes particularitez qu'il venoit d'apprendre de sa partie. Ce recit dura une autre heure, au bout de laquelle
midy sonna, et comme il n'avoit pas encore esté à la
messe, il nous fallut separer brusquement sans autre
entretien. Je vous laisse à penser quel fruit et quelle
satisfaction nous avons receu l'un et l'autre de cette visite,
et s'il n'estoit pas plaisant de luy voir commettre la
mesme faute qu'il avoit dessein de reprendre et de
blâmer. »

Lambertin et Charroselles s'entretenoient ainsi pendant le souper; et comme la matiere de railler les plaideurs est assez ample, cette conversation auroit esté
poussée fort loin, si au milieu de la plus grande chaleur,
elle n'eust esté interrompue par un grand bruit de cinq
petits enfans, qui, estant au bout de la table, rangez
comme les tuyaux d'un sifflet de chaudronnier, vinrent
crier de toutes leurs forces : *Laus Deo*, *pax vivis*, et
firent un piaillement semblable à celui des cannes ou des
oysons qu'on effarouche. Chacun fit silence et joignit
les mains, puis la mere prit le plus petit des enfans sur
ses genoux pour l'amignotter[1]. Lambertin, accostant sa
teste sur son fauteuil se mit à ronfler; Charroselles,
homme d'estude, monta en son cabinet, où la premiere

---

[1] Le caresser.

chose qu'il fit, ce fut son examen de conscience de bons
mots, ainsi qu'il avoit accoustumé. C'est à dire qu'il
faisoit un recueil où il mettoit par escrit tous les beaux
traits et toutes les choses remarquables qu'il avoit
oüyes pendant le jour dans les compagnies où il s'estoit
rencontré. Apres cela il en faisoit bien son profit, car
par fois il se les attribuoit et en compiloit des ouvrages
entiers ; par fois il les alloit débiter ailleurs comme
venant de son crû. Ce qui luy arriva cette journée
fut une grande recolte pour luy, câr sans doute il en
couchera l'histoire dans le premier livro qui sortira de
sa plume, et bien plus amplement que je ne la raconte
icy. Ce ne sera que la faute des libraires si vous ne la
voyez pas.

Dés les premiers jours suivans, il ne manqua pas d'aller voir Collantine, comme il alloit voir toutes les autres
filles et femmes de la ville. La grande sympathie qu'ils
avoient à faire du mal à leur prochain, chacun en son
genre, fit qu'ils lierent ensemble une grande... N'attendez
pas que je vous dise amitié ou intelligence ; mais familiarité tant qu'il vous plaira.

Lors de sa premiere visite, et immédiatement apres
le premier compliment, Charrosélles la voulut regaler de
son bel esprit, et luy monstrer le catalogue de ses ouvrages. Mais Collantine l'interrompit, et luy fit voir auparavant toutes les étiquettes de ses procés. Apres cela, i
se mit en devoir de luy lire une satyre contre la chicane,
où il décrivoit le mal-heur des plaideurs. Mais auparavant

elle lui leut un advertissement dressé contre un faux
noble qu'elle avoit fait assigner à la Cour des Aydes sur
ce qu'il avoit pris la qualité d'escuyer. Comme il vid
qu'il ne pouvoit obtenir longue audience, il luy voulut
monstrer un sonnet qu'il lui dit estre un chef-d'œuvre
de poësie, « Ha! pour des chef-d'œuvres (dit-elle), je
vous veux lire un exploit en retrait lignager aussi bien
dressé qu'on en puisse voir. » Il crut estre plus heureux en lui annonçant de petites stances, où il disoit
qu'un amant faisoit à sa maistresse sa declaration. « Pour
des declarations (interrompit-elle encore), j'en ay une
de dépens si bien dressée que de trois cents articles, il
n'y en a pas un de rayé ni de croisé. » Au lieu de se re-
buter, il la pria instamment d'ouïr la lecture d'une epistre.
Elle répondit aussi tost qu'elle n'entendoit point le latin :
car elle ne croyoit pas, en effet qu'il y eut d'autres epistres
que celles qui se lisent devant l'Evangile. Charroselles,
pour s'expliquer mieux, luy dit que c'estoit une lettre.
« Quant aux lettres (luy répondit Collantine), j'en ay
de toutes les façons, et je vous en veux monstrer en forme
de requeste civile obtenues contre treize arrests tous
contradictoires. » Quand il vid qu'il estoit impossible qu'il
fust escouté, il tira un livret imprimé de sa poche, contenant une petite nouvelle, qu'il lui donna, à la charge
qu'elle la liroit le soir. Elle ne parut point ingrate, et
aussi-tost elle lui donna un gros factum à pareille condition. Enfin, je ne sçay si ce fut encore la nuit ou quelque autre interruption qui les sépara, tant y a qu'ils

quitterent fort satisfaits, comme je crois, de s'estre fait
enrager l'un l'autre.

Comme il ne manquoit à Charroselles aucune de toutes
les mauvaises qualitez, il avoit sans doute beaucoup d'o-
piniastreté. Il s'opiniastra donc à vouloir faire entendre
à Collantine quelqu'un de ses ouvrages, et s'estant trouvé
malheureux cette journée, il voulut jouer d'un stratageme. Il s'advisa donc de la prendre à l'impourveu pour
la mener à la promenade hors la ville, raisonnant ainsi
en luy-mesme que, quand il lui liroit quelqu'une de ses
pieces, elle ne pourroit pas l'interrompre pour luy faire
voir d'autres papiers, parce qu'elle ne les auroit pas alors
sous la main. Mais, helas! que les raisonnements des
hommes sont foibles et trompeurs! Comme il la tenoit
en pleine campagne, ignorante de son dessein, et sans
qu'elle eut songé à prendre aucunes armes deffensives,
il se mit en devoir de luy lire un episode de certain
roman qui contenoit (disoit-il) une histoire fort intriguée.
« Vrayement (dit Collantine), il faut qu'elle le soit beaucoup si elle l'est d'avantage que celle d'un procés que
j'ay »; et en disant cela, elle tira de dessous sa juppe
la coppie d'un proces verbal, contenant 55 roolles de
grand papier bien minuttez. « Je vous le veux lire devant
que je le rende à mon procureur, qui le doit signifier
demain; je l'ay pris exprés sur moy, pour le luy laisser
à mon retour; un bel esprit comme vous en fera bien
son profit, car il y a de la matiere pour en faire un
roman. »

Puisque la loy de nature est telle qu'il faut que le plus foible cede au plus fort, il fallut que l'épisode cedast au procés verbal, de mesme qu'un pigmée à un géant. Charroselles fut donc reduit à l'escouter, ou plustost à la laisser lire, et cependant il faisoit en lui mesme cette reflection : « Ne suis-je pas bien malheureux d'avoir pris tant de peine à composer de beaux ouvrages, et estre reduit non seulement à ne les pouvoir faire voir au public, puisque ces maudits libraires ne les veulent pas imprimer, mais mesme à ne trouver personne qui ait la complaisance de les ouïr lire en particulier ? Il faudra que je fasse enfin comme ces amans infortunez qui recitent leurs avantures à des bois et à des rochers, et que j'imite l'exemple du venerable Bede[1], qui preschoit à un tas de pierres. Encore si je ne souffrois ce rebut que par ces critiques qui ne trouvent rien à leur goust que ce qu'ils ont fait, je l'endurerois plus patiemment ; mais qu'il le faille aussi souffrir d'une personne vulgaire, qui ne seroit pas capable de voir les défauts de mes ouvrages, supposé qu'il y en eust, et dont je ne devrois attendre que des applaudissements, c'est ce qui est capable de pousser à bout ma patience. »

Cependant Collantine lisoit, et souvent interrompoit la

---

[1] Une tradition rapporte que le vénérable Bède, savant moine anglais qui vivait au VIII° siècle, étant devenu aveugle, fut un jour conduit par un mauvais plaisant auprès d'un tas de pierres, et crut se trouver en présence d'une nombreuse assemblée de fidèles. Bède fit un sermon aux pierres, et celles- répondirent *Amen* à la prière par laquelle il termina.

triste resverie de nostre autheur inconsolable, et en le
poussant du coude, luy disoit : « N'admirez-vous point
que j'ay un procureur qui verbalise bien ? Vous verrez
tantost le dire d'un intervenant qui n'est rien en comparaison. » Elle demandoit aussi de fois à autre ce qu'il
luy en sembloit, et luy, qui estoit de serment de ne rien
louer, et qui eust été excusable de ne se point parjurer
en cette occasion, luy dit en langue de pedant, dont il
tenoit un peu : « Je ne trouve rien là, *nisi verba et voces.* »
Et estant enquis de l'explication de ces mots, il dit
qu'il ne trouvoit rien de mieux baptisé qu'un procès
verbal, car, en effet il ne contient que des paroles.

Collantine eut plustost le gosier sec qu'elle ne fut
lasse de lire, et cette alteration, aussi bien que la chaleur qu'il faisoit, obligerent ce peu galand homme à luy
offrir un petit doit de collation, et pour cet effet ils des-
cendirent à la Pissote[1]. Le couvert ne fut pas sitost mis
sur la table, que la demoiselle, souspesant le pain dans
ses mains, se mit à crier contre l'hoste qu'il n'estoit
pas du poids de l'ordonnance, et qu'elle y feroit bien
mettre la police. Cette querelle, jointe au mauvais ordre que le meneur y avoit donné, qui estoit d'ailleurs
fort œconome, leur fit faire un tres-mauvais repas, et
qui se pouvoit bien appeler gouster, en prenant ce mot
dans sa plus estroite signification.

Le pis fut quand ce vint à conter. Charroselles

[1] Cabaret des environs de Vincennes. Il a donné son nom à un hameau
voisin.

contestoit avec l'hoste sur chaque article, et faisoit assez
grand bruit, lorsque Collantine y accourut, disant qu'elle
vouloit estre receuë partie intervenante en ce procés.
Elle prit elle-mesme les jettons, chicana sur chaque
article, et rogna mesme de ceux qui avoient esté des-ja
allouez. Sur tout elle ne vouloit pas qu'on payast le
pain qu'à raison de dix sols la douzaine, asseurant que
l'hoste l'avoit à ce prix du boulanger, et que c'estoit
assez pour luy d'y gagner le treiziéme. Cependant,
l'hoste estant ferme à son mot, elle voulut envoyer querir un officier de justice pour consigner entre ses mains
le prix de l'escot, et s'opposer à la délivrance des
deniers, avec assignation pour en voir faire la taxe. Elle
disoit hautement que ce n'estoit pas pour la somme,
mais qu'il ne falloit pas accoustumer ces rançonneurs
de gens à leur donner tout ce qu'ils demandoient;
excuse ordinaire des avares, qui protestent tousjours de
ne pas contester pour la consequence de l'argent, mais
qui neantmoins ne contesteroient point s'il n'en falloit
point donner. Enfin la liberalité forcée de Charroselles
les tira de cet embarras, au grand regret de Collantine
d'avoir manqué une occasion d'avoir un procés, asseurant tout haut que, si c'eust esté son affaire, l'hoste
en eust esté mauvais marchand; qu'il luy en eust cousté
bon; et elle se consola neantmoins, sur la menace qu'elle
luy fit d'y envoyer un commissaire, pour le faire condamner à l'amende à la police.

Nostre pauvre autheur, qui n'avoit pas eu mesme de

la loüange pour son argent, chercha plusieurs autres
occasions, dans les visites qu'il rendit à Collantine, de
luy faire quelque lecture ; mais elle estoit tousjours en
garde de ce costé-là. Ce n'est pas qu'elle eust de l'aversion pour ses ouvrages, mais c'est qu'elle avoit tant
d'autres papiers à lire, où elle prenoit plus de goust,
qu'elle n'avoit de loisir que pour ceux qui flattoient sa
passion. Un jour entr'autres, qu'il avoit fait plusieurs
tentatives inutiles, il se mit tellement en colere contre
elle, qu'il estoit presque resolu de la lier et de luy
mettre un baillon dans la bouche, pour avoir sa
revanche et la prescher tout à loisir, quand voicy qu'il
survient une nouvelle occasion de procés.

Je ne sçay sur quel point de conversation ils estoient,
quand la demoiselle luy dit : « A propos, j'ay une priere
à vous faire : faites-moy le plaisir de me prester une
chose que vous trouverez dans l'estude de feu monsieur
vostre pere. — Quóy (dit Charroselles), avez-vous besoin de livres de guerre ou de chevalerie? J'ay les fortifications d'Errart[1], de Fritat[2], de Ville[3] et de Marolois[4];

[1] Jean Erard ou Errard, ingénieur militaire, né à Bar-le-Duc au
milieu du xvie siècle, mort vers 1620. C'est le premier des ingénieurs
français qui ait écrit sur son art. *La Fortification démontrée et réduite
en art* fut publiée pour la première fois en 1594.
[2] On ne trouve aucun renseignement sur cet auteur.
[3] De Ville (Antoine), ingénieur français, né à Toulon en 1596, mort
en 1656 ou 1657. Son traité : es *Fortifications*, publié en 1629, fut
souvent réimprimé.
[4] Marolois (Samuel), mathématicien français, né dans la seconde
moitié du xvie siècle. Il est l'auteur d'un ouvrage intitulé *Fortification
ou Architecture militaire.* (La Haye, 1615.)

j'ay les livres de machines de Jean-Baptiste Porta[1] et
de Salomon de Caux[2], les livres de Pluvinel[3] et de la
Colombiere[4], » voulant faire croire par là que son pere
estoit un grand homme de guerre.

« Ce n'est point cela (lui dit-elle); je n'ay affaire que
d'un papier. — Ha (repliqua-t'il), il en avoit de tres-
curieux : il avoit toutes les pieces qui ont esté faites
durant la Ligue et contre le gouvernement : le Divorce
Satirique[5], la Ruelle mal-assortie[6], la Confession de
Sancy[7], et plusieurs autres. — Ce n'est point encore
cela (repartit Collantine); c'est qu'en un procés que j'ay,
je voudrois bien produire un arrest qui a esté rendu en

[1] Porta. « Furetière parle ici de quelques-uns des nombreux ouvrages du fameux physicien napolitain · *Pneumaticorum, lib.* III, Na-
ples 1601, in-4°; *De distillationibus*, Rome 1608, in-4°, etc. (Ed.
Fournier.)

[2] Héraldiste français, né vers la fin du xvie siècle, mort en 1658.

[3] Pluvinel de la Baume (Antoine de), écuyer français, né à Crest
(Drôme), 1555-1620. Il a composé pour Louis XIII un traité d'équitation
intitulé le *Manége royal.* (Paris 1623.)

[4] Vulson de la Colombière, héraldiste français, né vers la fin du
xvie siècle, mort en 1658.

[5] Pamphlet dirigé contre Marguerite de Valois, première femme de
Henri IV. Les uns l'attribuent à d'Aubigné, les autres à Louise-Mar-
guerite de Lorraine, princesse de Conti.

[6] *La Ruelle mal-assortie, ou entretiens amoureux d'une dame
éloquente avec un cavalier gascon plus beau de corps que d'esprit,
et qui a autant d'ignorance comme elle a de savoir.* Cette pièce,
qui a été imprimée pour la première fois en 1644, dans le *Nouveau
Recueil des pièces les plus agréables de ce temps*, paraît également
dirigée contre Marguerite de Valois.

[7] *Confession de Sancy.* Ouvrage satirique en prose, par Agrippa
d'Aubigné. Il fut inspiré par l'abjuration de Henri IV.

pareil cas. J'ay entendu dire qu'il y en a eu un rendu
sur une espece toute semblable, en une instance où feu
monsieur vostre père estoit procureur; on luy aura peut-
estre laissé les sacs[1], je vous prie de prendre ce memoire
et de le faire chercher, ou à tout le moins de m'en dire
la datte. — Dites-vous cela (reprit Charroselles) pour
me faire injure? Ne sçavez-vous pas que je suis gentil-
homme? J'ay quatre-vingt mille livres de bien, un
carosse entretenu, deux laquais; valet de chambre, et
apres cela vous me faites ce tort de me croire fils d'un
procureur. — Quand il seroit ainsi (luy répondit Collantine), je ne vous ferois pas grand tort, car j'estime autant
et plus un procureur qu'un gentilhomme. J'en sçais cent
raisons, et surtout une qui est decisive, pour faire voir
l'avantage que l'un a sur l'autre : c'est qu'il n'y a point
de gentilhomme, tant puissant soit-il, qui ait pû ruiner
le plus chetif procureur; et il n'y a point de si chetif procureur qui n'ait ruiné plusieurs riches gentilhommes. »
Et sans luy donner le loisir de l'interrompre, elle, qui
sçavoit admirablement son Palais[2], pour luy monstrer
qu'elle ne parloit point en l'air, luy dit le nom et la
demeure de celuy qui estoit subrogé à la pratique de
son pere, luy nomma l'huissier qu'il employoit à faire
ses significations, le commis du greffe qui mettoit ses
arrests en peau[3], la buvette où il alloit déjeuner, les

[1] Sacs à procès, où l'on mettait les pièces relatives à un procès.
[2] C'est-à-dire, qui connaissait à fond tout ce qui touchait aux procès.
[3] En parchemin.

clercs qui avoient esté dans son estude, enfin tant de
choses que Charroselles, convaincu de cette vérité et
confus de ce reproche, n'eut autre recours pour s'en
sauver qu'à son impudence, et à luy soustenir hautement que tout cela estoit faux. Collantine en inféra
aussi-tost : « J'ay donc menty ! » et en mesme temps il
y eut soufflets et coups de poing respectivement donnez.
Elle fut la premiere à souffleter et à crier : « Au meur-
tre ! on m'assassine ! » Et quoy qu'elle fust la moins
battue, c'estoit elle qui se plaignoit le plus haut. Pour
le pauvre Charroselles, il n'estoit que sur la deffensive ;
et quoy que ce ne fust pas le respect du sexe qui le
reteint (car il n'en avoit ny pour sexe, ny pour âge),
neantmoins l'avantage n'estoit pas de son costé, car
il n'estoit accoutumé qu'à mordre, et non point à souffleter ny à battre. Le plus plaisant fut que, parmy les
voisins qui arriverent au secours, se trouva fortuitement le frere de Collantine, qui avoit herité de l'office
de sergent qu'avoit son pere. Quoy qu'il eust beaucoup d'affection pour elle, il se donna bien de garde de
separer ces combatans, qui s'embrassoient fort peu
amoureusement ; mais, disant aux assistans qu'il les
prenoit à tesmoins, il escrivit cependant à la haste une
requeste de plainte, et tant plus il les voyoit battre,
tant mieux il rolloit [1]. Le mal-heureux autheur fut
donc obligé de s'enfuir, car tout le voisinage accouru se
rua sur sa friperie, et le mit en aussi pitoyable estat

[1] Écrivait des rôles de procédure.

qu'un oyson sans plume. Le sergent envoya querir vistement la justice ordinaire du lieu, dont sa sœur le que-
rella fort, luy disant qu'il se meslast de ses affaires ;
qu'elle sçavoit assez bien, Dieu mercy, les destours de
la pratique [1] pour ruiner sa partie de fonds en comble ;
en un mot, qu'elle vouloit avoir la gloire toute seule
de commencer et de pousser à bout ce procez.

Le bailly venu, elle fit faire en moins de rien de gros
volumes d'informations, et on connut alors le dire d'un
autheur espagnol tres-veritable, qu'il n'y a rien qui
croisse tant et en si peu d'heure, qu'un crime sous la
plume d'un greffier. Elle obtint bientost un decret de
prise de corps, et parce qu'elle n'avoit point de verita-
bles blessures, elle se frotta les bras avec un peu de mine
de plomb ; en suite elle se fit mettre quelques emplas-
tres par un chirurgien et obtint un rapport de plusieurs
échinoses [2] (c'est à dire esgratignures). Ce grand mot
donna lieu à deux sentences de provision de 80 livres parisis chacune. Charroselles, qui ne sçavoit autre chicane
que celle qui luy servoit à invectiver contre les autheurs,
fut si embarrassé que, pour éviter la prison, il fut obligé
de se cacher quelques jours en une maison de campagne
d'un de ses amis. Là, toute sa consolation fut de
décharger sa colere sur du papier et de se servir des
outils de sa profession. Il se mit à faire une satyre contre
Collantine, et sa bile mesme s'épandit sur tout le sexe.

[1] Procédure.
[2] Ecchymoses.

Il chercha dans ses lieux communs tout ce qui avoit esté dit contre les femmes. Il n'oublia pas le passage de Salomon, qui dit que de mille hommes il en avoit trouvé un de bon, et de toutes les femmes pas une. En suite il fit un catalogue de toutes les méchantes femmes de l'antiquité, et les compara à sa partie adverse, qu'il chargea seule de tous leurs crimes. Il la dépeignit cent fois plus horrible que Megere, qu'Alecto ny que Tysiphone. Mais tandis qu'il estoit dans sa plus grande fureur d'invectiver, il se souvint que tout ce qu'il escrivoit seroit peut-estre perdu, parce que les libraires ne voudroient pas imprimer cet ouvrage, comme beaucoup d'autres qu'ils luy avoient rebutez. C'est pourquoy il resolut, pour ne plus travailler inutilement, de sonder à l'advenir leur volonté devant que de commencer un ouvrage. En cela il vouloit imiter ce qu'avoient fait autrefois la Serre et autres autheurs gagistes des libraires, qui mangeoient leur bled en herbe, c'est à dire qui traitoient avec eux d'un livre dont ils n'avoient fait que le titre. Ils s'en faisoient advancer le prix, puis ils l'alloient manger dans un cabaret, et là ils le composoient au courant de la plume. Encore arrivoit-il souvent que les libraires estoient obligez de les aller dégager de la taverne ou hostellerie, où ils avoient fait de la dépence au delà de l'argent qu'ils leur avoient promis.

Il escrivit donc à tous ceux qu'il connoissoit ; il leur manda son dessein et leur envoya un plan ou un eschantillon dé son ouvrage, pour sçavoir d'eux s'ils le

voudroient imprimer. Mais comme ces libraires estoient
dégoustez de tous ses écrits par les mauvais succes
qu'avoient eu ses livres precedens, ils luy manderent
tout à plat qu'ils n'imprimeroient rien de luy qu'il ne
les eut dédommagez des pertes qu'il leur avoit fait souffrir, ce qui le mit en une telle colere, qu'il eust déchiré
le livre qu'il composoit, sans la tendresse paternelle
qu'il avoit pour luy. Neantmoins cela luy fit abandonner
ce dessein. Toutesfois, la rage où il estoit contre Collantine n'estant pas satisfaite, il voulut faire du moins
quelque petite piece contre elle, qu'il pust faire courir
en manuscrit chez les gens qui la connoissoient. Mais
parce que la prose ne se peut pas resserrer dans des
bornes estroites, il fut contraint de tascher à faire des
vers. Cependant, il avoit une estrange aversion pour la
poësie, et quelque effort qu'il eust pû faire, de sa vie
il n'avoit pû assembler deux rimes. Enfin sa passion
vint à un si haut point, qu'elle se tourna en fureur
poëtique, et comme autrefois le fils de Crœsus, qui avoit
esté toujours muet, se desnoua la langue par un grand
effort qu'il fit pour avertir son pere qu'on le vouloit
tuer, de mesme Charroselles, outré de colere contre
Collantine, malgré la haine qu'il avoit pour les vers, fit
contr'elle cette Epigramme :

ÉPIGRAMME.

Pilier mobile du Palais,
Ame au procés abandonnée,
C'est dommage, tant tu t'y plais.

> Que Normande tu ne sois née.
> Je m'attends qu'un de ces matins
> Ton humeur chicaneuse plaide
> Contre le ciel et les destins,
> Qui t'ont fait si gueuse et si laide.

Quoy que cette epigramme ne fust pas bonne, ell
estoit du moins passable pour un homme qui faisoit son
coup d'essay. Il l'envoya à tous ses amis; mais bien luy
en prit qu'elle ne vint point à la connoissance de Collantine, car elle n'auroit pas manqué d'en faire informer et
de l'appeler libelle diffamatoire. Il se crut donc par là
bien vangé (poëtiquement s'entend), car chacun se
vange à sa maniere, un autheur par ses vers, un noble
à coups de main, un praticien en faisant couster de
l'argent. Quelque temps apres, Charroselles, par je ne
sçay quel bonheur, fit connoissance avec un procureur
au Chastelet, excellent dans son mestier et digne antagoniste de Collantine et de son frere le sergent, quand
il les auroit eu tous deux à combattre. Cettuy-cy, pour
luy preparer une autre vengeance, à sa maniere, le fit
adresser à un commissaire qui luy fit répondre et anti-
dater une requeste du jour que la querelle estoit arrivée,
chose qui se fait sans scrupule, à cause que cela ameine
de la pratique aux officiers royaux, par la prevention
qu'ils ont sur les subalternes. Il fit entendre pour témoins deux de ses laquais, dont il fit déguiser les noms
et la qualité, les ayant produit sous un autre habit; il
eut mesme, je ne sçay comment, un rapport de chirurgie
tel quel (car ses blessures, dont il avoit eu bon nombre,

estoient gueries). Avec cela il obtint de sa part un pareil
decret et deux sentences de provision, qui furent don-
nécs deux fois plus fortes que celles de la justice ordinaire, par une jalousie de jurisdiction : en telle sorte
que le sergent, qu'il fit comprendre dans le decret aussi
bien que sa sœur, fut obligé pour quelque temps d'aller
comme disent les bonnes gens, à Cachan[1]. Le remede
fut d'obtenir un arrest portant deffences aux parties d'exé-
cuter ce decret et de faire des procedures ailleurs qu'en
la cour, les provisions compensées, le surplus payé, c'est
le stile ordinaire. Et en vertu de ce surplus, le pauvre
sergent, quelque temps apres, lorsqu'il ne s'en doutoit
en aucune sorte, fut constitué injurieusement prisonnier
par un de ses confreres, qui pour peu d'argent se chargea volontiers de cette contrainte contre luy. La cause fut
mise au roole, et apres avoir esté long-temps sollicitée et
bien plaidée, les parties furent mises hors de cour et de
proces, sans aucune reparation, dommages, interests, ny
dépends. Ainsi, qui avoit esté battu demeura battu, et
tous les grands frais que les parties avoient fait de part
et d'autre furent à chacune pour son compte.

Or, lecteur, vous devez sçavoir qu'il estoit escrit dans
les livres des Destinées, ou du moins dans la teste opiniastre de Collantine, qui ne changeoit guere moins,
qu'elle ne seroit jamais mariée à personne qui ne l'eust
vaincue en procés, de mesme qu'autrefois Atalante ne

[1] *Aller à Cachan.* Se cacher. Cachan est un petit village des
environs de Paris, voisin d'Arcueil.

vouloit se donner à aucun amant qu'il ne l'eust vaincuë à
la course. De sorte que cet heureux succés de Charroselles
luy servit au lieu de luy nuire ; et quoy qu'en effet il ne
l'eust pas surmontée entierement, du moins il luy avoit
fait perdre ses avantages, comme il arrivoit en ces anciens
combats de chevaliers qui se terminoient apres un
témoignage reciproque de valeur, sans la deffaite entiere
de leur ennemy. De maniere qu'on ne vit point icy
arriver ce qui suit ordinairement les procés, car cela
ne servit qu'à les réjoindre plus estroitement, et à leur
donner une estime réciproque l'un pour l'autre. Sur tout
Collantine, qui se croyoit invincible en ce genre de
combat, admiroit le heros qui luy avoit tenu teste, et
commença de le trouver digne d'elle. Mais voicy cependant un rival ou plustost un autre plaideur, qui se
jette à la traverse.

Je ne sçaurois obmettre la description d'une personne
si extraordinaire. C'estoit un homme qui, par les res-
sorts de la Providence inconnus aux hommes, avoit obtenu une charge importante de judicature. Et pour
vous faire connoistre sa capacité, sçachez qu'il estoit
né en Perigort, cadet d'une maison qui estoit noble, à ce
qu'il disoit, mais qui pouvoit bien estre appelée une noblesse de paille, puis qu'elle estoit renfermée sous une
chaumiere. La pauvrete plustost que le courage l'avoit
fait devenir soldat dans un régiment, et la fortune enfin
l'avoit poussé jusqu'à l'avoir rendu cavalier quand elle
le ramena à Paris. Du moins ceux qui estoient bons

naturalistes appeloient cheval la beste sur laquelle il
estoit monté; mais ceux qui ne regardoient que sa taille,
son port et sa vivacité, ne la prenoient que pour un
baudet. Il fut vendu vingt escus à un jardinier dés le
premier jour de marché, et bien luy en prit, car il auroit
fait pis que Saturne qui mange ses propres enfans : il se
seroit consommé luy-mesme. Le laquais qui suivoit ce
cheval (il faut me resoudre à l'appeler ainsi) estoit proportionné à sa taille et à son merite. Il estoit Pigmée et
barbu, sçavant à donner des nazardes et à ficher des
épingles dans les fesses ; en un mot, assez malicieux
pour meriter d'estre page, s'il eut esté noble, supposé
qu'on cherche tousjours de la noblesse dans ces messieurs. Pour bonnes qualitez, il avoit celle d'encherir sur
ceux qui jeusnent au pain et à l'eau, car il avoit appris à
jeusner à l'eau et à la chastagne[1]. Aussi cela lui estoit-il
necessaire pour vivre avec un tel maistre, puisque, pour
peu qu'il eust esté goulu, il l'eust mangé jusqu'aux os;
encore n'auroit-il pas fait grande chere, ce pauvre
homme et sa bourse estant deux choses fort maigres. Si
ce proverbe est veritable, tel maistre tel valet, vous
pouvez juger (mon cher lecteur, qu'il y a, ce me semble,
long-temps que je n'ay apostrophé) quel sera le maistre dont vous attendez sans doute que je vous fasse le
portrait. Je vous en donneray du moins une esbauche.
Il estoit aussi laid qu'on le puisse souhaitter, si tant
est qu'on fasse des souhaits pour la laideur; mais je ne

[1] C. aigne.

suis pas le premier qui parle ainsi. Il avoit la bouche
de fort grande estenduë, témoignant de vouloir parler
de prés à ses aureilles, qui estoient aussi de grande taille,
témoins asseurez de son bel esprit. Ses dents estoient
posées alternativement sur ses gencives, comme les
creneaux sur les murs d'un chasteau. Sa langue estoit
grosse et seiche comme une langue de bœuf; encore
pouvoit-elle passer pour fumée, car elle essuyoit tous
les jours la vapeur de six pippes de tabac. Il avoit les
yeux petits et battus, quoy qu'ils fussent fort enfoncez,
et vivans dans une grande retraite; le nez fort camus, le
front eminent, les cheveux noirs et gras, la barbe rousse
et seiche. Pour le peu qu'il avoit de cou, ce n'est pas la
peine d'en parler; une espaule commandoit à l'autre
comme une montagne à une colline, et sa taille étoit aussi
courte que son intelligence. En un mot sa physionomie
avoit toute sorte de mauvaises qualitez, horsmis qu'elle
n'estoit pas menteuse. On le pouvoit bien appeller
vaillant depuis les pieds jusqu'à la teste, car sa valeur
paroissoit en ses mâchoires et en ses talons. Mais l'infor-
tune l'avoit tellement talonné à l'armée qu'après vingt
campagnes il n'avoit pas encore gagné autant que valoit
sa legitime (l'on ne sçauroit rien dire de moins), et il
estoit obligé de venir chercher sa subsistance à Paris,
qui estoit son meilleur quartier d'hyver.

Quant à son esprit, il estoit tout à fait digne de son
corps ; et quoy qu'il n'ait bien paru que lors qu'il a
esté placé sur le tribunal, il en fit voir neantmoins quel-

que eschantillon par où l'on peut juger de son caractere.
Un jour qu'on luy parloit de la grande Chartreuse[1], il
demanda si c'estoit la femme du general des Chartreux.
Il demanda aussi à d'autres gens de quelle matiere estoit
fait le cheval de bronze[2], qui, voyant sa naïfveté luy persuaderent que les pecheurs venoient la nuit tirer des
poils de sa queue pour faire leurs lignes. Il gagea un
jour que la Samaritaine[3] estoit de Paris, et se mocqua
d'un bachelier qui luy vouloit prouver le contraire par
la Bible. Ayant ouy parler un jour de l'estoile poussi-
niere[4], il demanda combien de fois l'année elle avoit
des poussins. Une autrefois un Jacobin luy ayant parlé
de la sainte Inquisition, il l'alla retrouver le lendemain,
pour luy dire que c'estoit un grand abus de la croire
sainte : qu'il n'avoit point trouvé sa feste dans l'almanac,
ny sa vie dans la Fleur des Saints[5]. Comme il se pro-
menoit un jour dans les Thuilleries quelqu'un s'estonnant de la cause qui avoit peû faire ainsi nommer ce
jardin, il répondit qu'il y avoit eu autrefois un roy de
France qui s'appeloit Thuille, qui lui avoit donné son

[1] Monastère de Chartreux, près de Grenoble.
[2] Le cheval de Henri IV, sur le Pont-Neuf.
[3] Allusion au groupe de bronze qui surmontait la fontaine établie sur
le Pont-Neuf pendant le règne de Henri IV. Ce groupe représentait la
Samaritaine écoutant Jésus auprès du puits de Jacob. La fontaine du
Pont-Neuf fut démolie en 1813.
[4] Nom ancien de l'étoile principale de la constellation des Pléiades.
Il est resté populaire.
[5] *La Fleur de la Vie des Saints*, du P. Ribadeneira, publiée en
1641.

nom. C'estoit sçavoir l'histoire de son pays merveilleusement. Je ne sçay s'il n'avoit pas autant de raison que
cet autre etimologiste, qui vouloit que la salade eust été
inventée par Saladin, à cause de la ressemblance du nom.
A propos de princes, quand il vouloit parler de ceux des
Vénitiens et des Persans, il avoit coustume de dire le do-
gue de Venise et le saphir de Perse, au lieu de dire le
doge et le sophy. Une autrefois, ayant découvert un
clocher en approchant de Charenton[1], il demanda ce que
c'estoit; on luy répondit que c'estoit la maison des carmes deschaussez. « Ha ! vrayment (dit-il, trompé sur
ce que nous appellons ceux de la Religion des Charen-
tonniers[2]), je ne croyois pas qu'il y eust des Carmes deschaussez huguenots. » Le nombre de ses apophtegmes
seroit grand si on les vouloit recueillir, et pourroit servir
de supplément au livre du sieur Gaulard[3], qui avoit à
peu près un mesme génie. Cependant avec ces ridicules
qualitez de corps et d'esprit, la fortune s'advisa d'aller
choisir ce magot pour le faire paroistre sur un grand
theatre, de la mesme maniere que les charlatans y
eslevent des singes et des guenons pour faire rire le
peuple.

Il y avoit une charge de prevost vacante depuis long-
temps en une Justice des plus considerables de la ville.

---

[1] Village des environs de Paris. Les Réformés y avaient un temple.

[2] Les Réformés qui allaient au prêche à Charenton.

[3] Allusion aux *Apophtegmes du sieur Gaulard*, publiés à la suite
des *Bigarrures et touches du seigneur des Accords* (Tabourot).

D'abord plusieurs personnes d'esprit et de sçavoir se
presenterent pour en traiter; mais il s'y trouva tant
d'obstacles de la part d'un nombre infiny de creanciers
que les honnestes gens, qui estoient incapables de faire
les intrigues necessaires pour acheter les suffrages de
tant de personnes, s'en rebuterent. On y mit cependant
un commissionnaire[1], à qui on fit le procés pour diverses voleries, et la haine qu'on eut pour luy, et la necessité de le chasser, en faciliterent l'entrée à Belastre (car
c'est ainsi que se nommoit nostre futur ridicule magistrat). Voicy comme il parvint à cette dignité, qui auroit été un lieu d'honneur pour un autre, mais qui en
fut un de deshonneur pour luy.

Un de ses freres avoit espousé en secondes nopces
la fille du premier lit de la seconde femme du deffunt
prevost, possesseur de la charge dont il s'agit. Cette
veufve étoit une femme vieille, laide, gueuse, méchante,
harpie, intrigueuse[2], médisante, fourbe, menteuse, ban-
queroutiere, et qui avoit toutes ces mauvaises qualitez
en un souverain degré. Son mary ne s'estoit pas contenté de se faire separer de corps et de biens d'avec
cette peste; il n'avait peû estre à couvert de sa malice
qu'en la faisant enfermer dans un des cachots de la Conciergerie, où elle demeura tant qu'il vescut. Apres sa
mort, elle se mit en teste de disposer de cette charge,
sous pretexte de sa qualité de veuve, quoy qu'elle n'y

eust aucun interest, parce que le nombre de ses creanciers et de ceux de son mary absorboit trois fois la valeur
de sa succession. Mais, par dé feintes promesses, elle engagea dans son party une bourgeoise dont la creance estoit
fort considérable, luy faisant entendre qu'elles partage-
roient ensemble les revenus de l'office, qu'elle luy fit
paroistre bien plus grands qu'ils n'estoient en effet.
Cette femme donna dans le paneau, et comme le chien
d'Esope, qui prit l'ombre pour le corps, s'obligea avec
elle de payer tous les creanciers.

Belastre fut le personnage du nom duquel le traité
fut remply, qui, ayant par ce moyen le titre, se vit en
une plus grande difficulté d'avoir l'agrément du seigneur dont la charge dépendoit. Il se trouva qu'il avoit
rendu, à l'armée, un service tres-considerable à une
personne de la premiere qualité. Il n'y a rien dont les
grands soient si prodigues que de sollicitations, ne se
pouvant acquitter à moindres frais des vrais services
qu'on leur a rendus qu'en donnant des paroles et des
complimens. Le seigneur de la Justice ne put refuser
des provisions[1] à Belastre, apres la priere qui lui en fut
faite de la part de cet illustre solliciteur. Mais quoy
qu'il eust intéressé tous ses officiers, afin de ne point
gaster cette sollicitation, il y en eut quelqu'un d'oublié, qui donna advis du peu d'esprit et de capacité de
l'aspirant, dont il donnoit d'ailleurs assez de marques
par l'aspect de sa personne. Voicy comment cette

---

[1] Lettres par lesquelles un office etait confié à quelqu'un.

affronteuse[1] y remedia. Elle leurra une veuve nommée de
Prehaut de l'esperance d'épouser ce magistrat quand il
seroit parvenu dans son estat de gloire. Celle-cy, qui
estoit si affamée de mary qu'elle en auroit esté chercher
en Canada[2], la crut, et engagea sa mere dans son party,
qui estoit encore une insigne charlatane, et fameuse
par ses intrigues et par ses affiches[3]. Sa hablerie, plustost
que sa science, lui avoit acquis quelque reputation à
faire des cures de certaines maladies du scroton. Elle
pensoit, ou plustost elle abusoit comme les autres, le
fils d'un conseiller du Parlement, qui, sur sa fausse
reputation, s'estoit mis entre ses mains. Ce conseiller
estoit en tres-grande estime dans le palais, et n'avoit
autre foiblesse que de deferer trop legerement aux prieres
de ses enfans, dont il estoit infatué. La vieille donc pria
cette veuve, la veuve pria sa mere, la mere pria son
malade, le malade pria son pere; et par surprise, à leur
relation, il signa un certificat en faveur de Belastre,
sans l'examiner, par lequel il attestoit qu'il estoit noble
et de bonne vie et mœurs; mesme il y avoit un article
faisant mention de sa capacité. Apres celuy-là elle en
fit signer plusieurs autres semblables, jusqu'au nombre
de vingt-cinq, par des officiers de cour souveraine,
avec quelque legere recommandation, et bien plus de
facilité; car tous les hommes péchent volontiers par

[1] Trompeuse.
[2] On transportait alors aux colonies les femmes de mauvaises mœurs.
Il y a sans doute ici une allusion à ces émigrations forcées.
[3] Prospectus.

exemple, et, comme s'ils estoient au bal, se laissent conduire par celuy qui meine le bransle. Tant y a qu'apres
ces temoignages authentiques (que le seigneur garda
pardevers luy comme ses garends) il ne put se deffendre d'agréer un homme qui se rendit aussi fameux par
son ignorence, que les autres l'auroient pu faire par
leur doctrine.

Aussi-tost, le nouveau pourveu publia que sa promotion
à cette charge estoit un ouvrage de la Providence divine,
et pour preuve (disoit-il) qu'elle s'estoit meslée de son
affaire, c'est qu'il avoit obtenu tant de certificats de capacité de personnes qui ne l'avoient jamais veu ny con-
neu. Le curé mesme de la paroisse l'appela, dans son
prosne, prevost Dieu-donné, trompé par les premieres
apparences qu'il luy donna de devotion.

Quand il fut installé dans son siege, le premier reglement qu'il fit, ce fut d'ordonner que les procureurs,
greffiers, sergens et autres officiers escriroient doresna-
vant tous leurs actes en lettre italienne bastarde. Car,
comme il escrivoit à la maniere des nobles, c'est-à-dire
d'un caractere large de deux doigts, il ne pouvoit lire
que cette sorte d'escriture. Il appeloit chicane tout ce
qu'il voyoit escrit en minutte, et il adjoustoit qu'il avoit
tousjours ouï dire que la chicane estoit une méchante
beste, qu'il ne la vouloit point souffrir dans sa justice. S'il
desiroit voir quelques expeditions ou procedures, il
disoit : Apportez-moy un papier, nommant de ce nom
general tous les actes qui se font en justice, de mesme

que font les bonnes gens qui n'ont aucune connoissance
des affaires. Il se servoit encore des termes de la guerre
pour s'expliquer dans la robbe, et quand il vouloit se
faire payer de ses vacations ou de ses espices [1], il disoit
ordinairement : Payez-moy ma solde. Il avoit peut-estre appris ce qui se raconte d'un gentilhomme de fortune, qui, sans avoir esté à la guerre, tout d'un coup
fut fait general d'armée, et qui chercha aussi-tost un
maistre de fortifications pour luy apprendre (disoit-il)
l'art militaire de la guerre, à quatre pistoles par mois.
Celuy-cy en fit chercher un pour luy apprendre le més-
tier de juge, à la charge qu'on luy en viendroit faire des
leçons chez luy. Il s'imaginoit que cela s'apprenoit
comme la science d'un escrimeur ; et il adjoustoit que,
puisqu'il avoit bien esté à l'armée sans avoir esté à l'a-
cadémie, il pourroit bien aussi estre juge sans avoir esté
jamais au college. Il se targuoit quelquefois de l'exemple
d'un boucher de Lyon qui avoit acheté un office
d'esleu [2], le gouverneur de la ville s'estonnant comment

---

[1] Au XIIIᵉ et au XIVᵉ siècle, le plaideur qui avait gagné un procès
offrait au conseiller rapporteur des boîtes de confitures et de dragées
que l'on nommait *épices*. Ce nom fut ensuite maintenu aux cadeaux en
espèces sonnantes, puis aux honoraires dus légalement aux juges par les
parties. L'usage des *épices* ne fut aboli qu'à l'époque de la Révolution.

[2] *Elu*. Officier d'une élection qui, originairement élu par ses conci-
toyens, était chargé de la répartition des impôts, et jugeait en premier
ressort les contestations qui s'élevaient au sujet de certaines taxes.
Voici d'ailleurs la définition que donne le dictionnaire de Furetière au mot
Esleu : « Officier royal subalterne, ignare et non lettré, et sans degrés,
qui connoît en première instance de l'assiette des tailles, aides, subsides
et autres impositions ; des différends qui surviennent en conséquence. »

il le pourroit exercer, veu qu'il ne sçavoit ni lire ni
escrire, il luy répondit avec une ignorante fierté : « Hé!
vrayment, si je ne sçais escrire, je hocheray ; » voulant
dire que, comme il faisoit des hoches[1] sur une table
pour marquer les livres de viande qu'il livroit à ses
chalans, il en feroit autant sur du papier pour lui tenir
lieu de signature. Mais en faveur du boucher, on pouvoit alléguer une disparité qui le rendoit excusable ; car
les esleus sont gens ignares et non lettrez par l'édit de
leur creation, et c'est en ce point que l'édit, grace à
Dieu, est bien observé. Je ne puis obmettre une belle
preuve qu'il donna de sa capacité un peu auparavant
que de devenir juge. Il estoit au Palais avec quelques
officiers d'armée, qui achetoient des livres à la boutique
de Rocolet[2] ; par vanité il en voulut aussi acheter, et en
effet il en demanda un au marchand. Rocolet luy demanda quel livre il cherchoit, et s'il en vouloit un in-
folio ou un in-quarto. Belastre, ignorant de ces termes,
n'auroit pas compris ce que cela vouloit dire, si ce n'est
qu'en mesme temps on luy montroit du doigt le volume.
Il repondit donc qu'il vouloit un grand livre. Rocolet
luy demanda encore s'il vouloit un livre d'histoire, de
philosophie ou de quelqu'autre science. Belastre luy
repondit qu'il ne s'en soucioit pas, et qu'il vouloit seulement qu'il luy vendist un livre. « Mais encore (insista

[1] Entailles.

[2] Un des plus fameux libraires de l'époque. Il publiait surtout des
livres d'art militaire.

le marchand), afin que je vous en donne un qui vous puisse estre utile, dites-moy à quoy vous vous en voulez servir. » Belastre luy repondit brusquement : « C'est à mettre en presse mes rabats[1]. » Cette reponse fit rire le libraire et tous ceux qui l'entendirent, et monstra que cet homme se connoissoit fort en livres, et qu'il en sçavoit merveilleusement l'usage. Il estoit si peu versé dans la connoissance du Palais, que, mesme depuis qu'il fut magistrat, il croyoit que les Chambres des Enquestes estoient comme les classe du college, et qu'on montoit de l'une à l'autre à mesure qu'on devenoit plus capable; de sorte qu'ayant veu un jeune homme sortir de la quatriesme chambre, il s'en estonna, et dit tout haut : « Voilà un conseiller bien advancé pour son âge. » Une autrefois, à la table d'un president, quelqu'un vint à citer la loi des douze tables. « Vrayment (luy dit Belastre en l'interrompant), il falloit que ces Romains fussent gens de bonne chere. » Un galant homme qui se trouva de la compagnie, pour ne pas laisser perdre ce plaisant mot, en fit sur le champ ce quatrain :

> Un ignorant que les destins
> Font un juge des plus notables
> Croit que les loix des douze Table ;
> Sont faites pour les grands festin

---

[1] Cette réponse rappelle un passage des *Femmes savantes*, celui où Chrysale dit à Bélise :

> Vos livres éternels ne me contentent pas;
> Et, hors un gros Plutarque à mettre mes rabats,
> Vous devriez brûler tout ce meuble inutile.

Apres le dîner, ayant suivy ce président, qui entroit
en son cabinet pour y examiner le plan d'une maison
qu'il vouloit faire bastir, Belastre le prit apres luy pour
le voir, faisant semblant de s'y connoistre; mais, ayant
aperceu au bas une ligne divisée en plusieurs parties,
avec cette inscription : *Eschelle de quinze toises.* « Vrayment (dit-il), pour faire une si grande eschelle, il falloit
de belles perches. » Il luy arriva aussi un jour de
demander à un conseiller, quand le roy estoit en
son lit de justice, s'il estoit entre deux draps ou sur la
couverture.

Mais pour revenir à son domestique (car on pourroit
faire des livres entiers de ses burlesques apophtegmes),
il luy vint une apprehension que cette demoiselle de
Prehaut ne luy fît signer quelque papier (c'est ainsi
comme j'ay dit, qu'il appeloit tous contracts), et qu'elle
ne surprist ainsi une promesse ou un contract de mariage. Il luy avoit promis son alliance avant qu'il fust
installé, mais lorsqu'il crut n'avoir plus affaire d'elle, il
la dédaigna, et ne voulut plus tenir sa promesse. Comme
il ne sçavoit pas lire, du moins l'escriture ordinaire de la
pratique[1], il ne signoit que sur la foy d'un siffleur[2] qu'il
avoit ; mais la deffiance estant fort naturelle aux méchans et aux ignorans, il eust peur qu'il ne fut gagné
par cette femme, qui passoit pour fort artificieuse.
Voicy la belle precaution de laquelle il s'avisa, et dont

[1] De la procédure.
[2] Souffleur.

il ne demanda advis à personne. Il fit commandement à
un de ses sergens d'aller faire deffenses au curé de la
paroisse de le marier en son absence. Le sergent luy
remonstra qu'il se mocquoit de luy, mais cela fit croire à
Belastre qu'il s'entendoit aussi avec sa partie, de sorte
qu'il fit le mesme commandement à un autre, qui luy
fit une pareille reponse. Enfin, se fâchant de n'estre pas
obey, et les menaçant d'interdiction, il alla luy-mesme
dire au curé, en présence de plusieurs témoins qu'il
mena exprés : « Je vous fais deffence, par l'authorité
que j'ay en main, de me marier que je n'y sois present
en personne. » Et au retour, par maniere de congratu-
lation, il disoit à ses domestiques : « Voila comme les
gens prudens donnent ordre à leurs affaires et se gar
dent d'estre surpris. »

Tel estoit donc la mine et le genie de ce personnage,
qui ne divertissoient pas mal tous ceux qui le connoissoient. On prenoit aussi un tres-grand plaisir à examiner
son action et ses habits, qui n'estoient pas mal assortis
avec le reste. Il faisoit beau le voir dans les rues, car il
marchoit avec une carre[1], une gravité de president gascon.
Il avoit cherché le plus grand laquais de Paris pour porter
la queue de sa robbe, et il la faisoit tousjours aller de
niveau avec sa teste, car il s'estoit sottement imaginé que
quand on la portoit haute, c'estoit une grande marque
d'élevation. En cet estat elle découvroit une soutane de

---

[1] Aplomb, air prétentieux. On dit aujourd'hui *se carrer* dans le même
sens.

satin gras et un bas de soye verte qui estoit une chose
moult[1] belle à voir. Dans son siege, c'estoit encore pis,
car en cinq ans que dura son regne, il ne put jamais
apprendre à mettre son bonnet, et la corne la plus
élevée, qui doit estre sur le derriere, estoit tousjours
sur le devant ou à costé. Il estoit là comme ces idoles qui
ne rendoient point d'oracles toutes seules. Il y avoit un
advocat qui montoit au siege aupres de luy, pour luy
servir de conseil ou de truchemant, qui luy souffloit mot
à mot tout ce qu'il avoit à prononcer ; mais ce secours ne
luy dura gueres, car les parties intéressées à l'honneur de
la justice eurent d'abord cet avantage, qu'ils firent
deffendre à ce sifleur de monter au siege avec luy, afin
que, son ignorance estant plus connuë, il peût estre
plus facilement dépossedé. Le sifleur fut donc obligé de
se retirer au barreau, d'où il luy faisoit quelques signes
dont il estoient convenus pour les prononciations les
plus communes ; mais il s'y trompoit quelquefois lour-
dement. L'extention de l'index estoit le signe qu'ils
avoient pour signifier un appointement en droit. Un
jour qu'il estoit question d'en prononcer un, le truchemant luy monstra le doigt, mais un peu courbé ; le juge
crut qu'il y avoit quelque chose à changer en la prononciation, et appointa les parties en tortu. Ce n'est
pas le seul jugement tortu qu'il ait donné. Comme il
n'en sçavoit point d'autre par cœur que : deffaut et soit

---

[1] Très. Mot déjà tombé en désuétude du temps de Furetière, et qu'il
emploie par plaisanterie.

reassigné, il se trouva qu'un jour en le prononçant un
procureur comparut pour la partie; il ne laissa pas d'in-
sister à sa prononciation, disant au procureur, qui s'en
plaignoit : « Quel tort vous fait-on de donner deffaut et
dire que vous serez reassigné? » Le procureur ayant
repliqué que cette reassignation n'auroit d'autre effet
que de lui faire faire une pareille presentation, il le fit
taire, et le condamna à l'amande pour son irreverance.
Il condamna pareillement à l'amande un advocat qui,
en plaidant devant lui contre des Chartreux, pour faire
le beau parleur, les avoit appelez icthyophagos (voulant dire qu'ils ne mangeoient que du poisson), à cause,
disoit ce docte officier, qu'il ne vouloit pas souffrir dans
son siege que des advocats dissent de vilaines injures à
leurs parties adverses, et surtout à de si bons religieux.
Il arriva une autre fois qu'y ayant eu une cause plaidée
long-temps avec chaleur, l'affaire demeura obscure pour
luy, qui auroit esté fort claire pour un autre, sur
quoy il se contenta de prononcer : « Attendu qu'il ne
nous appert de rien, nous en jugeons de mesme. » Hors
du siege, il ne prenoit point de connoissance des
affaires ; et quand quelque amy qu'il vouloit gratifier
venoit faire chez luy une sollicitation, il luy répondoit
seulement en ces termes : « Faites composer une requeste, je la seigneray, et je mettray : Soit fait ainsi
qu'il est requis. »

J'apprehende ici qu'on ne croye que tout ce que j'ay
rapporté jusqu'à present ne passe pour des contes de la

Cigogne ou de ma Mere l'Oye[1], à cause que cela semble
trop ridicule ou trop extravagant; mais, pour en oster
la pensée, je veux bien rapporter en propres termes une
sentence qu'un jour il rendit, dont il courut assez de
coppies imprimées dans le Palais lors qu'on poursuivoit
le procés de son interdiction. Belastre la rendit tout
seul et de son propre mouvement (son sifleur estant
malheureusement pour lors à la campagne) sur une
affaire tres-épineuse, et qui ne pouvoit estre bien
décidée que par le juge Bridoye[2] ou par luy; la voicy en
propres termes, et telle qu'elle a paru en plein Parlement,
où on en produisit l'original :

Jugement des buchettes[3], rendu au siege de...,
le 24 septembre 1644.

Entre maistre Jean Prud'homeau, demandeur en restitution
d'une pistole d'or d'Espagne de poids, et trois pieces de
treize sols six deniers legeres, comparant en sa personne,

---

[1] Nom que porta d'abord le recueil de contes de Ch. Perrault. Il fu
emprunté à un ancien fabliau dans lequel est représentée une *mère oie*
ou vieille oie, instruisant de petits oisons.

[2] Il est ici fait allusion au juge de Rabelais, « lequel sententioit les
procés au sort des dez. »

[3] *Buchettes.* Petit brin de bois ou de paille pour tirer à la courte-
paille.

Tirez-donc, voici deux buchettes,
Accommodez-vous ou tirez.
LA FONTAINE.

d'une part. Contre Pierre Brien et Marie Verot, sa femme;
ladite Verot aussi en personne. Ledit demandeur a dit avoir
fait convenir par devant nous les deffendeurs, pour se voir
condamner à luy rendre et restituer une pistole d'or
d'Espagne de poids, et trois pieces de treize sols six deniers
legeres, qu'il auroit mis és mains ce jourd'huy de ladite
Verot, pour en avoir la monnoye, et luy payer quatorze sous
de dépence; c'est à quoy il conclud, et aux dépens. Ladite
Verot reconnoist avoir eu entre les mains une pistole,
laquelle ledit Prud'homeau lui avoit baillée pour la luy faire-
peser; mais que la luy ayant renduë et mise sur la table,
elle fait dénegation de l'avoir prise, et partant mal convu-
nuë par le demandeur, et pour le regard des trois pieces
de treize sols six deniers legeres, reconnoist les avoir euës,
offrant les luy rendre, en payant quatorze sols, que leur
doit ledit Prud'homeau, de dépence; requerant estre ren-
voyée avec dépens. Et par ledit Prud'homeau a esté per-
sisté en ce qu'il a dit cy-dessus, et fait dénegation que ladite Verot luy ait rendu ladite pistole, ny ne l'avoir veu
mettre sur la table, ne sçachant si elle l'a mise ou non, et
ne l'avoir veuë du depuis; c'est pourquoy il conclud à la
restitution d'icelle et aux dépens.

Surquoy, et apres que les parties respectivement ont fait
plusieurs et divers sermens, chacune à ses fins, et voyant
que la preuve des faits cy-dessus posez estoit impossible,
nous avons ordonné que le sort sera presentement jetté,
et à cét effet avons d'office pris deux courtes pailles ou
buchettes entre nos mains, enjoint aux parties de tirer chacun l'une d'icelles; et pour sçavoir qui commenceroit à
tirer, nous avons jetté une piece d'argent en l'air, et fait
choisir pour le demandeur l'un des costez de ladite piece
par nostre serviteur domestique; lequel ayant choisi la
teste de ladite piece, et la croix, au contraire, estant

apparue, avons donné à tirer à la deffenderesse l'une des
buchettes, que nous avons serrées entre le pouce et le doigt
index, en sorte qu'il ne paroissoit que les deux bouts par
en haut, avec declaration que celle des parties qui tireroit
la plus grande des buchettes gagneroit sa cause. Estant arrivé que la deffenderesse a tiré la grande, nous, deferant
le jugement de la cause à la Providence divine, avons
envoyé icelle deffenderesse de la demande du demandeur
pour le regard de la pistole, sans dépens, et ordonné que
les trois pieces de treize sols six deniers seront rendues,
en payant par le demandeur quatorze sols pour son escot.
Dont ledit Prud'homeau a declaré estre appelant, et de
fait a appelé et a requis acte à moy greffier sous-signé, qui
lui a esté octroyé. Donné à... le 24 septembre 1644.

Cette piece, qu'on a rapportée en propres termes
et en langage chicanqurois, pour estre plus authentique, est assez suffisante pour establir la verité que
quelques envieux voudroient contester à cette histoire :
apres quoy on ne sçauroit rien dire qui puisse mieux
monstrer le caractere et la suffisance de Belastre.
C'estoit donc un digne objet des satyres et railleries
publiques et particulieres ; mais ce ne fut pas là son
plus grand malheur : il se fut bien garenty des escrits et
des pointes des autheurs, et il ne le put faire des exploits
et de la chicane de Collantine. Malheureusement pour
luy, elle eut un procés en sa justice contre un teinturier,
où il ne s'agissoit au plus que de trente sous. Elle n'en
eut pas satisfaction, ce qui la mit tant en colere, qu'elle

le menaça en plein siege qu'il s'en repentiroit; et
comme elle ne cherchoit que noises et procés, elle alla
fueilleter ses papiers, où elle trouvà qu'autrefois il avoit
esté deüb quelque chose sur la charge de Belastre à
quelqu'un de ses parens; mais la poursuite de cette
debte avoit esté abandonnée, parce qu'un si grand
nombre de creanciers avoient saisi ce qui luy en pouvoit
revenir, qu'ils en auroient absorbé le fonds quand il
auroit esté dix fois plus grand.

Quoy qu'elle n'y eust donc aucun veritable interest,
elle se mit à la teste de toutes les parties de Belastre, qui
commençoient des-ja à l'attaquer, mais foiblement, ayant
peur de sa qualité de juge, et elle fit tant de bruit et de
procedures que le pauvre homme ne pût jamais démesler
cette fusée, et vit prononcer deux fois contre luy une
injurieuse interdiction. Encore avoit-elle l'adresse de ces
capitaines qui, portant la guerre dans un païs ennemy,
y font subsister leurs troupes. Car elle tiroit contribu-
tion de tous les ennemis et creanciers de Belastre, et
encore plus de ceux qui pretendoient au titre ou à la
commission de sa charge. Mais elle changeoit aussi
souvent de party que jadis les lansquenets[1], et sa fidelité
cessoit aussitost que sa pension. Cependant cinq ans de

[1] On sait que les lansquenets, soldats mercenaires venus d'Allemagne, changeaient fréquemment de parti et combattaient pour celui
qui les payait le mieux. Pendant les guerres de religion, ils servaient
indifféremment les catholiques ou les protestants. Lorsque la France
faisait la guerre à l'Allemagne, ils combattaient leurs compatriotes sans
le moindre scrupule. Les lansquenets cessèrent d'être employés en
France sous Henri IV.

plaidoirie aguerrirent si bien l'ignorant Belastre, qu'il devint aussi grand chicaneur qu'il y en eust en France ; aussi ne pouvoit-il manquer d'apprendre bien son mestier, estant à l'escole de Collantine. A force donc de voir ses procureurs et ses advocats, il apprit quelques termes de chicane ; et dés qu'il en sçeut une douzaine, il crut en sçavoir tout le secret et toutes les ruses. Il luy arriva donc ce que j'ay remarqué arriver à beaucoup d'autres ; car dés qu'un gentilhomme ou un paysan se sont mis une fois à plaider, ils y prennent un tel goust qu'ils y passent toute leur vie, et y mangent tout leur bien, de sorte qu'il n'y a point de plus opiniastres ni de plus dangereuses parties, au lieu que ceux qui sont plus entendus dans le mestier sont ceux qui plaident le plus tard et qui s'accordent le plustost. Il luy arriva mesme d'avoir quelquefois l'avantage sur Collantine, car il combatoit en fuyant, et à la maniere des Parthes, ce qu'on pratique ordinairement quand on est deffendeur, et en possession de la chose contestée. Il faloit qu'elle avançast tous les frais, ce qu'elle ne pouvoit faire quand ses contributions manquoient ; pour de la patience, elle en avoit de reste, et elle ne se fust jamais lassée. Tant y a qu'on peut dire que, tant que la guerre dura entre eux, les armes furent journalieres.

Neantmoins, à l'exemple des grands capitaines, qui ne laissent pas de se faire des civilitez malgré l'animosité des partis, Belastre ne laissoit pas de rendre visite

quelquefois à Collantine. Quelques-uns croyoient que
c'estoit pour chercher les voyes de s'accommoder avec
elle ; mais ceux qui la connoissoient sçavoient bien
que c'estoit une tres-grande ennemie des transactions,
et que c'estoit eschauffer la guerre que de luy parler
d'accord. Pour luy, il prenoit pretexte d'exercer une
vertu chrestienne qui luy commandoit d'aimer ses
ennemis ; car, quoy que sa conscience luy reprochast
qu'il possedoit le bien d'autruy injustement, il ne laissoit pas de faire le devot, qui sont deux choses que
beaucoup de gens aujourd'huy accordent ensemble.
Quant à Collantine, si elle n'eust voulu recevoir visite
que de ses amis, il luy auroit fallu vivre dans une perpetuelle solitude. Elle fut donc obligée de recevoir les
visites peu charmantes de cet ennemy, et la fortune,
qui cherchoit tous les moyens de le rendre ridicule,
luy fit aimer tout de bon cette personne, qu'il auroit
aimée sans rival, si ce n'eust esté l'opiniastreté de Charroselles, qui s'y attacha alors plus fortement, non pas
tant par amour qu'il eust pour elle, que pour faire dépit
à ce nouveau concurrent.

Je ne pécheray point contre la regle que je me suis
prescrite, de ne point dérober ny repeter ce qui
se trouve mille fois dans les autres romans, si je
rapporte icy la declaration d'amour que Belastre fit à
Collantine, parce qu'elle fut assez extraordinaire. Je ne
sçais à la quantiesme visite ce fut que, pour commencer
à la cajoller, il luy repeta ce qu'il luy avoit dit des-ja

plusieurs fois : « Mademoiselle, si je viens icy rechercher vostre amour, ce n'est point pour vous demander
ny paix ny trefve. — Vous y seriez fort mal venu,
Monsieur le prevost (interrompit brusquement Collantine). — Mais pour vous declarer (continua Belastre)
qu'estant obligé par l'Évangile d'aimer mes ennemis, je
n'en ay point trouvé de pire que vous, et que par consequent je sois tenu d'aimer d'avantage. — Vrayment,
Monsieur le prevost (répondit Collantine), vous ne me
devez pas appeler votre ennemie, mais seulement votre
partie adverse ; et pourveu que vous vouliez bien que nous
plaidions tousjours ensemble, nous serons au reste amis
tant qu'il vous plaira. J'advoue qu'un petit sentiment
de vengeance m'a fait commencer ce procés ; mais je
ne le continuë que par l'inclination naturelle que j'ay à
plaider. Je vous ay mesme quelque obligation de
m'avoir donné l'occasion de feuilleter des papiers que je
negligeois, où j'ay trouvé un si beau sujet de procés,
et qui a si bien fructifié entre mes mains. — Quant à
moy (reprit Belastre) j'avouë que ce procés m'a esté
d'abord un grand sujet de mortification ; mais maintenant que j'ay appris la chicane, Dieu merci et à vous,
j'y prends un goust tout particulier ; et je vois bien que
nous avons quelque sympathie ensemble, puisque nos
inclinations sont pareilles. Tout le regret que j'ay, c'est
que je n'aye à plaider contre une autre personne, car je
suis tellement disposé à vouloir tout ce que vous
voulez, que je vous passeray volontiers condamnation.

— Ha ! donnez-vous-en bien de garde, Monsieur le
prevost (repliqua brusquement Collantine), car le seul
moyen de me plaire est de se deffendre contre moy
jusqu'à l'extremité. Je veux qu'on plaide depuis la
justice subalterne jusqu'à la requeste civile et à la cassation d'arrest au conseil privé[1]. Enfin, à l'exemple des
cavaliers qui se battent, je tiens aussi lâche celuy qui
veut passer un arrest par appointé[2], que celuy qui, en
combat singulier, demande la vie au premier sang.
J'avouë que cette façon d'agir est nouvelle et fort surprenante ; mais ceux qui s'en estonneront en peuvent
rechercher la cause dans le ciel, qui me fit d'un
naturel tout à fait extraordinaire. —Bien donc (dit alors
Belastre), puisque, sans vous fascher, il faut plaider
contre vous, je veux intenter un procés criminel contre
vos yeux, qui m'ont assassiné, et qui ont fait un rapt
cruel de mon cœur ; je pretends les faire condamner, et
par corps, en tous mes dommages et interests. — Ha !
voilà parler d'amour bien élegamment (luy repartit
Collantine) : ce langage me plaist bien plus que celuy
d'un certain autheur qui me vient souvent importuner,
et qui me parle comme si c'estoit un livre de fables.
Mais dites-moy, Monsieur le prevost, où avez-vous
pesché ces fleurettes ? Qui vous en a tant appris ? On
dit par tout que vous ne sçavez pas un mot de vostre

[1] *Conseil privé.* Section du conseil du roi devant laquelle étaient
portés les pourvois en cassation.

[2] *Arrêt par appointé.* Celui dont les parties conviennent volontairement par l'avis de leurs conseils.

mestier. — J'en sçais bien d'autres (repliqua Belastre) ;
la robbe et le bonnet m'inspirent tant de belles pensées,
que mon beau-frere dist qu'il a peine de me reconnoistre, et que j'ay le genie de la magistrature. Je ne
sçay pas bien ce que veut dire ce mot, mais je suis
asseuré que bien souvent par hazard je juge mieux que
que je n'avois pensé : témoin une sentence que par surprise on me fit signer tout à rebours de ce que je l'avois
resolue, qui fut confirmée par arrest. Voilà comme le
ciel ayde aux gens qui sont inspirez de luy. Ne croyez
donc pas ces calomniateurs qui disent que je suis ignorant. Il est vray que je n'ay pas esté au college, mais
j'ay des licences comme l'advocat le plus huppé ; je les
ay monstrées à mon rapporteur, et ce que j'y trouve à
redire, c'est qu'elles sont escrites d'une chienne d'escriture que je ne pus jamais lire devant luy. — Vrayment, Monsieur le prevost (dit alors Collantine), vous
n'estes pas seul qui avez eu des licences sans savoir
le latin ni les loix ; et si on ostoit la charge à tous
les officiers qui ont esté receus sur la foy de telle
lettres, et apres un examen sur une loy pipée, il y
auroit bien des offices vacans aux parties casuelles.
Prenez bon courage, vous en apprendrez plus sous
moy en plaidant que si vous aviez esté dix années dans
les estudes. »

Un clerc de procureur entra comme elle disoit ces
paroles ; la qualité de cette personne estant pour elle si
considerable qu'elle lui auroit fait quitter l'entretien

d'un roy, l'obligea de laisser là Belastre pour faire mille
caresses et questions à ce petit basochien[1]: s'il avoit
fait donner une telle assignation; s'il avoit levé un tel
appointement, s'il avoit fait remettre une telle produc-
tion, et generalement l'estat de toutes ses affaires; ce
qui dura si longtemps, que Belastre, d'ailleurs fort
patient, s'ennuya, de sorte qu'il fut · contraint de la
quitter sans mesme obtenir son audience de congé.

Si-tost qu'il fut arrivé chez luy, voyant l'heureux
succés qu'avoient eu deux ou trois mots de pratique
qui avoient pleu à Collantine, il se mit à escrire un
billet galand dans le mesme stile, et mesme il ne croyoit
pas qu'il y en eust un autre plus relevé ny plus char-
mant : car la science que nous avons apprise de nouveau
est d'ordinaire celle que nous estimons le plus; or on
n'auroit pas pu trouver un plus moderne praticien. Dans
cette resolution, il prit son sujet sur ce que Collantine
l'avoit fait emprisonner un peu auparavant pour une
amande, d'où il n'estoit sorty que par un arrest. Il
chercha dans un Praticien françois, qu'il avoit tousjours
sur sa table, les plus gros mots et les plus barbares qu'il
pût trouver, de la mesme maniere que les escoliers se
servent des Epithetes de Textor[2] et des Elegances poëtiques pour faire leurs vers; et apres avoir basty un billet
qui ne valoit rien, et qui s'entendoit encores moins, il

---

[1] Clerc de la basoche, clerc de procureur.

[2] Ravisius Textor (J. Texier de Ravisi), savant français du XVIᵉ siècle.
Il a composé plusieurs ouvrages classiques.

eut recours à son sifleur domestique, lequel, l'ayant presque tout refait, le conceut enfin en ces termes :

Lettre de Belastre à Collantine

MADEMOISELLE, *si je forme complainte* [1] *contre vos rigueurs, ce n'est pas de m'avoir emprisonné tout entier dans la Conciergerie, mais c'est parce qu'au mépris des arrests qui m'ont eslargy, vos seuls appas ont d'abondant decreté contre mon cœur, dont ayant eu advis, il s'est volontairement rendu et constitué prisonnier en la geolle de vostre merite. Il ne se veut point pourvoir contre ledit decret, ny obtenir des defenses de passer outre; ains, au contraire, il offre de prester son interrogatoire et de subir toutes les condamnations qu'il vous plaira, si mieux vous n'aimez, me recevant en mes faits justificatifs, me sceller des lettres de grace et de remission de ma temerité, attendu que le cas est fort remissible, et que si je vous ai offensée ce n'a esté qu'à mon cœur deffendant : faisant à cet effet toutes les protestations qui sont à faire, et particulierement celle d'estre toute ma vie*

Votre tres-humble, et tres-patient serviteur,

BELASTRE.

---

[1] En style de palais, plainte déposée en justice.

Si-tost que cette lettre fut achevée, Belastre en trouva
le stile merveilleux et magnifique, et s'applaudit à luy
mesme comme s'il l'eust composée, parce qu'il y
reconnut deux ou trois termes de pratique qu'il y avoit
mis, qui avoient servy à son sifleur de canevas pour la
mettre en cette forme. Il ne laissa pas d'embrasser ten-
drement son docteur, pour le remercier de sa correction ;
et il ne l'eut pas si-tost mise au net, qu'il l'envoya à
Collantine. De vous dire qu'elle impression elle fit sur
son esprit, je ne puis le faire bien precisement, parce
qu'il n'y a point eu d'espion ou de confident qui en
ayent pû faire un rapport fidelle, ce qui est un grand
malheur, et fort peu ordinaire : car regulierement, en
la reception de telles lettres, il se trouve tousjours
quelqu'un qui remarque les paroles ou les mouvemens
du visage témoins asseurez des sentimens du cœur de la
dame, et qui les decelle aussi-tost indiscretement. Il y
eut encore un malheur plus signalé ; c'est que la réponse
qu'elle y fit (car elle a declaré depuis y avoir répondu)
fut perduë, d'autant que, comme elle n'avoit point de
laquais, elle se contenta de mettre sa lettre dans de certaines boëstes[1] qui estoient lors nouvellement attachées
à tous les coins des rues, pour faire tenir des lettres de
Paris à Paris, sur lesquelles le ciel versa de si mal-
heureuses influences que jamais aucune lettre ne fut

[1] La petite poste, qui fut fondée en 1653, ne réussit pas alors, et fut
abandonnée pendant cent sept ans. Ce ne fut en effet qu'en 1760 qu'elle
recommença à fonctionner.

rendue à son adresse, et, à l'ouverture des boëtes, on trouva pour toutes choses des souris que des malicieux y avoient mises.

Ce qu'on peut apprendre neantmoins du succés de cette lettre, par les conjectures, c'est que le stile en plut fort à Collantine, comme estant tout à fait selon son genie[1], et elle en conceut une nouvelle estime pour Belastre, le jugeant digne par là d'estre poursuivy plus vivement, comme elle fit en effet ; car elle avoit reformé ce proverbe commun : Qui bien aime, bien chastie, et disoit, pour le tourner à sa maniere : Qui bien aime, bien poursuit. Belastre de son costé, poursuivoit sa pointe, et, sans prejudice de ses droits et actions, c'est à dire de ses procés, qui alloient tousjours leur train, il ne laissoit pas d'employer ses soins à faire la cour à Collantine, et à lui conter des fleurettes aussi douces que des chardons. Il luy envoyoit mesme les chef-d'œuvres[2] des patissiers, des rotisseurs, et semblables menus presens qu'il recevoit en l'exercice de sa charge. Il luy donnoit les bouquets que luy presentoient les jurées bouquetieres ou les maîtres des confrairies ; il luy faisoit bailler[3] place commode dans les lieux publics, pour voir les pendus et les rouez

---

[1] Caractère. *Génie* était alors souvent employé dans ce sens.

[2] Tout ouvrier aspirant à la maîtrise devait présenter à un jury un spécimen de son savoir, que l'on nommait *chef-d'œuvre*. C'étaient des chefs-d'œuvre de ce genre que Belastre envoyait à Collantine.

[3] Donner.

qu'il faisoit executer[1]. Et, enfin, comme le singe des
autres galands, poëtes ou non, qui ne croyoient pas
bien faire l'amour à leur maistresse s'ils ne lui
envoyoient des vers, il ne voulut pas negliger cette
formalité en faisant l'amour dans les formes. Mais
comme sa temerité ne le porta pas d'abord jusqu'à en
vouloir faire de son cnef (veu qu'il ne sçavoit par où
s'y prendre), et qu'il n'avoit personne à qui il pust
commander d'en faire exprés, ou plustost qu'il n'avoit
pas dequoy les payer, ce qui est le plus important, et
qui n'appartient qu'aux grands seigneurs, il trouva ce
milieu commode de dérober dans quelque livre ceux
qu'il trouveroit les plus propres pour son dessein, et de
les défigurer en y changeant quelque chose, afin de les
faire passer pour siens plus aisément. Au reste, parce
qu'on auroit facilement découvert son larcin s'il l'eust
fait dans quelqu'un de ces nouveaux autheurs qui sont
journellement dans les mains de tout le monde, son
soin principal fut de chercher les plus vieux poëtes
qu'il pourroit trouver. Or, à quoy pensez-vous qu'il
connust si un autheur estoit ancien ou moderne (car il
ne connoissoit ny leur siecle, ny leur nom, ny leur
stile)? Il alloit sur le Pont-Neuf chercher les livres
les plus frippez, dont la couverture estoit la plus

[1] Cette galanterie de Belastre a été rapprochée par M. Ed. Fournier de
la scène des *Plaideurs* où Dandin, pour être agréable à Angélique,
veut la mener voir donner la question, et d'un passage du *Malade
imaginaire* où Thomas Diafoirus offre à Angélique de lui faire voir
une dissection.

dechirée, qui avoient le plus d'oreilles, et tels livres
estoient ceux qu'il croyoit de la plus haute antiquité.

Il trouva un jour un Theophile[1] qui avoit ces bonnes
marques, qu'il acheta le double de ce qu'il valoit,
encore crut-il avoir fait une bonne emplette, et avoir
trompé le marchand. Il en fit quelqùes extraits apres
l'avoir bien feuilleté, et pourveu que les vers parlassent
d'amour, cela luy suffisoit pour les trouver bons. Il en
envoya quelques-uns à Collantine, apres les avoir
corrigez et ajustez à sa maniere, c'est à dire les avoir
gastez et corrompus. Le messager qui les porta eut
ordre de dire qu'il les avoit veu faire à la haste, et que
Belastre n'avoit pas eu le loisir de les polir.

Quoy que Collantine ne se connust point du tout en
vers, elle ne laissoit pas neantmoins de faire grand
estat de ceux qu'on luy envoyoit, non pas pour estre
bons ou mauvais, mais parce seulement qu'ils estoient
faits pour elle. Car il n'y a point de bourgeoise, pour
sotte et ignorante qu'elle soit, qui n'en tire un grand
sujet de vanité, et mesme davantage que les personnes
de condition, qui sont accoustumées à en recevoir.
Aussi n'y eut-il personne qui vint chez elle à qui elle
ne les monstrast comme une grande rareté, depuis son
procureur jusqu'à sa blanchisseuse. Mais entre ceux
qu'elle croyoit qui les devoient le plus admirer, elle
contoit Charroselles. Dés la premiere fois qu'elle le vid,

---

[1] Viau (Théophile de), poète français, né à Clairac (Agénois) en 1590,
mort en 1626.

elle courut à luy avec des papiers à la main qui le
firent blesmir, car il croyoit encore que ce fussent
quelques exploits. Elle luy dit brusquement : « Tenez,
auriez-vous jamais cru qu'on eust fait des vers à ma
louange ? En voila pourtant, dea[1]! et vous, qui faites
des livres, n'avez jamais eu l'esprit d'en faire un pour
moy. »

Charroselles luy baragoüina entre les dents certain
compliment qu'il auroit été difficile de deschiffrer, et
prit ces papiers en tremblant, croyant avoir encore plus
à souffrir en la lecture de ces vers qu'en celle des
papiers pleins de chicane : car il contoit des-ja qu'il
luy en cousteroit quelque louange, qu'exigent d'ordinaire tous ceux qui presentent des vers à lire, ce qui
estoit pour luy un supplice insupportable. Cependant
il en fut quitte à meilleur marché, car il n'eust pas si-
tost jetté les yeux dessus, qu'il reconnut le larcin. Il
dit donc à Collantine qu'ils estoient de Theophile, et que
c'estoit se mocquer de dire qu'on les avoit fait exprés
pour elle. Il lui apporta mesme le livre imprimé, pour
une pleine conviction, ce que Collantine receut avec une
grande joye. Elle ne manqua pas de faire insulte au
pauvre Belastre dés la premiere fois qu'il la vint voir ;
pour premier compliment, elle luy dit qu'elle avoit
recouvert une piece decisive qu'elle alloit produire
contre luy. Belastre, qui croyoit son larcin aussi caché
que s'il l'eust fait chez les Antipodes, crut alors qu'elle

_____
[1] Vraiment.

vouloit parler de ses procés, et répondit seulement
qu'il y feroit fournir de contredits par son advocat.
Mais Collantine, le tirant d'erreur, luy parla des vers
qu'il lui avoit envoyez, et lui dit : « Vrayment, Monsieur, vous avez raison de dire que les vers ne vous
coustent gueres à faire, puisque vous les trouvez tous
faits. » Belastre, qui attendoit de grands remerciemens,
se trouva fort surpris de cette raillerie ; et neantmoins,
avec une asseurance de faux témoin, il lui confirma,
non sans un grand serment, qu'il les avoit fait tout
exprés pour elle. « Mais que voulez-vous gager (reprit
Collantine) que je vous les monstreray imprimez dans
ce livre (dit-elle en luy monstrant un Theophile)?
— Tout ce que vous voudrez, » dit Belastre, qui, luy
voyant tenir un livre relié de neuf, ne se douta aucunement que ce fust le mesme que le sien qu'il croyoit
tres-vieux. La gageure accordée d'une collation, le
livre fut ouvert à l'endroit du larcin, marqué d'une
grande oreille, ce qui surprit davantage Belastre que
si on luy eust revelé sa confession. Il s'enquit aussi-
tost du nom de celuy qui avoit pû découvrir un si
grand secret, et apprenant que c'estoit son rival, il
l'accusa soudain de magie. Il crut qu'il falloit estre
devin ou avoir parlé au diable pour trouver une chose
si cachée. « Car (disoit-il) ou il faut que cet homme ait
leu tous les livres qu'il y a au monde, et qu'il les
sçache tous par cœur, ou il n'a point veu celuy que
j'ay, qui est le plus vieux que j'aye jamais pû trouver. »

Quelque temps apres ce ridicule raisonnement, assez
commun chez les ignorans, et la gageure acquittée,
il minutta sa sortie, et pour se vanger de son rival, il
ne fut pas sitost dehors qu'il demanda à un des procureurs de son siege comment il so falloit prendre à
faire le procés à un sorcier. On luy dit qu'il falloit
avoir premierement quelque denonciateur. « Hé bien !
(dit-il aussi-tost) où demeurent ces gens là ? Envoyez
m'en quérir un par mes sergens ? » Cette ignorance fit
faire alors un grand éclat de rire à ceux qui estoient
presens ; sur quoi il adjousta en colere : « Quoy ! ne
sont-ce pas dés gens créez en titre d'office? Je veux
qu'ils fassent leur charge, ou je les interdiray sur le
champ. » La risée ayant redoublé, Belastre, en persis-
tant, dit encore : « Vous me prenez bien pour un
ignorant, de croire qu'en France, où la police est si
exacte, et où on chomme[1] si peu d'officiers, on ne
puisse pas trouver tous ceux qui sont necessaires pour
faire le procés à un sorcier. » Mais il eut beau se mettre
en colere, il ne put executer son dessein, et il fallut
qu'il remist sa vengeance à une autre occasion.

Pour éviter désormais un pareil affront, et reparer
celuy qu'il avoit receu, il se resolut, à quelque prix
que ce fust, de faire des vers de luy-mesme. Depuis
qu'il en eut une fois tasté, il ne crut pas qu'on se pust
passer d'en faire ; et on peut bien dire que c'est une
maladie semblable à la gravelle ou à la goutte : dés

[1] Chômer, manquer.

qu'on en a senty une atteinte, on s'en sent toute sa
vie. Il estoit fort en peine de sçavoir avec quoy on les
faisoit, et apres avoir fueilleté quelques livres, le
hasard le fit tomber sur certain endroit où un poëte
s'estonnoit de ce qu'il faisoit si bien les vers, veu qu'il
n'avoit pas beu de l'Hippocrene. Il crut, par la ressemblance du nom, que c'estoit une espece d'hypocras, et
il demanda à un juré apoticaire qui eut à faire à luy
environ ce mesme temps qu'il lui donnast quelques
bouteilles d'hyprocras à faire des vers. Il n'en eut
qu'une risée pour reponse, mais il adjousta : « Ne faites
point de difficulté de m'en faire exprés, je le payeray
bien, valust-il un escu la pinte. » Une autrefois,
ayant leu que pour faire de bons vers il falloit se
mettre en fureur, s'arracher les cheveux et ronger ses
ongles, il pratiqua cela fort exactement. Il mordit ses
ongles jusques au sang, il se rendit la teste presque
chauve, et il se mit si fort en colere (il ne connoissoit
point d'autre fureur) que son pauvre clerc et son
laquais en pâtirent, et porterent long-temps sur les
épaules des marques de sa verve poëtique. Enfin, il eut
recours à son siffleur, qui se méloit aussi de faire des
vers (de méchans, s'entend) et qui un peu auparavant
avoit fait jouer dans sa chambre une pastorale de sa façon,
sur un theatre basty de trois ais et de deux futailles,
décoré des rideaux de son lit et de deux pieces de bergame[1]. Cet homme lui enseigna donc les regles des vers,

---

[1] Sorte de tapisserie fabriquée d'abord à Bergame.

qu il ne sçavoit pas lui mesme. Il luy apprit à contér les syllabes sur ses doigts, qu'il mesuroit auparavant avec un compas : car il ne concevoit point d'autre façon de faire des vers, que de trouver moyen de ranger des mots en haye, comme il avoit veu autrefois ranger des soldats pour faire un bataillon.

Ce brave maistre luy apprit aussi qu'il y avoit des rimes masculines et feminines ; sur quoy Belastre luy dit avec admiration : « Est-ce donc que les vers s'engendrent comme des animaux en mettant le masle avec la femelle ? » Enfin, apres quelques mois de noviciat, et apres avoir autant brouillé de papier qu'un scrupuleux faiseur d'anagrammes, il fit les trois méchans couplets qu'on verra en suitte, non sans suer aussi fort que celuy qui auroit joué quatre parties de six jeux à la paulme. Encore faut-il que je recite de luy une certaine naïfveté assez extraordinaire.

Il avoit oüy dire que les muses estoient des divinitez qu'il falloit avoir favorables pour bien faire des vers, et que tous les grands poëtes les avoient invoquées en commençant leur ouvrage. Il avoit mesme marqué de rouge quatre vers dans un Virgile qu'avoit son siffleur, qu'on luy avoit dit estre l'invocation de l'Eneïde. Il avoit appris par cœur ces quatre vers, et les recitoit comme une oraison fort devote toutes les fois qu'il se mettoit à ce travail, de mesme qu'on fait lire la vie de sainte Marguerite pour faire delivrer une femme enceinte. Quand Belastre eut si bien, à son sens,

reüssi dans son entreprise, et se fust applaudi cent
fois luy-mesme (car les ignorans sont ceux qui se
trouvent les plus satisfaits de leurs ouvrages), il s'en
alla, avec ce beau chef-d'œuvre dans sa poche, vóir
Collantine. Il avoit une fierté nompareille sur son
visage, croyant bien effacer la honte qu'il avoit auparavant receuë. Il debuta par ce cartel : « Je vous deffie
(dit-il en lui monstrant un papier qu'il tenoit à la
main) de trouver que ces vers que je vous apporte
soient dérobez ; car dans tous les livres qui sont au
monde, vous n'en verrez point de cette maniere. Ce
n'est pas que je me veuille piquer d'estre autheur, ny
faire le bel esprit ; mais vous connoistrez que quand
je m'y veux appliquer, je suis capable de faire des vers
à la cavaliere. »

Par malheur pour luy, Charroselles, qui estoit entré
un peu auparavant, se trouva de la compagnie ; il fit
un grand cry dés qu'il ouyt nommer cette sorte de
vers, qui importune tant d'honnestes gens ; et sans
songer s'il avoit un antagoniste raisonnable en relevant
cette parole, il luy dit brusquement : « Qu'entendez-
vous par ces vers à la cavaliere ? N'est-ce pas à dire de
ces méchans vers dont tout le monde est si fatigué ? —
Belastre se hazarda de répondre que c'estoient des vers
faits par des gentilshommes qui n'en sçavoient point les
regles, qui les faisoient par pure galanterie, sans avoir
leu de livres, et sans que ce fust leur mestier. « Hé !
par la mort, non pas de ma vie (reprit chaudement

Charroselles), pourquoy diable s'en meslent-ils, si ce
n'est pas leur mestier ? Un masson seroit-il excusé
d'avoir fait une méchante marmite, ou un forgeron une
pantoufle mal faite, en disant que ce n'est pas son mestier d'en faire? Ne se mocqueroit-on pas d'un bon bourgeois qui ne feroit point profession de valeur si, pour
faire le galand, il alloit monter à la brèche et monstrer
là sa poltronnerie ?

» Quand je voy ces cavaliers, qui, pour se mettre en
credit chez les dames, negligent la voye des armes, des
joutes et des tournois pour faire les beaux esprits et
les versificateurs, j'aimerois autant voir les chevaliers
du Port au foin faire les galans avec leurs tournois à la
bateliere, lors qu'ils tirent l'anguille ou l'oison, et qu'ils
joustent avec leurs lances. Cependant il se coule mille
millions de méchants vers sous ce titre specieux de vers
à la cavaliere, qui effacent tous les bons, et qui prennent
leur place. Combien voyons-nous de femmes bien faites
mépriser des vers tendres et excellens qu'aura fait pour
elles un honneste homme avec tout le soin imaginable,
pour admirer deux méchans quatrains que leur aura
donné un plumet, aussi polis que ceux de Nostradamus[1]?
O Muses ! si tant est que vostre secours soit necessaire
aux amans, pourquoy souffrez-vous que ceux qui vous

---

[1] Michel de Nostredame, dit Nostradamus, célèbre médecin et astro-
logue français, né à Saint-Rémy (Provence) en 1503, mort à Salon en
1566. On sait que, quoique d'une intelligence et d'une erudition remarquables, il composa ses prédictions en quatrains aussi plats qu'énig-
matiques, ce qui ne les empêcha pas d'avoir un immense succès.

barbouillent et qui vous défigurent soient favorisez par vostre entremise, et que vos plus chers nourrissons soient d'ordinaire si mal receus ! »

L'entousiasme alloit emporter bien loin Charroselles car il estoit fort long dans ses invectives (quoy qu'il n'eust pas grand interest en celle-cy, comme faisant fort peu de vers), quand l'impatience de Collantine l'interrompit, en disant fort haut : « Or sus, sans faire tant de preambules, voyons ces vers dont est question ; qu'ils soient bons ou mauvais, il suffit qu'ils soient faits à ma louange pour me plaire. » Belastre ne s'en fit pas prier deux fois, de peur de differer les applaudissemens qu'il en attendoit ; il leut donc ces vers avec la mesme gravité qu'il auroit deub prononcer ses sentences :

> Belle bouche, beaux yeux, beau nez,
> Depuis que vous me chicanez,
> Mon cœur a souffert la migraine,
> Faites faire alte à vos rigueurs :
> Quoy ! Voulez-vous par vos froideurs
> Egaler la Samaritaine ?

« Vrayment (dit Charroselles), je ne sçay si ces vers ne sentent point plus le praticien que le cavalier ; mais du moins on ne dira pas qu'ils sentent le medecin, car il n'y en a point qui pust dire que la migraine, qui est une maladie de la teste, fust dans le cœur. Cela peut passer neantmoins à la faveur de cette comparaison, qui a toute la froideur que vous luy attribuez ; continuez donc. »

> Vous trapercez si fort un cœur
> Que, quand je l'aurois aussi dur
> Que celuy du cheval de bronze,
> Il faudroit ceder à vos coups
> Et je vous les donnerois trestous
> Quand bien j'en aurois dix ou onze.

— Voila (dit Charroselles) une rime gasconne ou perigourdine, et vous la pouvez faire trouver bonne en deux façons, en violentant un peu la prononciation, car vous pouvez dire un *cœur* aussi *deur*, ou un *cur* aussi *dur* ; mais en recompense la rime .de *onze* est fort bien trouvée. Quant au cinquieme vers, si vous l'aviez bien mesuré vous le trouveriez trop long d'une sillabe. — A cela (repondit Belastre) le remede sera facile ; je n'auray qu'à le faire écrire plus menu, il ne sera pas plus long que les autres. — Je ne me serois pas advisé de ce remede (dit Charroselles), et j'aurois plustost dit *donrois* au lieu de *donnerois*, comme faisoient les anciens, qui usoient de la sincope. — Qu'est-ce à dire, sincope (reprit Belastre) ? N'est-ce pas une grande maladie ? Qu'a-t-elle de commun avec les vers ? » Ensuite il continua :

> Et, qui pis est, vostre attentat
> Se commet contre un magistrat.
> Doublement peche qui le tuë.
> Quand il s'agit de resister
> Aux coups qu'il vous plaist me porter
> Je n'ay ny force ni vertuë.

Charroselles, estonné de ce dernier mot, demanda le

papier pour voir comment il estoit escrit ; mais il fut
surpris de voir que l'autheur, qui estoit mieux fondé en
rime qu'en raison, avoit mieux aimé faire un solœ-
cisme qu'une rime fausse. Il admira sa naïfveté, et luy
demanda s'il en avoit fait encore d'autres. Belastre
répondit qu'il y en avoit beaucoup qu'il n'avoit pas eu le
loisir de décrire[1]. Charroselles luy repliqua : « Ce n'est
donc ici qu'un fragment ? » A quoy Belastre repartit :
« Je ne sçay ; mais, je vous prie, dites-moy combien
il faut que l'on mette de vers pour faire un fragment ? »
Cette nouvelle naïfveté causa un grand esclat de rire,
qui ne fut pas si-tost passé que Belastre, voulant recueillir le fruit de son travail, demanda ce qu'on pensoit
de ses vers, c'est-à-dire, exigeoit de l'approbation,
quand Charroselles luy dit : « Vrayment, Monsieur,
vous faites des vers à la maniere des Grecs, qui avoient
beaucoup de licences.— Pourquoy non (reprit Belastre) ;
n'ay-je pas eu mes licences, qui m'ont cousté de bel et
bon argent ? Il est vray que je ne sçay de quelle univer-
sité elles sont, mais mademoiselle les a veuës, car je les
ay produites quand elle m'a accusé de ne sçavoir pas le
latin. J'ay fait toutes mes classes, tel que vous me
voyez ; il est vray qu'ayant esté long-temps à la guerre,
j'ay tout oublié.

— Vous estes donc (luy dit Charroselles) plus que
docteur, car j'ai ouy dire quelquefois qu'un bachelier
est un homme qui apprend, et un docteur un homme

[1] D'écrire.

qui oublie ; vous qui avez tout oublié estes quelque
chose par delà. Pour revenir à vos vers, ils sont d'une
maniere toute extraordinaire ; je n'en ay point veu de
pareils, et je ne doute point que vous ne fassiez de beaux
chefs-d'œuvres s'il vous vient souvent de telles bou-
tades. — Ha (dit Belastre) je voudrois bien sçavoir les
regles d'une boutade ; est-il possible que j'en aye fait
une bonne par hasard ? — Vous estes bien difficiles à
contenter, vous autres messieurs les delicats (dit là
dessus Collantine) ; pour moy, j'aime generalement
tous les vers poëtiques, et surtout les quatrains de six
vers, tels que sont ceux qui sont faits pour moy. » Charroselles sourit de cette belle approbation, et insensiblement prit occasion en parlant de vers, de declamer
contre tous les autheurs qu'il connoissoit, et il n'y en
eut pas un, bon ou mauvais, qui ne passast par sa critique, sans prendre garde s'il parloit à des personnes
capables de cet entretien. Mais j'obmettray encore à dessein tout ce qu'il en dit, car on me diroit que c'est une
medisance de reciter celle que les autres font. La conclusion fut que Collantine, qui s'estoit teuë long-temps
pendant qu'il parloit de ces autheurs, dont elle ne connoissoit pas un, voulant parler de vers à quelque prix
que ce fust, vint à dire : « Pour moy, je ne trouve
point de plus beaux vers que ceux de la Misere des
clercs des procureurs[1] ; les pointes en sont bonnes et le

_____
[1] Cette pièce, dit M. P. Jannet, fait partie du recueil publié par le
libraire Cailleau en 1783 : les *Misères de ce monde*, ou complaintes

sujet tout à fait plaisant. Je les leus dernierement sur
le bureau du maistre clerc de mon procureur, durant
qu'il me dressoit une requeste. — Si les clercs (repondit
Charroselles) sont aussi miserables que ces vers, je plains
sans doute leur misere ; mais quoy ! ce ne sont pas
seulement les clercs qui sont à plaindre, les procureurs
le sont aussi, et encore plus les parties, enfin tous ceux
qui se meslent de ce maudit mestier de chicaner. —
Pourquoy dites-vous cela (reprit Collantine) ? Je ne
vois point qu'il y ait de meilleur mestier que celuy de
procureur postulant. Vous ne voyez point de fils de paysan ou de gargotier qui soit entré dans une telle charge,
la pluspart du temps à crédit, qui au bout de sept à
huit ans n'achete une maison à porte cochère, qu'il se
fait adjuger par decret à si bon marché qu'il veut, et qui
ne fasse cependant subsister une assez nombreuse famille. Que s'il ne tient pas bonne table, et s'il ne fait
pas grande dépence c'est plustost par avarice que par
incommodité. — Je ne doute point (repliqua Charroselles)
que le gain n'en soit assez grand, et je ne m'enquiers
point s'il est legitime ; mais il faut avouer que c'est
une triste occupation d'avoir tousjours la veuë sur des
papiers dont le stile est si dégoustant, et de n'aquerir
du bien qui ne vienne de la ruine et du sang des miserables. — A leur dam (interrompit Collantine) ! Pourquoy plaident-ils, ces miserables, s'ils ne sont pas bien

facétieuses sur les apprentissages des différents arts et métiers de la
ville de Paris.

fondez ? — Fondez ou non (ajouta Charroselles), les
uns et les autres se ruinent également. Témoin une em-
blesme que j'ai veuë autrefois de la Chicane, où le plaideur qui avoit perdu sa cause estoit tout nud ; celuy
qui l'avoit gagnée avoit une robbe, à la verité, mais si
pleine de trous et si déchirée, qu'on auroit pû croire
qu'il estoit vestu d'un rezeau : les juges et les procureurs estoient vestus de trois ou quatre robbes les unes
sur les autres.

— Vous estes bien hardy (luy dit Belastre en colere)
de décrier ainsi nostre mestier ! Si j'avois icy mes sergens, je vous ferois mettre là bas en vertu d'une bonne
amande que je vous ferois payer sans déport[1]. — Je le
décrie moins (répondit Charroselles) que ne font les
advocats, parce qu'on ne les void jamais avoir de procés en leur nom ; de mesme que les medecins ne prennent jamais de leurs drogues. J'ay ouy dire encore ce
matin à un de mes amis qu'il n'avoit jamais eu qu'un
procés, qu'il avoit gagné avec dépens et amende, mais
qu'il s'est trouvé à la fin que s'il eust abandonné dés
le commencement la debte pour laquelle il plaidoit, il
auroit gagné beaucoup davantage. — Mais comment
cela se peut-il faire (lui dit Collantine) ? — Voicy
comment il me l'a conté (reprit Charroselles) : Il luy
estoit deub cent pistolles par un mauvais payeur, pro-
prietaire d'une maison qui valloit bien environ quatre
mil francs. Il a mis son obligation entre les mains d'un

[1] Délai.

procureur, qui, ayant un antagoniste aussi affamé que
luy, a si bien contesté sur l'obligation et sur les procedures du decret qu'on a fait en suite de cette maison,
qu'il a obtenu jusqu'à sept arrests contre la partie, tous
avec amende et dépens. Or, par l'evenement, les dépens
ayans esté taxez à 2500 livres, et la maison adjugée à
2000 livres seulement au beau-frere de son procureur, il
luy a cousté de son argent 500 livres, outre la perte de sa
debte. Mais il m'a juré que son plus grand regret estoit
à l'argent qu'il luy avoit fallu tirer pour payer toutes
les amandes à quoy sa partie avoit esté condamnée,
faute de quoy on ne luy vouloit pas delivrer ses arrests.

— On avoit raison (repartit Collantine), car ne sçait-on
pas bien que c'est celuy qui gagne sa cause qui doit
avancer l'amande de douze livres? Mais on luy en donne
s'il veut, aussitost le remboursement sur sa partie.

— Et que sert le remboursement (adjousta Charroselles)
si le debiteur est insolvable, comme le sont toùs les
chicaneurs? Ne vaudroit-il pas bien mieux que Monsieur
le receveur perdit la somme, qui luy est un pur gain,
que de la faire tomber, par l'evenement, sur le dos de
celuy qui avoit bon droit, et qui est chastié de la faute
d'autruy?

« La mesme personne m'a fait encore une grande
plainte sur la declaration de ces dépens, qui luy tenoit
fort au cœur, et l'a traduite assez plaisamment en ridicule. Il m'a fait voir que pour un mesme acte il y avoit
cinq ou six articles separez, par exemple pour le conseil,

pour le memoire, pour l'assignation, pour la coppie,
pour la presentation, pour la journée, pour le parisis,
pour le quart en sus[1], etc. Et il m'a dit en suite qu'il
s'imaginoit estre à la comedie italienne et voir Scara-
mouche hostelier compter à son hoste pour le chapon,
pour celuy qui l'a lardé, pour celuy qui l'a châtré, pour
le bois, pour le feu, pour la broche, etc. — Vrayment
(dit alors Collantine), il faut bien le faire ainsi puisque
c'est un ancien usage ; j'avouë bien que c'est là où messieurs les procureurs trouvent mieux leur compte, car
pour faire cette taxe on compte les articles, et tel de ces
articles qui n'est que de dix deniers couste quelquefois
huit sous à taxer, comme en frais extraordinaires de
criées ; sans compter les roles de la declaration, qui par
ce moyen s'amplifient merveilleusement. Aussi disent-
ils que c'est la piece la plus lucrative de leur mestier.
Mais je vous advouray (ajousta-t'elle) que j'y trouve
une chose qui me choque fort. C'est qu'on y taxe de
grands droits aux procureurs pour les choses qu'ils ne
font point du tout, comme les consultations et les re-
visions d'écritures, et on leur en taxe de tres-petits pour
celles qu'ils font effectivement, comme les comparutions

---

[1] Les pièces qui se frappaient à Paris, et que l'on nommait *párisis*,
étaient plus fortes d'un quart que celles qui se frappaient à Tours et
qui portaient le nom de *tournois*. Cette différence de valeur donna
lieu plus tard à un droit fiscal supplémentaire, car on spécifia que les
impôts seraient perçus sur le pied de la livre *parisis*. De là le nom
de *parisis* donné au quart de surplus. Ce même nom fut donné à la
crue d'un quart en matière de prisée de meubles.

aux audiences pour obtenir les arrests ; c'est un point
qu'il sera tres-important de corriger, quand on fera la reformation des abus de la justice. — Apres cela (continua
Charroselles, qui avoit esté obligé d'apprendre à plaider
à ses dépens à cause du procés qu'il avoit eu contre
Collantine) n'avouerez-vous pas que c'est un méchant
mestier que de plaider puis qu'on est exposé à souffrir
ces mangeries? — Il faut distinguer (répondit la demoiselle), car on a grand sujet de plaindre ces plaideurs
par necessité, qui sont obligés de se deffendre le plus
souvent sans en avoir les moyens, quand ils sont attaquez par des personnes puissantes, et attirez hors de
leurs pays, en vertu d'un committimus[1]. Mais il n'en est
pas de mesme de ces plaideurs volontaires, et qui atta-
quent les autres de gayeté de cœur, car ils sont redoutables à toutes sortes de personnes, et ils ont l'avantage
de faire enrager bien des gens. Vous m'advouërez vous-
mesme que c'est le plus grand plaisir du monde, et qu'on
peut bien faire autant de mal par un exploit que par
une satyre. Outre que leurs parties sont tousjours con-
traintes, pour se racheter de leurs vexations, de leur
donner de l'argent ou de leur abandonner une partie de
la chose contestée, de sorte que, quelque méchant procés
qu'ils puissent avoir, pourveu qu'ils les sçachent tirer
en longueur, ils y trouvent plus de gain que de perte.
— Vrayment (interrompit Charroselles), à propos de

---

[1] Privilège de plaider devant la cour des requêtes du palais, devant
le Parlement ou devant tout autre tribunal spécial.

ces gens qui chicanent à plaisir, je me souviens d'une rencontre que j'eus dernierement au Palais. Je me trouvay auprés d'un Manceau qui, ayant donné un soufflet à un notaire de ses voisins (ainsi que j'appris depuis), avoit esté obligé de soustenir un gros procés criminel devolu par appel à la cour, et pour ce sujet il avoit esté condamné en de grandes reparations, dommages et interests. J'oüys un de ses compatriotes qui, pour le railler luy disoit: Hé bien, qu'est-ce, Baptiste (ainsi falloit-il que s'appelast ce tappe-notaire)? Tu es bien chanceux: tu as perdu ton procés. Ce Manceau luy dit pour toute reponse: Vrayment c'est mon[1], vla bien de quoy! N'en aurai-je pas un autre tout pareil quand je voudray? La risée que firent ceux qui ouyrent cette reponse me donna la curiosité d'apprendre le sujet de ce procés, et en suite d'avouer qu'il n'y avoit rien de plus aisé que de faire des procés de cette qualité, mais que ce n'estoit pas un moyen de faire grande fortune.

— Je n'entends pas parler de ces sortes de procés (dit alors Collantine), Dieu m'en garde! Il n'y a rien de si dangereux que d'estre deffendeur en matiere criminelle; mais je parle de ces droits litigieux qu'on achepte à bon marché des gens foibles et ignorans des affaires dont les plus embrouillez sont les meilleurs. Car on n'a qu'à se faire recevoir partie intervenante, et pourvu qu'on sçache bien faire des incidens et des chicanes, tantost

---

[1] Sorte d'exclamation affirmative Elle paraît être une abréviation de : *c'est mon avis.*

se ranger d'un party et tantost de l'autre, il faut enfin
que les autres parties acheptent la paix, à quelque prix
que ce soit. Tel est le mestier dont je subsiste il y a long-
temps, et dont je me trouve fort bien. J'ay déjà ruiné sept
gros paysans et quatre familles bourgeoises, et il y a trois
gentilshommes que je tiens au cul et aux chausses[1].
Si Dieu me fait la grâce de vivre, je les veux faire aller
à l'hospital. » Collantine commençoit des-ja à leur vouloir conter ses exploits, tant en gros qu'en détail, et
n'eut finy de longtemps, quand elle fut interrompue
par Belastre, qui luy dit : « Sans aller plus loin, vous
me faictes faire une belle experience de ce que vous sçavez faire. Il y a assez longtemps que vous me chicanez,
sous pretexte d'une vieille recherche de droits, dont il
ne vous est pas deub un carolus[2]. — Quoy (repliqua
chaudement Collantine)! vous ne me devez rien? Êtes-
vous assez hardy pour me le soustenir? Je vous vais bien-
tost montrer le contraire. Je m'en rapporte à Monsieur (dit-elle en montrant Charroselles); il en jugera
luy-mesme. » Ce fut alors qu'ils se mirent tous deux en
devoir de conter tous les procés et differens qu'ils avoient
ensemble, en la présence de Charroselles, comme s'il
eust esté leur juge naturel. Ils prirent tous les deux la

---

[1] *Tenir quelqu'un au cul et aux chausses* est un ancien proverbe
qui signifie le traquer, le serrer de près, scruter ses faits et ses gestes.
Molière l'a employé : « On n'est pas plus ravi que de vous *tenir au cul
et aux chausses.* » (*L'Avare*, acte III, scène VI).

[2] Pièce de monnaie de la valeur de dix deniers environ. Elle fut
mise en circulation sous Charles VIII.

parole en mesme temps, plaiderent, haranguerent et con-
testerent sans que pas un voulust escouter son compagnon. C'est une coustume assez ordinaire aux plaideurs
de prendre pour juge le premier venu, de plaider leur
cause sur le champ devant luy, et de s'en vouloir rapporter à ce qu'il en dira, sans que cela aboutisse neantmoins
à sentence ni à transaction; de sorte que si on avait
déduict au long cet incident, il n'auroit point du tout cho-
qué la vraysemblance. Mais cela auroit esté fort plaisant
à entendre, et le seroit peu à reciter. A peine s'estoient-
ils accordez à qui parleroit le premier (car la contestation
fut longue sur ce point), quand on ouyt heurter à la
porte. C'estoit le greffier de Belastre, qui l'estoit venu
trouver chez Collantine, sçachant qu'il y estoit, pour lui
faire signer la minutte d'un inventaire qu'il venoit
d'achever; et outre le procés verbal de scellé qu'il tenoit
en main, il avoit encore sous le bras un fort gros sac,
contenant tous les papiers inventoriez, qui devoient estre
deposez au greffe pour la seureté des vacations des officiers. Son arrivée fit faire trefve à ces deux parties plai-
dantes, et apres qu'il eut eu une petite audiance en particulier de Belastre, ce greffier (qu'on avoit appellé Volaterran, parce qu'il voloit toute la terre) donna son procés
verbal à signer à ce venerable magistrat. Charroselles
qui fouroit son nez par tout, fut curieux de savoir ce
que c'estoit, et s'estant baissé sous pretexte de ramasser
un de ses gans, il leut au dos du cahier cette inscription :
        Inventaire de Mythophilacte.

« Comment (s'escria-t'il aussitost)! le pauvre Mythophilacte est donc mort! Quoy! cet homme qui a été si
fameux dans Paris, et par sa façon de vivre et par ses ouvrages? Je m'asseure qu'on aura trouvé chez luy de
belles curiositez. — Si vous les desirez voir (dit le greffier assez civilement, contre l'ordinaire de ces messieurs,
qui ne sont point accusez d'estre civils), vous n'en sçauriez
trouver un memoire plus exact que cet inventaire que
j'en ay dressé. — Vous ne sçauriez me faire un plus grand
plaisir (dit Charroselles). — Et à moy aussi, « dit de
son costé Collantine, qui estoit ravie d'ouïr toutes sortes
d'actes et d'expéditions de justice. Belastre qui estoit
aussi bien aise d'entendre lire une piece intitulée de son
nom, et qui croyoit se faire beaucoup valoir par ce moyen
à Collantine, non seulement applaudit à cette curiosité,
mais mesme, par l'authorité qu'il avoit sur le greffier,
luy commanda de la satisfaire. Le greffier luy obeyssant
s'assit auprés d'eux, et apres qu'ils eurent repris leurs
places et fait silence, Volaterran commença de lire
ainsi .

INVENTAIRE DE MYTHOPHILACTE.

L'AN mil six cens... « Je vous prie (interrompit Charroselles), passez cette intitulation, qui ne contient que
des qualités inutiles. — Inutiles (reprit Collantine avec
un grand cry)! vous vous trompez fort : il n'y a rien de
plus essentiel en une affaire que de bien establir les
qualitez. — Cela seroit bon (reprit Charroselles), si on
avoit à instruire ou à juger un procés ; mais comme nous
n'avons icy que la curiosité de voir les effets de Mythophilacte, ce ne seroit que du temps et des paroles perduës. » Cette raison ayant prevalu, au grand regret
neantmoins de Belastre, qui prenoit grand plaisir à entendre lire ses qualitez, Volaterran passa plusieurs pages de l'intitulation, apposition et levée des scellez, et
continua de lire :

Premierᶜment, un lit où estoit gisant ledit deffunt, con-
sistant en trois aix[1] posés sur deux tresteaux, une paillasse,
avec une vieille valise servant de traversin, et une couverture faite d'un morceau de tapisserie de Rouen, prisez
le tout ensemble vingt-cinq sous, cy . . . . . . 25 sous.
   Item, deux chaises de paille, avec un fauteüil boiteux
garny de mocquette, prisés dix sous, cy . . . . . 10 sous.
   Item, un coffre de bois blanc, sur lequel avons reconnu

———
[1] Ais, planches.

nos scellez sains et entiers, et dans iceluy ne s'est trouvé
que les papiers cy-apres inventoriez, ledit coffre prisé
douze sous, cy .... 12 sous

» De grace (dit Charroselles), allons vistement à ces
papiers ; c'est la seule chose que je desire de voir, m'i-
maginant qu'il y en aura de fort bons. Car pour le
reste de ses meubles, il est aisé d'en juger par l'échantillon, et je me doute bien que le pauvre Mythophilacte
est mort dans la derniere pauvreté. Je ne m'estonne
plus qu'il apprehendast si fort les visites et qu'il eust
tant de soin de cacher la maison où il demeuroit à ses
plus intimes amis, ausquels elle estoit aussi inconnuë
que la source du Nil. Mais comme je m'attends bien
que par tout l'inventaire nous trouverons une pareille
gueuserie, je vous prie, Monsieur le greffier, de coupper court et de commencer à lire le chapitre des papiers,
puisque la curiosité de la compagnie ne s'estend que là.»
Ainsi fut dit, ainsi fut fait : Alors Volaterran, ayant
sauté plusieurs fueillets, continua de lire :

Premierement, le testament ou ordonnance de derniere
volonté dudit deffunt, en date du 13 avril.....

« Hé ! de grace, encore un coup (dit Charroselles),
nous n'avons que faire des dattes ; je vous prie, voyons
seulement les dispositions de ce testament, et sur tout
sautez le preambule, et ce stile des notaires qui ne fait
que gaster du parchemin. » Le greffier prit donc en
main ce testament, et en ayant parcouru en bredouillant

deux ou trois roolles pleins de ces vaines formalitez,
il commença à lire plus intelligiblement ces clauses :

En premier lieu, à l'égard de mes funerailles et enterrement, j'en laisse le soin à l'hoste du logis où je seray
decedé, me confiant assez d'ailleurs en son humanité, qui
prendroit cette peine de lui-mesme, quand je ne l'en
prierois point. Je m'attends aussi qu'il le fera sans pompe,
sans tenture et sans luminaire, en toute humilité chrestienne, et convenablement à ma qualité et à ma fortune.

Item, à chacun des pauvres autheurs qui se trouveront
à mon enterrement, je donne et legue un exemplaire d'un
livre par moy composé, intitulé : l'*Exercice journalier du
poëte*, dont la délivrance leur sera faite sitost que ledit livre
sera achevé d'imprimer, dans lequel ils trouveront un bel
exemple de constance pour supporter la faim et la pauvreté, avec une oraison tres-ardente que j'ay faite en leur
faveur, afin que les riches aient plus de compassion d'eux
qu'ils n'ont eu de moy.

Item, je donne et legue à Claude Catharinet, mon meilleur amy et second moy-mesme, mon grand Agenda ou
mon Almanach de disners, dans lequel sont contenus les
noms et les demeures de toutes mes connoissances, avec
les observations que j'ay faites pour decouvrir le foible des
grands seigneurs, pour les flatter et gagner leurs bonnes
graces, ensemble celles de leurs suisses et officiers de
cuisine, esperant que, par le moyen de cet ouvrage, il
pourra sustenter sa vie comme j'ay fait la mienne jusqu'à
present.

Item, à tous mes pretendus Mecenas, je donne et
legue la liberation de ce qu'ils me doivent pour le
prix de l'encens que je leur ay fourny et livré, tant par
epistres dedicatoires, panegyriques, epitalames, sonnets,

rogatons[1]; qu'en quelque autre sorte et maniere que ce soit, ne desirant pas que leur ame soit tourmentée en l'autre monde, comme elle le pourroit estre, pour avoir retenu le salaire deub à mes grands travaux. J'en fais la mesme chose à l'égard de ces méchans libraires qui ont mangé tout le fruit de mes veilles, et qui m'ont tant fait souffrir depuis que j'ay esté à leur discretion. Et quoy qu'ils aient souvent pris à tasche de me faire damner, je prie Dieu qu'il ne leur impute point le mal qu'ils m'ont fait, mais qu'il use envers eux de sa misericorde, de toute l'estendue de laquelle ils ont grand besoin.

Item, je donne et legue à Georges Soulas, ci-devant mon valet et scribe, et maintenant, à force de manier mes ouvrages, devenu mon collegue et confrere en Apollon, tant pour paiement des gages que je luy puis devoir que par pure liberalité, donation à cause de mort, et en la meilleure forme que pourra valoir, tout le reste de mes ouvrages et papiers, tant imprimez qu'à imprimer, luy faisant don de tous les profits qu'il en pourra retirer des comediens, des libraires et des personnes à qui il les pourra dédier ou presenter. A la charge et non autrement, qu'il fera imprimer lesdits manuscrits sous mon nom, et non sous le sien, et qu'il ne me privera point de la gloire qui m'en peut revenir, comme je sçay que quelques autheurs escrocs en ont ci-devant usé. Et pour executeur du present testament, je nomme Charles de Sercy, maistre libraire juré au Palais, veu que j'espere de sa courtoisie que, comme il se forme sur le modelle de Courbé, qui ne dédaigne pas d'estre agent général des autheurs de la haute classe, luy qui commence de venir au monde ne dédaignera pas de rendre cet office à la mémoire de son tres-humble servi-

---

[1] **Ouvrages de peu de valeur.**

teur et chaland. Voulant en cette consideration que
Georges Soulas, legataire universel de mes ouvrages,
lorsqu'il en voudra faire faire l'impression, lui donne la
preference à tous les autres, pour le recompenser des
pertes qu'il a faites[1] sur tant de recueils et de rapsodies
inutiles qu'il a imprimées, et qui le menacent d'une ban-
queroute prochaine et bien méritée. Car ainsi le tout a
esté par ledit testateur dicté, nommé, leu et releu, etc.

« Vrayment (dit alors Charroselles), j'avois grande
estime pour le pauvre Mythophilacte, mais je lui sçay
fort mauvais gré de ce qu'il destourne ces petits libraires du soin do faire des recueils. Chacun sçait combien
ceux qui sont haut hupez font les rencheris quand on
leur offre des coppies à imprimer. Ils ne veulent prendre que celles d'une certaine caballe qui leur plaist,
encore les payent-ils à leur mode, et il leur faut jetter
les autres à la teste, encore n'en veulent-ils point imprimer.

— Vous m'avez fait cent fois la mesme plainte de
vos libraires (dit Collantine) ; pourquoy les voudriez-
vous obliger à imprimer vos livres, si le debit n'en est
pas heureux ? Que ne les faites-vous imprimer à vos
frais, à l'exemple d'un certain autheur dont j'ai ouy parler au Palais, qui en a pour cinquante mille francs sur
les bras. J'aimerois mieux, si j'estois à votre place,
vendre mes chevaux et mon carrosse, pour acheter la

---

[1] Le testament se termine ainsi dans certaines éditions : « sur les
méchants ouvrages qu'il a imprimés de moy, dont il n'a pas eu le débit.
Car ainsi, etc. »

gloire qui m'en reviendroit, puisque vous en estes si
affamé. Ou plustost, que ne quittez-vous tout ce fatras
de compositions philosophiques, historiques et roma-
nesques, pour compiler des arrests, des plaidoyers ou
des maximes de droit? Dame ! ce sont des livres qu'on
achete tousjours, quels qu'ils soient, et il n'y a point
de libraire qui n'en fust aussi friand que des Heures à
la Chancelliere[1]. Mais, je vous prie, brisons là, car je
vois bien que vous voudriez faire en replique une longue doleance. Puisque la compagnie est curieuse de voir
ces papiers, passons aux titres et contracts d'acquisitions
de maisons et de constitutions de rente ; car ce sont les
principaux articles d'un inventaire.

— Ha ! pour cela (dit Belastre), nous n'en avons
trouvé aucuns, mais seulement beaucoup d'exploits
pour debtes passives ; de sorte que tout le reste de cet
inventaire ne contient que le catalogue de quantité de
livres et ouvrages manuscrits, qu'un des legataires nous
a requis d'inventorier, pour luy en faire ensuite la deli-
vrance, parce qu'il dit que le deffunt luy en a fait don.

---

[1] On donnait ce nom à un livre d'Heures primitivement dédié à la
femme du chancelier Pierre Seguier. En voici le titre : *Exercice spirituel contenant la maniere d'employer toutes les heures du jour
au service de Dieu*, par V. C. P., dédié à Mme la Chancelière. La
corporation des relieurs, dit M. Édouard Fournier, avait ait cette galanterie à Mme Seguier, pour se rendre favorable le Chancelier, sous la
direction duquel toutes les corporations dépendantes de la librairie
étaient placées. Le succès de ce livre dura plus d'un siècle, en 1767, le
libraire de Hansy en donna encore une édition reproduisant la dedicace
que Collombat avait faite pour la premiere. Il n'y avait de change que
la Chancelière à qui l'on dédiait.

— Nous n'avons affaire que de cela (reprit Charroselles),
et c'est icy asseurément le legs fait à Georges Soulas,
dont vous venez d'entendre parler. Lisons viste, je vous
prie, ce cathalogue. — Je m'y oppose (dit Collantine),
et je veux auparavant qu'on m'explique un article de
ce testament touchant ce grand agenda et cet almanach
de disners qu'il legue à Catharinet, et qu'il dit estre
suffisant pour sa subsistance.

— Je le veux bien (répondit Belastre) ; je le vais faire
chercher tout à l'heure par mon greffier, car je me
souviens bien de l'avoir fait inventorier. — J'aurois
bien de la peine à vous le trouver maintenant (repartit
Volaterran), car ce n'est qu'un petit cahier de cinq
ou six fueilles, qui est meslé parmi un grand nombre
d'escrits et de paperasses ; mais je vous diray bien ce
qu'il contient en substance car je l'ay consideré assez
attentivement, lors que j'en ay fait la description. Cet
almanach de disners est fait en forme de table divisée
par colonnes et contient une liste de tous les gens
qui tiennent table à Paris, ou des autres connoissances
du deffunt à qui il alloit demander à disner. Cela
est distribué par mois, par semaines et par jours, tout
de mesme qu'un calendrier. De sorte qu'en la mesme
maniere que les pauvres prestres vont demander leurs
messes le samedy à Nostre-Dame, le lundy au Saint-
Esprit, le vendredy à Sainte-Geneviefve, de mesme il
assignoit ses repas à certains jours chez certains grands,
le lundi chez tel intendant, le mardy chez tel prelat, le

mercredy chez tel president, et ainsi il subsistoit toute
l'année, jusques là qu'il avoit marqué subsidiaire-
ment, et en cas de besoin, pour son pis aller, les au-
berges allemandes et françoises.

— Voila qui suffit (dit Charroselles) pour nous donner l'intelligence de tout l'ouvrage, sur lequel, sans
l'avoir veu, je pourrois bien faire des illustrations et des
commentaires. Car je me doute bien que pour faire un
almanach parfait, il y avoit bien des jeusnes et des jours
maigres marquez, et peut estre plus qu'il n'en est observé dans l'Eglise. Je crois bien aussi que pour le pro-
nostique [1] qu'on a coustume d'y mettre à chaque luna-
tion [2] on pouvoit souvent y escrire : *grandeur de famine
secheresse d'amis, table rompue, etc.*, prédiction plus
claire et plus certaine que celles de Jean Petit et de
Mathurin-Questier [3]. Je m'imagine encore qu'il pouvoit
faire un almanach historial des jours de nopce et de
grands festins où il avoit assisté, et qu'il avoit marqué
à part ces jours-là dans son calendrier, comme les jours
heureux ou malheureux revelez au bon Joseph.

— Il falloit (interrompit Collantine) que cet homme
fust bien miserable, puisqu'il ne pouvoit vivre sans
escornifler : car c'est, à mon sens, le dernier des mestiers,
et indigne d'un homme qui a du pain et de l'eau. — Ce
ne seroit pas là une bonne consequence (dit Charroselles);

[1] Pronostic.
[2] Lunaison.
[3] Astrologues de l'époque.

car il y a bien des marquis et des gens accommodés qui
ne se font point de scrupule d'estre escornifleurs habi-
tuez à certaines bonnes tables, et j'ay veu souvent
nostre pauvre Mythophilacte se plaindre de ce desordre.
Car (disoit-il), sous pretexte que ces gens ont quelque
capacité ou experience sur le chapitre des sauces, et
qu'ils pretendent avoir le goust fin, ils croyent avoir
droit d'aller censurer les meilleures tables de la ville,
qui ne peuvent estre en reputation de friandes et de
delicates si elles n'ont leur approbation; jusques-là
qu'il soustenoit quelquefois que ces gens estoient des
larrons et des sacriléges, qui deroboient et venoient
manger le pain des pauvres. Pour luy, qui n'y alloit
point par goinfrerie, mais par necessité, je ne puis que
je ne l'excuse : car comment pourroit vivre autrement
un autheur qui n'a point de patrimoine ? Il auroit beau
travailler nuit et jour, dés qu'il est à la mercy des
libraires, il ne peut gagner avec eux de l'eau pour boire.

» Il me souvient de l'avoir veu une fois en une grande
peine. Je le trouvay en place de Sorbonne querellant
avec un autre autheur, qui, entr'autres injures, luy
reprocha tout haut qu'il étoit un caymand[1] de gloire, et
que de tous costez il en alloit mendier. Ce dernier mot
fut ouy par des archers qui cherchoient tous les men-
dians pour les mener à l'Hospital General[2]. Ils le saisi-

---

[1] Ancienne forme du mot *quémandeur*.

[2] La Salpêtrière. En 1656 ou 1657, la Salpêtrière fut donnée à l'Hôpital
Général. C'était là qu'on renfermait les mendiants et les vagabonds

rent au collet en ce moment (aussi bien estoit-il d'ailleurs assez déchiré), et j'eus bien de la peine à le faire relascher. J'en vins pourtant à bout, sur ce que je leur remonstray que le mestier de poëte, dont il faisoit profession, le conduisoit naturellement à l'hospital, et qu'il ne falloit point d'autres archers que ceux de son mauvais destin pour l'y faire aller en diligence. J'aurois bien d'autres particularitez assez plaisantes à vous reciter ; mais l'impatience que j'ay de voir ce cathalogue de livres ne me permet pas de m'arrester sur cecy d'avantage. » Ce fut lors que Volaterran, qui vit bien que Belastre, par un signe de teste, avoit dessein qu'on luy donnast prompte satisfaction, continua de lire.

CATALOGUE

DES LIVRES DE MYTHOPHILACTE

L'AMADISIADE, ou la Gauléide, poëme heroï-comique, contenant les dits, faits et prouesses d'Amadis de Gaule et autres nobles chevaliers ; divisé en vingt-quatre volumes, et chaque volume en vingt-quatre chants, et chaque chant en vingt-quatre chapitres, et chaque chapitre en vingt-quatre dixains, œuvre de 1724800 vers, sans les arguments.

APOLOGIE de Saluste du Bartas et d'autres poëtes anciens qui ont essayé de mettre en vogue les mots composez ; où il est monstré que les François, en cette occasion, n'ont esté que des pagnottes [1] en comparaison des Grecs et

---

[1] Hommes sans courage, sans énergie. Ce mot était souvent employé par les auteurs du XVIIᵉ siècle.

des Romains, par l'exemple d'Aristophane, de Plaute, et d'autres autheurs.

Le Rappé du Parnasse, ou recueil de plusieurs vers anciens corrigez et remis dans le stile du temps.

La Vis sans fin, ou le projet et dessein d'un roman universel, divisé en autant de volumes que le libraire en voudra payer.

La Souricière des envieux, ou la confutation[1] des critiques ou censeurs de livres, ouvrage fait pour la consolation des princes poëtiques détronez, où il est monstré que ceux-là sont maudits de Dieu, qui découvrent la turpitude de leurs parens et de leurs freres.

La Lardoire des courtisans, ou satyre contre plusieurs ridicules de la cour, qui y sont si admirablement piquez que chacun y a son lardon.

La Clef des sciences, ou la Croix de par Dieu du prince, c'est-à-dire l'art de bien apprendre à lire et à escrire, dedié à Monseigneur le Dauphin ; avec le Passe-partout de dévotion, ou un Manuel d'oraison pour l'exercice journalier du chrestien.

Imitation des Thresnes de Jeremie, ou lamentation poëtique de l'autheur, sur la perte qu'il fit, en déménageant, de quatorze mille sonnets, sans les stances, épigrammes et autres pieces.

« Vrayment (dit Charroselles), j'ay esté present à la naissance de cet ouvrage : jamais je ne vis un autheur plus déconforté que fust celuy-cy en recevant la nouvelle de cet accident. Je taschay à le consoler de tout mon possible, suivant le petit genie que Dieu m'a donné ; et comme j'avois appris du crocheteur qui avoit esté

_____
[1] Réfutation.

chargé de ces papiers qu'il falloit qu'ils eussent esté
perdus vers le Marché-Neuf, j'asseuray Mythophilacte
que quelque beuriere les auroit ramassez, comme estant à son usage, et qu'il n'avoit qu'à aller acheter tant
de livres de beurre, qu'il peust recouvrer jusqu'à la
derniere piece qu'il avoit perduë. — Vrayment (répondit Bclastre), voilà une consolation bien maligne, et qui
est fort de vostre genie, comme vous dites ; mais ne
faites point perdre de temps à mon greffier, à qui j'or-
donne de continuer. » Volaterran, reprenant où il en
estoit demeuré, leut du mesme ton qu'il avoit commencé.

DISCOURS des principes de la poësie, ou l'introduction à la
vie libertine [1].

PLACET rimé pour avoir privilege du Roy de faire des
vers de ballet, chansons nouvelles, airs de cour et de pont-
neuf, avec deffenses à toutes personnes de travailler sur
de pareils sujets, recommandé à monsieur de B......., grand
privilegiographe de France.

*Forfantiados libri quatuor, de vita et rebus gestis
Fatharelli.*

LE GRAND sottisier de France, ou le dénombrement des
sottises qui se font en ce vaste royaume, par ordre alpha-
betique.

» Vrayment (interrompit encore Charroselles), ce
dessein est beau ; j'avois eu envie de l'entreprendre
avant luy, et je l'aurois fait si je ne fusse point tombé
en la disgrace des libraires, car cela est fort selon mon

[1] V. p. 186, note 2.

genie. J'en ay conferé plusieurs fois avec le pauvre deffunt; il me disoit qu'il avoit dessein d'en faire trente
volumes, dont chacun seroit plus gros que le Théatre de
Lycosthene[1], ou que les Centuries de Magdebourg[2]. Il
est vray que je luy ay tousjours predit que, quelque
laborieux qu'il fust, et quoy qu'il ne fist autre chose
toute sa vie, il laisseroit tousjours cet ouvrage imparfait. Mais, Monsieur (dit-il au greffier), excusez si je
vous ay interrompu ; je vous prie de continuer. » Volaterran leut donc en continuant.

DICTIONNAIRE poëtique, ou recueil succint des mots et
phrases propres à faire des vers comme *appas, attraits,
charmes, flèches, flammes, beauté sans pareille; merveille
sans seconde,* etc. Avec une préface où il est monstré qu'il
n'y a qu'environ une trentaine de mots en quoy consiste
le levain poëtique pour faire enfler les poëmes et les romans à l'infiny.

ILLUSTRATIONS et commentaires sur le livre d'Ogier le
Danois[3] où il est monstré par l'explication du sens moral,
allegorique, mythologique et ænigmatique, que toutes
choses y sont contenues qui ont esté, qui sont ou qui

---

[1] Il s'agit probablement ici du *Prodigiorum ac ostentorum chro-
nicon,* de Conrad Wolffhart (P. J.)

[2] *Centuries de Magdebourg.* Histoire de l'Église, écrite en latin et
publiée à Bâle, 1559-1574, en 13 volumes in-folio. Cet ouvrage avait
pour but d'établir que le protestantisme est conforme à la foi chrétienne
des premiers âges. L'auteur du plan des *Centuries* fut Mathias Flacius,
le violent antagoniste de Melanchton.

[3] Héros fameux dans les légendes de chevalerie; un des preux de
Charlemagne. Son nom se retrouve sur une des figures de notre jeu
de cartes, le valet de pique.

seront; mesme que les secrets de la pierre philosophale y sont plus clairement que dans l'Argenis[1], le Songe de Polyphile, le Cosmopolite, et autres. Dedié à messieurs les administrateurs des Petites Maisons.

TRAITÉ de chiromance pour les mains des singes, œuvre non encore veuë ny imaginée.

IMPRECATION contre Thersandre, qui apprit à l'autheur à faire des vers, ou paraphrase sur ce texte : *Hinc mihi prima mali labes.*

RUBRICOLOGIE, ou de l'invention des titres et rubriques, où il est montré qu'un beau titre est le vray proxenete d'un livre, et ce qui en fait faire le plus prompt debit. Exemple à ce propos tiré des Pretieuses.

PLAIDOYERS et harangues prononcées dans l'assemblée generale des libraires, consultans sur l'impression de plusieurs livres qu'on leur avoit presentez. Avec le jugement intervenu sur iceux, Midas president, par lequel le Cuisinier, le Patissier et le Jardinier François ont esté receus, et plusieurs bons autheurs anciens et modernes rebutez.

DESCRIPTION merveilleuse d'un grand seigneur prophetisé par David, qui avoit des yeux et ne voyoit point, qui avoit des oreilles et n'entendoit point, qui avoit des mains et ne prenoit point, mais qui, en recompense, avoit des gens qui voyoient, entendoient et prenoient pour luy.

DE L'USAGE du thelescopophore, ou de certaines lunettes dont se servent les grands, qui s'appliquent aux yeux d'autruy, exemptes de l'incommodité de les porter, mais sujettes à tous les accidens cottez[2] au traité *De fallaciis visus.*

---

[1] *Argenis.* Roman satirique de J. Barclay, écrivain anglais, dans lequel l'auteur fait un tableau original des vices et des révolutions des cours. Ce roman a été traduit dans toutes les langues de l'Europe.

[2] Cotés, mentionnés.

ADVIS et memoires à Monsieur le Procureur du Roy, pour eriger en corps de maistrise jurée les poëtes et les autheurs, et les faire incorporer avec les autres arts et mestiers de la ville, où il est traité des estranges abus qui se sont glissez dans cette profession, et que l'ordre de la police demande qu'on y mette des jurez et maistres gardes, comme dans tous les autres corps moins importans.

SOMME DEDICATOIRE, ou examen general de toutes les questions qui se peuvent faire touchant la dedicace des livres, divisée en quatre volumes.

« Ha! je vous prie (interrompit Charroselles), abandonnons le reste de cette lecture, quelque agreable qu'elle soit, et nous arrestons aujourd'huy à voir ce livre-ci en détail, car j'en ay souvent ouy parler ; et puis c'est un sujet nouveau et fort necessaire à tous les autheurs. — Je voudrois bien (dit le greffier) satisfaire vostre curiosité ; mais quelle apparence y a-t'il de vous lire ces quatre volumes, que nous aurions de la peine à voir en douze vacations? — Parcourons-en au moins quelque chose (reprit l'opiniastre Charroselles) ; nous en tirerons quelque fruit. — Je trouve (dit le greffier, qui feuilletoit cependant le livre) le moyen de vous contenter aucunement[1], car je vois icy une table des chapitres, dont je vous feray la lecture si vous voulez. » La compagnie l'en pria, et il continua de lire.

_____

[1] Jusqu'à un certain point.

SOMME DÉDICATOIRE

TOME PREMIER

Chapitre 1.

De la dedicace en general, et de ses bonnes ou mauvaises qualitez.

Chapitre 2.

Si la dedicace est absolument necessaire à un livre. Question decidée en faveur de la negative, contre l'opinion de plusieurs autheurs anciens et modernes.

Chapitre 3.

Qui fut le premier inventeur des dedicaces. Ensemble quelques conjectures historiques qui prouvent qu'elles ont esté trouvées par un mendiant.

Chapitre 4.

Laquelle est la plus ancienne des dedicaces, celle des theses ou celle des volumes ; et de la profanation qui en a esté faite, en les mettant au bas des simples images, par Baltazar Moncornet.

Chapitre 5.

Le pedant Hortensius aigrement repris de sa ridicule opinion pour avoir appelé un livre sans dedicace *Liber* ἀκέφαλως[1].

[1] **Livre sans tête.**

Chapitre 6.

Jugement des dedicaces railleuses et satyriques, comme de celles faites à un petit chien, à une guenon, à personne, et autres semblables ; et du grand tort qu'elles ont fait à tous les autheurs trafiquans en maroquin.

Chapitre 7.

Refutation de l'erreur populaire qui a fait croire à quelques-uns qu'un nom illustre de prince ou de grand seigneur mis au devant d'un livre servoit à le deffendre contre la médisance et l'envie. Plusieurs exemples justificatifs du contraire.

Chapitre 8.

Des dedicaces bourgeoises et faites à des amis non reprouvées, et comparées à l'onguent miton-mitaine, qui ne fait ny bien ny mal.

Chapitre 9.

Plainte et denonciation contre Rangouze[1], d'avoir fait un livre de telle nature, qu'autant de lettres sont autant de dedicaces ; sur laquelle l'autheur soûtient que son procés luy doit estre fait, comme à ces magiciens qui se servent de pistoles volantes.

---

[1] Ancien secrétaire du maréchal de Thémines. « Il écrivoit, dit Tallemant des Réaux, à toutes les personnes de l'un et de l'autre sexe qui pouvoient lui donner quelque paraguante (gratification) ; il en fit un volume.... et par une subtilité digne d'un gascon, il ne fit point mettre de chiffres aux pages, afin que quand il présentoit ce livre à quelqu'un, ce livre commençât toujours par la lettre qui étoit adressée à celui à qui il le présentoit ; car il change les feuillets comme il veut, en le faisant relier. Vous ne sauriez croire combien cela lui a valu. »

Chapitre 10.

Sous quel aspect d'astres il fait bon semer et planter des eloges pour en recueillir le fruit dans la saison. Avec l'hôroscope d'un livre infortuné, qui ne fut pas seulement payé d'un grand mercy.

Chapitre 11.

Distinction et catalogue des jours heureux et malheureux pour dedier les livres ; où on découvre le secret et l'observation de l'heure du berger pour presenter un livre, sçavoir : quand le Mecenas[1] sort du jeu et a gagné force argent.

TOME SECOND.

Chapitre 1.

De la qualité et nature des Mecenas en general.

Chapitre 2.

Des diverses contrées où naissent les vrais Mecenas, et que les meilleurs se trouvent en Flandres et en Allemagne, comme les meilleurs melons en Touraine, et les meilleurs asnes en Mirebalais. La Serre[2] cité à propos.

---

[1] Mécène, protecteur des gens de lettres.

[2] La Serre (Jean Puget de), né à Toulouse, 1600-1665. Il écrivit plus de cent volumes sur la philosophie, la morale, l'histoire et le théâtre. Tous ces ouvrages sont complètement oubliés et méritaient de l'être. La Serre fut cependant nommé historiographe de France, mais il ne put obtenir une des pensions que Colbert accordait aux gens de lettres. Chapelain avait, parait-il, contribué à ce déboire de La Serre, et, pour se venger, ce dernier l'ayant rencontré lui aurait arraché sa perruque. Telle serait l'origine de la parodie : *Chapelain décoiffé*, attribuée à Boileau et dont Furetière est, parait-il, le principal auteur. La médiocrité

Chapitre 3.

Des vrais et faux Mecenas, et de la difficulté qu'il y a de
les connoistre. Si c'est une pierre de touche asseurée de
sonder ou pressentir la liberalité qu'ils feront au futur de-
dicateur.

Chapitre 4.

De la disette qu'il y a eu des Mecenas en plusieurs sie-
cles, et particulierement de la merveilleuse stérilité qu'en
a celuy-cy.

Chapitre 5.

Preuve de l'antiquité de la poësie, à l'occasion de ce que
la plus ancienne de toutes les plaintes est celle des poëtes
sur le malheur du temps et sur l'ingratitude de leur
siecle.

Chapitre 6.

Continuation du mesme sujet, avec la liste des hommes
de lettres morts de faim ou à l'hospital, illustrée des exemples d'Homere et de Torquato Tasso.

Chapitre 7.

Examen de la comparaison faite par quelques-uns d'un

des écrits de La Serre n'empêcha pas qu'ils ne fussent pour lui une
source très productive de revenu, grâce aux éloges outrés qu'il y pro-
diguait aux grands. Il aborda aussi le théâtre, et fit jouer avec un
succès qui parait invraisemblable aujourd'hui : *Thomas Morus, le Sac
de Carthage, le Martyre de Sainte-Catherine, Chimène et Thésée.*
A l'une des représentations de *Thomas Morus,* la foule fut si grande
que quatre portiers furent étouffés. Dans son *Parnasse réformé,*
Guéret fait dire à La Serre, à propos de cet accident : « Voilà ce qu'on
appelle de bonnes pièces ! M. Corneille n'a point de preuves si puissantes de l'excellence des siennes, et je lui céderai volontiers le pas
quand il aura fait tuer cinq portiers en un jour. »

vray Mecenas au phœnix; où il est montré que, si elle est
juste en considerant sa rareté, elle cloche en ce qu'il ne
dure pas 500 ans, et qu'il n'en renaist pas un autre de sa
cendre.

Chapitre 8.

Du choix judicieux qu'on doit faire des Mecenas, et que
les plus ignorans sont les meilleurs, vérifié par raisons et
inductions.

Chapitre 9.

Difference des Mecenas de cour et des Mecenas de robe;
avec une observation que ceux-cy sont tres-dangereux, à
cause que d'ordinaire ils se contentent de promettre de
vous faire gagner un procés ou de vous servir en temps et
lieu.

Chapitre 10.

Eloges de Monsieur de Montauron[1], Mecenas bourgeois,
premier de ce nom, recueillis des epistres dedicatoires des
meilleurs esprits de ce temps. Avec quelques regrets poëtiques sur sa decadence.

Chapitre 11.

Paradoxe tres-veritable, que les plus riches seigneurs
ne sont pas les meilleurs Mecenas. Où il est traitté d'une
soudaine paralysie à laquelle les grands sont sujets,
qui leur tombe sur les mains quand il est question de
donner.

Chapitre 12.

Cinquante ruses et échapatoires des faux Mecenas pour

[1] Célèbre financier à qui Corneille dédia *Cinna*.

se garantir des pieges d'un autheur dediant et mendiant.

Chapitre 13.

Recit d'un accident qui arriva à un tres-mediocre
autheur à qui la teste tourna, à cause de l'honneur qu'il
receut de la dedicace d'un livre que luy fit un sçavant
illustre.

Chapitre 14.

Indignation de l'autheur contre les dedicaces faites à
d'indignes Mecenas. Comme, pour s'en venger, il prepara
une epistre dedicatoire au bourreau pour le premier livre
qu'il feroit.

TOME TROISIÈME.

Chapitre 1.

De la remuneration en general qu'on doit faire pour les
epistres dedicatoires, et si elle est de droit naturel, de
droit des gens ou de droit civil.

Chapitre 2.

Si en telle occasion on doit avoir égard à la qualité de
celuy qui dedie ; par exemple, si on doit donner un plus
beau present à un autheur riche qu'à un pauvre. Avec plusieurs raisons alleguées de part et d'autre.

Chapitre 3.

Si on doit mettre en consideration les frais faits à la
relieure, desseins, estampes, vignettes, lettres capitales,
et autres despences faites pour contenir les portraïts,

chifres, armes et devises du seigneur encensé. Avec une
notable observation que toutes ces forfanteries font presu-
mer que le merite du livre, de soy-mesme, n'est pas fort
grand.

Chapitre 4.

Pareillement, s'il faut rembourser à part et hors d'œuvre
les frais d'un voyage qu'aura fait un autheur pour aller
trouver son Mecenas en un pays fort éloigné, et pour luy
presenter son livre.

Chapitre 5.

La juste Balance des livres, et si on les doit considerer
par le poïds ou par le merite, par la grosseur du volume
ou par l'excellence de la matiere. Question traittée sous
une allegorie dramatique, et l'introduction des personnages
de l'Asne laborieux et du fin Renard.

Chapitre 6.

Question incidente (*si cæteris paribus*) on doit payer davantage la dedicace des livres *in-folio* que des *in-quarto,*
et que des *in-octavo* ou des *in-douze.* Avec un combat notable de Calepin [1] contre *Velleius Paterculus* [2].

Chapitre 7.

Autre question : si le mesme livre imprimé in-douze en

---

[1] Lexicographe italien, né à Bergame en 1435, mort en 1511. Il était
moine augustin, et consacra sa vie à la rédaction de son fameux *Dictionnaire des langues latine, italienne, etc.,* qui parut à Reggio en
1502 et eut un grand nombre d'éditions. L'importance de ce lexique
l'avait fait regarder comme un abrégé de la science universelle. De là,
l'expression proverbiale : Consulter son calepin.

[2] Historien romain (19 av. J.-C., 31 ap. J.-C.), dont les œuvres
étaient alors ordinairement imprimées en petit format.

petit caractere doit estre aussi bien payé que s'il estoit
imprimé en gros caractere et en grand volume. Avec l'observation de la difference des enfans corporels et spirituels : car les premiers sont petits en leur naissance, et
croissent avec le temps ; et les autres, tout au contraire, d'abord s'impriment en grand, et avec le temps en
petit.

Chapitre 8.

Des epistres dedicatoires des reimpressions ou secondes
editions ; sçavoir quelle taxe leur est deuë. Plaisant trait
d'un Mecenas qui donna pour recompense à un autheur
qui luy avoit fait un pareil present un habit vieux et re-
tourné.

Chapitre 9.

De ceux qui font imprimer les anciens autheurs, et en
font des dedicaces sous pretexte de les dire corrigez, il-
lustrez, nottez, commentez, apostillez ou rapsodiez.
Exemple d'une dedicace de cette nature payée de l'argent d'autruy par un partisan qui fit le lendemain ban-
queroute.

Chapitre 10.

De ceux qui mettent au jour les anciens manuscrits non
encore imprimez ; où il est montré qu'on leur doit au moins
le mesme salaire qu'à une sage femme, qui ayde à faire
venir les enfans au monde.

Chapitre 11.

Si on doit faire quelque consideration d'un libraire
qui dediera l'ouvrage d'autruy ou un livre qu'il aura
trouvé sans adveu. Juste paralele de ces gens avec

ceux qui empruntent des enfans, ou qui en vont prendre
aux enfants trouvez, pour mieux demander l'aumosne[1].

Chapitre 12.

Des glaneurs du Parnasse, ou des gens qui font des recueils de pieces de vers et de prose, et qui les dedient
comme des livres de leur façon. Telle maniere d'agir condamnée, comme estant une exaction et levée injuste sur
le peuple poëtique. Avec les mémoires d'un donneur d'avis
pour faire créer des charges de garde-ouvrages, à l'instar
des garde-bois ou garde-moissons, pour empescher ces in-
conveniens.

Chapitre 13.

S'il y a lieu et action de se pourvoir en justice contre
un Mecenas pour avoir payement d'une epistre dedicatoire, et si elle se doit payer au dire d'experts. Question décidée par un article de la coutume, au chapitre
Des fins de non-recevoir, et par le droit *De his quæ sine
causa*.

Chapitre 14.

Si au contraire un Mecenas ayant payé un livre sans le
voir, peut estre relevé pour læsion énorme, en cas que le
livre ne vaille rien ou qu'il n'y soit pas assez loué, et s'il
a cette action qu'on appelle, en droit, *condictio indebiti*.

Chapitre 15.

Si les heritiers ou creanciers d'un autheur deffunt sont

---

[1] Cet ignoble trafic se faisait en effet encore sur une large échelle au
commencement du XVIIe siècle. Nombre de ces infortunés étaient vendus
vingt sous à des mendiants ou à des bateleurs, qui les mutilaient pour
exciter la compassion publique.

de droit subrogez en son nom et actions, et s'ils peuvent tirer en justice le mesme émolument de la dedicace de son livre, quand ils le mettent au jour. Examen du titre *De actionibus quæ ad hæredes transeunt.*

Chapitre 16.

Arrest notable rendu au profit d'un pauvre autheur qui avoit fait une epistre dedicatoire sous le nom d'un libraire, moyennant 30 sous, lequel fut reçeu à partager la somme de 150 livres qu'un Allemand avoit donnée au libraire pour la dedicace ; avec les plaidoyers des advocats, où sont de belles descriptions de la grande misere de quelques autheurs et de l'estrange coquinerie de tous les libraires.

Chapitre 17.

Factum d'un procés pendant entre un libraire et un autheur qui travailloit à ses gages et à la journée, sur la question de sçavoir à qui appartiendroit la dédicace du livre, de laquelle il n'avoit point esté fait mention dans leur marché.

Chapitre 18.

Si c'est un stellionnat poëtique (c'est-à-dire vendre plusieurs fois une même chose) de vendre une piece de theatre, premierement à des comediens, et puis à un libraire, et puis à un Mecenas. Question décidée en faveur des autheurs fondez en droit coustumier.

Chapitre 19.

Si un domestique ou commensal d'un Mecenas est obligé de luy dedier ses ouvrages privativement et à l'exclusion de tous autres, et si le Mecenas luy doit pour cela une

recompense particuliere, ou si le logement et la nourriture
luy én doivent tenir lieu. Le droit des esclaves est ici
traitté, qui veut qu'ils ne puissent rien acquerir que pour
leur maistre. Où il est monstré que les esclaves de la fortune sont encore moins favorables[1] que les esclaves pris
en guerre.

Chapitre 20.

D'un moyen facile et general qu'ont trouvé les Mecenas
de soudre toutes les difficultez cy-dessus, en ne donnant
rien. Description, à ce propos, de l'avarice, et du démé-
nagement qu'elle a fait en nos jours; où on voit qu'elle
habite dans les hôtels et dans les palais, au lieu qu'elle
estoit cy-devant logée dans les colleges et dans les gargo-
teries[2].

TOME QUATRIESME.

Chapitre 1.

Des eloges en general, avec leur distinction, nature et
qualitez.

Chapitre 2.

Que les eloges immoderez sont de l'essence des epîtres
dedicatoires. Avec la preuve éxperimentale que l'encens
qui enteste·le plus est celuy qui est trouvé le meilleur,
contre l'opinion des médecins et droguistes.

Chapitre 3.

Si le Mecenas doit payer la dedicace du livre à proportion

[1] Favorisés.
[2] Gargotes.

de l'encens qu'on luy donne dans l'epistre. Avec l'invention
de faire le trebuchet pour le pezer.

Chapitre 4.

Si l'encens qu'on donne au Mecenas dans le reste du
livre, où on trouve bonne ou mauvaise occasion de parler
de lui, ne doit pas faire doubler ou tripler la dose du present
qu'il avoit destiné pour la seule épître.

Chapitre 5.

Si les autres personnes dont on fait une honorable mention dans le livre, par occasion, doivent un present particulier à l'autheur, chacune pour sa part et portion des
éloges qu'on luy donne.

Chapitre 6.

Du titre ou carat de la louange. Où il est monstré que
pour estre de bon alloy, et en avoir bon debit, elle doit
estre de 24 carats, c'est-à-dire portée dans le dernier
excés.

Chapitre 7.

Si un autheur qui aura donné à son Mecenas la divinité
ou l'immortalité doit estre deux fois mieux payé que celuy
qui l'aura seulement appelé demy dieu, ange ou héros.
Exemples de plusieurs apothéoses qui ont esté plus heureuses pour l'agent que pour le patient.

Chapitre 8.

Paradoxe tres-veritable, que la louange la plus mediocre
est la meilleure, contre l'opinion du siecle et des grands.
Avec une table des degrez de consanguinité de la flaterie

et de la berne[1], où on void qu'elles sont au degré de cousins issus de germain.

Chapitre 9.

De la louange qui est notoirement fausse, avec la preuve qu'elle doit estre payée et recompensée au double, par deux raisons : la premiere, parce qu'il faut recompenser l'autheur du tort qu'il se fait en mentant avec impudence; la seconde, parce que le Mecenas seroit le premier à en confirmer la fausseté, si par un ample payement il n'en faisoit l'approbation.

Chapitre 10.

Si les femmes, qu'on flatte souvent pour rien, et qui croyent que toutes les louanges leur sont deuës de droit, doivent payer, autant que les hommes, les eloges que leur donnent les autheurs dans leurs livres ou dans leurs epistres dedicàtoires.

Chapitre 11.

Si l'on doit un plus grand present pour les éloges couchez dans les histoires que dans les poësies ou romans.

Chapitre 12.

Divers avantages qu'ont les historiens sur les poëtes et romanciers, et des belles occasions qu'ont ceux-là d'obliger plusieurs personnes. Sçavoir si la licence qu'ont ceux-cy de mentir et d'hyperboliser les peut égaler aux autres.

Chapitre 13.

Si les historiens se doivent contenter des pensions que

[1] Moquerie.

leur donnent les rois ou les ministres, ou s'ils peuvent
honnêtement dedier leurs livres à d'autres, et en recevoir
des presens pour avoir bien parlé d'eux.

Chapitre 14.

Quels gages ou pensions on doit à un autheur qui a écrit
l'histoire ou la genealogie d'une famille. Du nombre prodi-
gieux de personnes que tels escrivains ont annobly, et que
c'est tres-proprement qu'on peut appeler cela noblesse de
lettres.

Chapitre 15.

S'il est permis à un autheur qui n'a rien receu d'une
dedicace de la changer, et de dedier le mesme livre à un
autre. Où la question est decidée en faveur de l'affirmative, suivant la regle du droit qui permet de revoquer une
donation par ingratitude.

Chapitre 16.

Question notable : supposé qu'un Mecenas vint à estre
degradé, pendu, ou executé pour quelque crime, s'il faudroit supprimer ou changer l'epistre dedicatoire, ou bien
continuer toûjours le débit du livre.

Chapitre 17.

En une seconde impression du mesme livre, *quid juris?*

Chapitre 18.

Apologie des docteurs italiens, qui n'exemptent pas de
crime ceux qui excroquent les personnes qui se sacrifient
à leurs plaisirs. Où il est monstré, par identité de raison,
que les Mecenas qui excroquent les pauvres autheurs

qui ont prostitué leur nom et leur plume pour leur reputation commettent un crime qui crie vengeance à Dieu,
comme celui de retenir le salaire des serviteurs et pauvres
mercenaires.

Chapitre 19.

Extrait d'un procés de reglement de juges intenté par
un autheur contre un Mecenas pour le payement de quelques eloges qu'il luy avoit vendus, avec l'arrest du Conseil
donné en consequence, qui a renvoyé les parties pardevant les juges consuls, attendu qu'il s'agissoit de fait de
marchandise.

Chapitre 20.

Si le relieur qui a fourny le maroquin pour couvrir le
ivre dedié, ou le marchand qui a vendu le satin pour imprimer la these, ont une action réelle ou personnelle, et
s'il suffiroit à l'autheur de faire cession et transport du
present du Mecenas jusqu'à la concurrence de la debte.
Contrarieté des decisions sur ce sujet de la cour du
Parnasse et du siege du Chastelet.

Chapitre 21.

Fin ménage d'un autheur, qui presenta à son Mecenas
un livre couvert simplement de papier bleu, disant que
c'estoit ainsi qu'on habilloit les pauvres orphelins et les
enfans de l'hospital, témoin ceux du Saint-Esprit et de la
Trinité.

Chapitre 22.

De la loy du talion, et si elle est receuë chez les autheurs.

Par exemple, si, avec des complimens, on peut payer les eloges que donne un autheur dans sa dedicace.

Chapitre 23.

Examen de l'exemple d'Auguste, cité sur ce sujet, qui donna à un poëte des vers pour des vers. Preuve qu'il ne doit point estre tiré en consequence.

Chapitre 24.

Si le Mecenas qui fait valloir la piece de l'autheur, ou qui met son livre en credit par des recommandations ou applaudissemens publics, s'acquite d'autant envers luy de la recompense qu'il luy doit donner. Raisons de douter et de decider.

Chapitre 25.

Conseils utiles à un autheur pour faire reüssir une dedicace. De la necessité qu'il y a d'importuner les Mecenas pour arracher quelque chose d'eux.

Chapitre 26.

Autre conseil tres-important de faire de grandes civilitez et des presens de ses livres à tous les valets du Mecenas, afin qu'ils fassent commemoration de l'autheur en son absence, et qu'ils fassent valloir le livre auprés de leur maistre.

Chapitre 27.

Digression pour parler de la nature des mules aux talons, à l'occasion de ce que les autheurs sont sujets à les gagner en attendant l'heure favorable pour presenter leurs livres à leurs Mecenas.

Chapitre 28.

Maxime verifiée par experience et par induction, que
tous les autheurs qui ont fait fortune aupres des grands ne
l'ont point faite en vertu de leur merite, mais pour leur
avoir esté utiles en quelques autres affaires, ou par l'intrigue ou recommandation de quelqu'un.

Chapitre 29.

Conclusion de tout ce discours, auquel est adjoustée une
table dressée à *l'instar* de celle de la liquidation d'interests
contenant la juste prisée et estimation qu'on doit faire des
differens eloges. Ensemble le prix des places d'Illustres et
demy-Illustres qui sont à vendre dans tous les ouvrages de
vers ou de prose, suivant la taxe qui en a esté cy-devant
faite.

« Vrayment (dit Charrosselles), en attendant que je
voye tout cet ouvrage, dont j'ai une grande curiosité,
monstrez-nous au moins ce dernier chapitre, ou plustost cette table si necessaire à tous les autheurs. — Je
le veux bien (dit Volaterran), mais je ne sçaurois vous
satisfaire tout à fait; car, comme elle est dans le dernier
feuillet du livre, la pourriture ou les rats en ont mangé
toute la marge où les sommes sont tirées en ligne. —
Hé bien! nous nous contenterons de voir seulement les
articles » (dit Charrosselles). Le greffier s'y accorda, et
leut ainsi :

ESTAT ET ROOLE DES SOMMES

*Ausquelles ont esté moderement taxées, dans le Conseil
poëtique, les places d'Illustres et demy-Illustres,
dont la vente a esté ordonnée pour faire
un fonds pour la subsistance des
pauvres autheurs*[1].

Pour un principal heros d'un roman de dix volumes
. . . . 000. liv. parisis.

Pour une heroïne et maistresse du heros. . . 00. l. par.

Pour une place de son premier escuyer ou confident
. . . . 0 . . . . sis.

Pour une place de demoiselle suivante et confidente
. . . . 3. . . par. . .

Pour ceux de 5 volumes et au-dessous, ils seront taxez à
proportion.

Pour un rival malheureux, et qui est prince ou heros . .

Pour le heros d'un episode ou histoire incidente. . . . .

Pour la commemoration d'une autre personne faite par
occasion . . . .

Pour un portrait ou caractere d'un personnage introduit.
20 l. tournois.

Nota que selon qu'on y met de beauté, de valeur et
d'esprit, il faut augmenter la taxe.

Pour la description d'une maison de campagne qu'on
deguise en palais enchanté, pour la façon seulement sera
payé. . . . .

[1] Cet *État* est évidemment une parodie de la liste des pensions ac-
cordées aux hommes de lettres par Colbert. On sait que cette liste fut
dressée par Chapelain.

Pour la loüange qu'on donne par occasion à des poëmes et à des ouvrages d'autrui, *néant*. Et n'est ici couché que pour memoire, attendu qu'on les donne à la charge d'autant.

Pour l'anagramme du nom du personnage dépeint, quaante sous.

Pour le fard dont on l'aura embelly : à discretion.

Pour faire qu'un amant ait avantage sur son rival et qu'il soit heureux dans les combats et intrigues, *idem*.

Le juste prix de toute sorte de vers.

Pour un poëme epique en vers alexandrins[1]. . . 2000 l.

Nota que cela s'entend de pension par chacun an, tant que durera la composition, pourveu que ce soit sans fraude.

Pour les personnages introduits dans ces poëmes, la taxe s'en fait au double de celle qui est faite pour pareilles places de prose.

Pour les odes heroïques de dix ou douze vers chacune strophe. . . . . 100 s.

Pour les autres de sixains ou quatrains . . . .

Pour un sonnet simple. . . . . trois l.

Pour un sonnet de bouts rimez, deux sous six deniers.

Pour un sonnet acrostiche. . . . . 24 s. p.

Pour un madrigal tendre et bien conditionné. . . 30 s.

Pour une elegie. . . . .

Pour une chanson. . . . .

Pour un rondeau . . . .

Pour un triollet. . . . .

[1] Selon M. Colombey, il s'agirait ici de la *Pucelle*, qui valut à Chapelain non deux mille, mais bien trois mille francs de pension.

« Il y a apparence qu'il y en avoit encore quantité
d'autres ; mais non seulement le chiffre a esté mangé,
mais encore le texte de l'article, dont il ne reste plus
qu'une assez grande liste de *pour*, que vous pouvez
voir.

— Vrayment, c'est dommage (dit Charroselles) ; je
voudrois qu'il m'eust cousté beaucoup et en avoir l'original sain et entier : je le donnerois à Cramoisy[1], imprimeur du Roy pour les monnoyes , qui seroit bien
aise de l'imprimer. Mais pour ne vous pas importuner
davantage, je vous prie, Monsieur le Greffier, et vous,
Monsieur le Prévost (que je devois nommer première-
ment), de me prester ces manuscrits pour les lire en
particulier ; je vous en donneray mon recepissé, et je
vous les rendray dans deux fois vingt-quatre heures.

— Je m'en donneray bien de garde que je ne sois
payé de mes vacations (reprit brusquement Belastre).
— Et moy de ma grosse (adjousta Volaterran). » Et tous
deux en mesme temps dirent que, s'il vouloit lever le
procés-verbal et payer les frais du scellé, qu'ils luy
donneroient tout ce qu'il voudroit. « Vous devez
mesme remercier Mademoiselle que voilà (dit Belastre
en monstrant Collantine), de ce que je vous en ai tant
fait voir ; c'est une prevarication que j'ay faite en ma
charge, et à laquelle les juges de ma sorte ne sont gueres
sujets. » Charroselles dit alors qu'il ne vouloit point

---

[1] Cramoisy (Sébastien), né à Paris, 1585-1669, fut le premier direc-
eur de l'imprimerie royale établie au Louvre par Louis XIII en 1640.

payer si cher une si legere curiosité, et qu'il auroit patience que ces livres fussent imprimez. « Si est-ce pourtant (dit Collantine à Belastre), puisque vous en avez tant fait, qu'il faut que vous me monstriez encore une piece dont vous avez parlé dans ce dernier livre que vous avez leu, en certain endroit où j'avois bien envie de vous interrompre, et où il est parlé du bourreau : car, c'est un officier de justice, et que je les respecte tous, je seray bien aise de sçavoir ce qu'on dit de luy. — Fort volontiers (reprit Belastre) : j'avois la mesme curiosité, et je n'aurois pas manqué de la satisfaire si-tost que j'aurois esté chez moy ; mais puisqu'il est ainsi, nous la verrons tout à cette heure. » Aussi-tost il com- manda au greffier de chercher dans le corps du livre cette piece, dont il avoit veu le titre dans la table des chapi- tres. Le greffier obéït, la trouva, et la leut en cette sorte :

EPISTRE DEDICATOIRE

DU PREMIER LIVRE QUE JE FERAY

A tres-haut et tres-redouté seigneur Jean Guillaume, dit S. Aubin, maistre des hautes œuvres de la ville, prevosté et vicomté de Paris.

GUILLAUME,

Voicy asseurément la premiere fois qu'on vous dedie des livres ; et un present de cette nature est si rare pour vous

que sans doute sa nouveauté vous surprendra. Vous croirez
peut-estre que je brigue vos faveurs, comme tous les autheurs font d'ordinaire quand ils dedient. Cependant il
n'en est rien; je ne vous ay point d'obligation et ne veux
point vous en avoir. Voicy la premiere epistre dedicatoire
qui a esté faite sans interest, et qui sera d'autant plus esti-
mable que je n'y mettray point de sentimens deguisez ni
corrompus. Il y a long-temps que je suis las de voir les
autheurs encenser des personnes qui ne le meritent peut-
estre pas tant que vous. Ils sont leurrez par l'espoir d'obtenir des pensions et des recompenses qui ne leur arrivent
presque jamais; ils n'obtiennent pas mesme les grâces qu'on
ne leur peut refuser avec justice; et j'ay veu encore depuis
peu un homme de merite acheter cherement une place
pour servir un faux Mecenas, qui en avoit esté exclus par
la brigue d'un goinfre et d'un hableur qui avoit gagné ses
valets. Depuis que j'ay veu louer tant de faquins qui ont
des equipages de grands seigneurs, et tant de grands seigneurs qui ont des ames de faquins, il m'a pris envie de
vous louer aussi, et certes ce ne sera pas sans y estre aussi
bien fondé que tous ces flatteurs. Combien y a-t-il de ces
gens qu'on vante si hautement, qu'il faudroit mettre entre
vos mains afin de leur apprendre à vivre? Ils ne font pas
si bien leur mestier comme vous sçavez faire le vostre : car
il n'y a personne qui execute plus ponctuellement les
ordres de la justice, dont vous estes le principal arcbou-
tant. Ce n'est pas pourtant que je veuille establir un paradoxe, ny faire comme Isocrate et les autres orateurs qui
ont loué Busire, Helene et la fiévre quarte[1]. Je trouve
qu'on vous peut louer en conscience, quand il n'y auroit
autre raison sinon que c'est vous qui monstrez à beaucoup

[1] L'*Éloge de la fièvre quarte* fut écrit au XVIe siècle par G. Menape
(P. J.)

de gens le chemin de salut, et à qui vous ouvrez la porte
du ciel, suivant le proverbe qui dit que de cent pendus il
ny en a pas un perdu. Quant à la noblesse de votre employ,
n'y a-t-il pas quelque part en Asie ou en Afrique un roy
qui tient à gloire de pendre lui-mesme ses sujets, et qui
est si persuadé que c'est un des plus beaux appennages[1] de
sa couronne, qu'il puniroit comme un attentat celuy qui
luy voudroit ravir cet honneur? Lorsque les saints peres
ont appelé Attila, Saladin et tant d'autres roys, les bouchers
de la 'ustice divine, ne vous ont-ils pas donné d'illustres
confreres? Vostre equipage mesme se sent de vostre dignité; et quand vous estes dans la fonction de votre magistrature, vous ne marchez jamais sans gardes et sans un
cortege fort nombreux. Il y a une infinité d'officiers qui
ne travaillent que pour vous et qui ne taschent qu'à vous
donner de l'employ. Que plust à Dieu qu'ils vous fussent
fideles! Vous seriez trop riche si vous teniez dans vos
filets tous ceux qui sont de vostre gibier. Cependant ils
ont beau frauder vos droits, vos richesses sont encore assez
considerables. Il n'y a point de revenus plus asseurez que
les vostres, puisque leur fonds est asseuré sur la malice
des hommes, qui croist de jour en jour et qui s'augmente
à l'infini. Il faut pourtant que vous ne soyéz pas sans mo-
deration, puisque vous avez le moyen de faire votre fortune
aussi grande que vous voudrez : car on dit quand un
homme fait bien ses affaires qu'il a sur luy de la corde de
pendu, et certes il n'y a personne qui en puisse avoir plus
que vous. Aussi vostre merite a tellement esté reconnu,
qu'on s'est détrompé depuis peu du scrupule qu'on avoit de
vous frequenter. Au lieu de vous fuir comme un pestiferé,
on a veu beaucoup de gens de naissance ne faire point de

---

[1] Apanages.

difficulté d'aller boire avec vous, parce que vous aviez de
bon vin. De sorte qu'il ne faut pas qu'on s'étonne qu'insensiblement vous vous trouviez parmi les heros et les
Mecenas. Comme on a poussé si loin l'hyperbole et la
flatterie, j'ay souvent admiré qu'apres avoir placé au rang
des demy-dieux tant de voleurs et de coquins, on ne vous
ait pas mis de leur nombre : car je sçay que vous estes leur
grand camarade, et je vous ay veu bien des fois leur donner
de belles accolades. Il est vray que vous leur donniez
incontinent apres un tour de vostre mestier ; mais combien
y a-t-il de courtisans qui vous imitent, et qui en mesme
temps qu'ils baisent un homme et qu'ils l'embrassent, le
trahissent et le precipitent? Si on vous reproche que vous
depouillez les gens, vous attendez du moins qu'ils soient
morts; mais combien y a-t-il de juges, de chicaneurs et de
maltotiers qui les sucent jusques aux os et qui les écor-
chent tout vifs? Enfin, tout conté et tout rabattu, je trouve
que vous meritez une epistre dedicatoire aussi bien que
beaucoup d'autres. Je craindrois pourtant qu'on ne crust
pas que c'en fust une, si je ne vous demandois quelque
chose. Je vous prie donc de ne pas refuser vostre amitié à
plusieurs pauvres autheurs qui ont besoin de vostre secours
charitable : car l'injustice du siecle est si grande que beaucoup d'illustres, abandonnez de leurs Mecenas, languissent
de faim, et, ne pouvant supporter leur mépris et la pauvreté, ils sont réduits au désespoir. Or, comme ils n'ont
pas un courage d'Iscariot[1] pour se pendre eux-mesmes, si
vous en vouliez prendre la peine, vous les soulageriez de
beaucoup de chagrin et de miseres. J'aurois finy en cet
endroit, si je ne m'estois souvenu qu'il falloit encore
adjoûter une chose qui accompagne d'ordinaire les cloges

[1] Judas Iscariote.

que donnent à la haste les faiseurs de dedicace : c'est la
promesse d'ecrire amplement la vie ou l'histoire de leur
heros. J'espere m'acquitter quelque jour de ce devoir, dans
le dessein que j'ai de faire des commentaires sur l'Histoire
des larrons[1] : car ce sera un lieu propre pour faire de vous
une ample commemoration, et pour celebrer vos prouesses
et vos actions plus memorables. En attendant, croyez que
je suis, autant que vostre merite et vostre condition me
peuvent permettre,

GUILLAUME,

Vostre, etc.

Volaterran n'eut pas si-tost achevé cette lecture, que,
de crainte qu'on ne luy en demandast encore une autre,
il se leva brusquement, remist à la haste ses papiers
dans son sac, et, en disant : « Vrayment, je ne gagne
pas ici ma vie, » il s'en alla sans faire aucun compliment pour dire adieu. Mais cet empressement avec
lequel il reserra ces papiers fut cause que deux glisse-
rent le long du sac, sans qu'il s'en aperçeust, dont l'un
fut ramassé par Charroselles, et l'autre par Collantine.
Celle-cy ouvrit vistement le sien, et trouva que c'estoit
un écriteau en grand volume et en gros caractere

---

[1] L'*Inventaire général de l'Histoire des larrons*, ouvrage auquel
il est fait allusion ici, a pour auteur F.-D.-C. Lyonnois, littérateur né
à Lyon, et qui vivait au XVIIe siècle. On trouve dans cet ouvrage de
curieux détails de mœurs, mais bien qu'il ait été souvent réimprimé,
il est devenu fort rare.

comme ceux qu'on achete à S. Innocent[1] pour les maisons à loüer, où il y avoit écrit :

CEANS ON VEND DE LA GLOIRE A JUSTE PRIX,

ET SI ON EN VA PORTER EN VILLE.

La nouveauté de cet escriteau les surprit tous, car on n'en avoit point encore vu de tels affichez dans Paris, quand Belastre leur dit, prenant la parole : « J'en ay esté surpris le premier, en ayant trouvé une assez grosse liasse lorsque j'ay fait cet inventaire. Ce qui m'a donné sujet d'interroger là-dessus Georges Soulas, pour sçavoir ce que le deffunt en vouloit faire. Il m'a répondu que ce pauvre homme, pressé de la necessité, et ne trouvant plus si bon débit de sa marchandise, prétendoit mettre cet escriteau à sa porte, et qu'il ne doutoit point qu'il n'y eust beaucoup d'autres autheurs qui, à son imitation, ouvriroient des boutiques de gloire. — Je crois (dit Collantine) qu'elles viendroient aussi-tost à la mode que celles des limonadiers[2] qui sont si communes aujour-

---

[1] Autour du cimetière des Innocents étaient installés des écrivains publics qui vendaient des affiches ou écriteaux pour les ventes et les locations.

[2] Ce fut vers 1630 ou 1633 que quelques industriels, patentés depuis longtemps sous le nom de distillateurs, se mirent à vendre la limonade liqueur dont la vogue fut immédiatement très grande. On donna alors à ceux qui la vendaient le nom de *limonadiers*. En 1634, on divisa la corporation des distillateurs en deux corps : celui des distillateurs d'eau-de-vie, d'eau-forte, d'esprits, d'essences, et celui des limonadiers

d'huy, et dont le mestier il n'y a gueres estoit tout à fait inconnu.

— Vrayment, Monsieur le Prevost (dit alors Charroselles), vous avez interest que ce nouveau mestier s'établisse en vostre Justice ; mais il le faudra aussi-tost unir et incorporer avec les vendeurs de tabac, parce qu'ils ont cela de commun, qu'ils vendent tous deux de la fumée. — Oüy dea (dit Belastre), je le pourray bien faire, mais je leur promets d'aller souvent en police chez eux, car on dit que c'est une marchandise fort sophistiquée. » Collantine, prenant à son tour la parole, et l'addressant à Charroselles : « Vous ne me montrez point (dit-elle) le papier que vous avez ramassé ; il y a long-temps que vous le considerez ; n'est-ce point quelque obligation ou lettre de change ? — Je crois (dit Charroselles, apres l'avoir encore quelque temps examiné) que vous avez touché au but. C'est en effet une lettre de change de reputation, tirée par Mythophilacte sur un académicien humoriste de Florence ; car il luy envoye un ouvrage d'un de ses amis, et il le prie, à piece veuë, de luy vouloir payer douze vers d'approbation pour valeur receuë, lui promettant de luy en tenir compte, et de le payer en mesme monnoye. — Cette monnoye (reprit Collantine) ne se trouve point dans aucun édit ou

fabricants et marchands de limonade. Le premier café de France fut établi à Marseille en 1654. Il emprunta son nom à la liqueur qui était son principal objet de débit. En 1676, un Américain nommé Pascall, ouvrit un café public à la foire Saint-Germain, puis le transporta quai de l'École. Ce fut le premier *café* de Paris.

tariffe qui ait esté publié, de sorte que, si on la portoit au marché, on mourroit bien de faim auprés. — Il est vray (repliqua Charroselles) qu'elle est aujourd'huy fort decriée, avec toutes les espece legeres qu'on a ordóuné de porter au billon ; car il n'y a rien de plus leger que de la fumée. » Il alloit là-dessus donner carriere à son esprit, et dire force méchantes pointes, estant fort grand ennemy des donneurs de louanges ; mais il en fut empesché par Belastre, qui, ayant esté adverty par son greffier qu'il y avoit quelques interrogatoires fort pressez qu'il devoit faire en sa Justice, fut obligé de quitter la partie, et de s'en aller, non sans un grand regret d'avoir esté interrompu par Volaterran, en voulant plaider son procés devant Charroselles.

Il se consola par l'esperance qu'il eut d'en trouver une autrefois l'occasion, ce qui ne luy fut pas mal-aisé, car, en continuant ses visites, il y trouva plusieurs fois aussi Charroselles, qui pour ce jour-là n'y resta guéres plus long-temps que luy. Mais je serois fort ennuyeux si je voulois décrire par le menu toutes les avantures de ces amours ; (c'est ainsi que je les appelle à regret : chacun les pourra nommer comme il luy plaira), car elles durerent assez long-temps, et continuerent toûjours de mesme force. Il y eut sans cesse querelles, differens et contestations, au lieu des fleurettes et des complimens qui se débitent en semblables entretiens. La seule complaisance qu'eut Charroselles pour Collantine, ce fut de luy laisser deduire tous les procés qu'elle voulut, à la

charge d'entendre lire de ses ouvrages par apres en pareille quantité. Et certes, il luy rendit bien son change,
ne luy ayant pas esté à son tour moins importun. Je
m'abstiendray de reciter les uns et les autres, et je
croy, Dieu me pardonne, que je serois plustost souffert
en recitant au long ces procés, qu'en faisant lire ces
ouvrages maudits, qui sont condamnez à une prison
perpetuelle.

Jugez donc du reste de l'histoire de ces trois personnages par l'échantillon que j'en ay donné ; et sans vous
tenir d'avantage en suspens, voicy quelle en fut la conclusion :

A l'égard de Belastre, son procés le mina si bien avec
le temps, ayant affaire à une partie qui sçavoit mieux
son mestier que luy, que non seulement il se vid entierement ruiné (ce qui n'eut pas esté grand chose, car il
l'estoit desja devant que d'arriver à Paris), mais mesme
interdit et depossédé de sa charge, qui estoit le seul
fondement de sa subsistance. Ses amys, qui prevoyoient
bien cette cheute, voulurent, avant qu'elle feust arrivée,
tenter les voyes d'accommodement avec Collantine, qui
le pressoit le plus. Ils luy monstrerent si bien qu'il
n'avoit plus que ce moyen de se maintenir, qu'ils le
firent resoudre à luy faire faire des propositions de l'épouser, malgré le peu de bien qu'elle avoit. Mais l'esprit
de Collantine estoit bâty de telle sorte, que cette
esperance d'accommodement qui la devoit porter à faire
faire ce mariage, fut ce qui l'en empescha. Car, comme

elle vint à considerer que, si-tost qu'elle seroit mariée
à Belastre, il luy falloit quitter les pretentions qu'elle
avoit contre luy, elle ne s'y put jamais resoudre, ny
abandonner lâchement ce procés, qui estoit son plus
gros. Cette seule pensée de paix qu'avoit euë Belastre
fut cause qu'il eut tout à fait son congé ; depuis elle n'a
point quitté prise, elle l'a poursuivy jusqu'à son entiere défaite.

A l'égard de Charroselles, il n'en alloit pas de mesme:
ils n'avoient plus de procés ensemble qui fust pendant
en justice, et qui pust estre assoupi par un mariage, de
sorte qu'il n'avoit pas une pareille exclusion. Car tous
les differens qu'ils avoient ensemble, c'estoient de ces
contestations qui leur arrivoient tous les jours par leur
opiniastreté et par leur mauvaise humeur ; et tant s'en
faut que le mariage les appaise, qu'au contraire il les
multiplie merveilleusement. Je ne sçay pas ce qui le
put porter à songer au mariage, luy qui avoit tant pesté
contre ce sacrement, aussi bien que contre toutes les
bonnes choses, et surtout avec une personne qui n'a-
voit ny bien, ny esprit, ny aucune qualité sociable. Il
faut qu'il l'ait voulu faire par dépit, et en hayne de lui-
mesme, pour montrer qu'il faisoit toutes choses au
rebours des autres hommes, ou plustost que ç'ait esté
par un secret arrest de la Providence, qui ait voulu unir
des personnes si peu sociables, pour se servir de supplice
l'une à l'autre.

Quoy qu'il en soit, le mariage fut proposé et conclud;

mais, helas ! qu'il y eut auparavant de contestations !
Jamais traitté de paix entre princes ennemis n'a eu des
articles plus debattus ; jamais alliance de couro.ın'ᵉs
n'a esté plus scrupuleusement examinée. Collantino
voulut excepter nommément de la communauté de
biens, qu'on a coustume de stipuler dans un tel contract, qu'elle solliciteroit ses proces à part ; qu'à cette
fin son mary lui donneroit une generale authorisation,
et qu'elle se reservoit ses executoires de dépens, dommages et interests liquidez et à liquider, et autres
émoluments de procés, qu'elle pourroit faire valoir
comme un pecule particulier. Il fut aussi consenty qu'elle
feroit divorce et lict à part toutes fois et quantes ; et la
clause portoit que, sans cette condition expresse, le
mariage n'eust point esté fait ni accomply. Mais ce
qu'il y eut de plaisant, c'est que les autres personnes,
quand elles font des contracts, taschent d'y mettre
des termes clairs et intelligibles, et toutes les clauses
qu'elles peuvent s'imaginer pour s'exempter de procés;
mais Collantine, tout au contraire, taschoit de faire
remplir le sien de termes obscurs et équivoques, mesme
d'y mettre des clauses contradictoires, pour avoir l'occasion, et en suite le plaisir, de plaider tout son saoul.

Encore qu'ils eussent signé enfin ce contract, ils n'estoient pas pour cela d'accord ; leur contrarieté parut
encore à l'église et devant le prestre : car ils estoient si
accoutumez à se contrediré que, quand l'un disoit ouy,
l'autre disoit non, ce qui dura si long-temps qu'on

estoit sur le point de les renvoyer, lors que, comme des joüeurs à la mourre[1], qui ne s'accordent que par hazard, ils dirent tous deux ouy en mesme temps, chacun dans la pensée que son compagnon diroit le contraire. Cet heureux moment fut ménagé par le Prêtre, qui à l'instant les conjoignit, et ç'a esté presque le seul où ils ayent paru d'accord.

Cette ceremonie faite, on fit celle des nopces, où il y eut quelques aventures qui tinrent de celles des Centaures et des Lapites, et le mauvais augure s'estendit si loin, que les violons mesmes n'y peurent jamais accorder leurs instrumens. Les nopces estoient à peine achevées, que Collantine et Charroselles eurent un procés, qu'on peut dire en vérité estre fondé sur la pointe d'une aiguille ; car le lendemain, en s'habillant, elle avoit mis sur sa toilette une aiguille de teste qui estoit d'or avec un petit rubis fin, dont elle se servoit pour accommoder ses cheveux. Charroselles (en badinant) s'en voulut curer une dent creuse ; comme il avoit la dent maligne, l'aiguille se rompit dés qu'elle y eut touché. Aussi-tost Collantine vomit contre luy plusieurs injures et reproches, entre lesquels elle n'oublia pas de luy reprocher le defaut dont sa dent estoit accusée. Charroselles, qui vouloit faire durer sa complaisance

[1] Jeu dans lequel deux personnes se montrent rapidement un certain nombre de doigts. Elles crient en même temps des nombres au hasard. Si l'un de ces nombres est égal au total des doigts levés, celui qui l'a crié, a gagné. Ce jeu était fort en vogue au XVIᵉ siècle. Il en est question dans Marot et dans Rabelais.

vingt-quatre heures du moins (c'estoit pour luy un
grand effort), offrit de luy en apporter une autre plus
belle, et il luy dit mesme qu'il luy en feroit donner une
en present par quelque libraire, à qui il donneroit plus
tost à imprimer un de ses livres sans autre recompense.
« Vrayment, c'est mon[1] (dit Collantine), vous me ren-
voyez-là à de belles gens ; vous n'en avez jamais sçeu
rien tirer. Et puis, quand vous m'en donneriez cent, je
ne serois pas satisfaite : je veux celle-là, et non point
une autre ; j'en fais état à cause qu'elle vient de ma
grand'mere, qui me l'a donnée à la charge de la garder
pour l'amour d'elle. L'affection que j'ay pour ce bijou
me fait souffrir des dommages et interests qui ne peuvent pas tomber en estimation. » Et en mesme temps
elle recommença à luy dire que c'estoit un mauvais ménager, qu'il la vouloit ruïner, qu'il luy avoit osté le
plus pretieux joyau qu'elle avoit, toutes lesquelles
parolles ne s'en estant pas allées sans repliques et du-
pliques, la querelle s'échauffa si fort, que cela aboutit
à dire qu'elle se vouloit separer. Et aussi-tost elle luy
fit donner un exploit en separation de corps et de biens,
que quelques-uns asseurent qu'elle avoit fait dresser
tout prest dés le jour de ses fiançailles. Si je voulois
raconter, mesme succinctement, tous les procés et les
brouilleries qui sont survenues entre eux depuis, je serois obligé d'écrire plus de dix volumes, et je passerois
ainsi la borne que nos escrivains modernes ont prescrite

[1] V. page 291.

aux romans les plus boursoufflez. Mais encore, lecteur,
avant que de finir, je serois bien aise de vous faire
deviner quel fut le succes de ces plaidoyries, et qui fut
le plus opiniastre, de Collantine ou de Charroselles.
J'ayme mieux pourtant vous tirer de peine, car je vois
bien que vous n'en viendriez jamais à bout ; mais auparavant, il faut que je vous fasse un petit conte :

Dans le pays des fées, il y avoit deux animaux pri-
vilegiez : l'un estoit un chien fée, qui avoit obtenu le
don qu'il attraperoit toutes les bestes sur lesquelles on le
lascheroit ; l'autre estoit un liévre fée, qui de son costé
avoit eu le don de n'estre jamais pris par quelque chien
qui le poursuivist. Le hazard voulut qu'un jour le chien
fée fut lasché sur le liévre fée. On demanda là-dessus
quel seroit le don qui prévaudroit : si le chien prendroit
le liévre, ou si le liévre échapperoit du chien, comme il
estoit écrit dans la destinée de chacun. La resolution de
cette difficulté est qu'ils courent encore. Il en est de
mesme des procés de Collantine et de Charroselles : ils
ont tousjours plaidé et plaident encore, et plaideront
tant qu'il plaira à Dieu de les laisser vivre.

FIN

TABLE

—